# 脱贫攻坚与数字普惠金融：
# 理论与实践

田娟娟 梁 雨 著

北京理工大学出版社
BEIJING INSTITUTE OF TECHNOLOGY PRESS

## 内容简介

金融在精准扶贫、乡村振兴中扮演着重要的角色，从实际来看，农村范围内的金融潜力仍未能充分发挥。普惠金融的推进和深入，是提升农村金融服务效率的重要手段，尤其是金融科技与普惠金融的深度融合，使农业金融需求中的弱势群体服务可得性不断提高。研究数字普惠金融与现代农业的作用机理，探索如何发挥数字普惠金融在脱贫攻坚过程中的关键作用意义重大。探索数字普惠金融在脱贫攻坚领域的有效落地路径，让更多贫困地区农户享受到开放、便捷、安全的金融服务是一个值得关注且有研究意义的话题。本书立足于我国脱贫攻坚和全面建成小康社会的实际，探索如何结合我国实际建立行之有效的数字普惠金融扶贫服务模式，力图从总体到个体，从宏观到微观，对我国数字普惠金融扶贫体系的发展和完善进行全面而深入的分析，进而为我国数字普惠金融，尤其是在农村脱贫领域的数字普惠金融发展与实践提供参考。

版权专有　侵权必究

### 图书在版编目（CIP）数据

脱贫攻坚与数字普惠金融：理论与实践/田娟娟，梁雨著. —北京：北京理工大学出版社，2021.5

ISBN 978-7-5682-9796-7

Ⅰ. ①脱… Ⅱ. ①田… ②梁… Ⅲ. ①数字技术-应用-农村金融-研究-中国 Ⅳ. ①F832.35

中国版本图书馆 CIP 数据核字（2021）第 079964 号

---

出版发行 / 北京理工大学出版社有限责任公司

社　　　址 / 北京市海淀区中关村南大街 5 号

邮　　　编 / 100081

电　　　话 / （010）68914775（总编室）
　　　　　　（010）82562903（教材售后服务热线）
　　　　　　（010）68948351（其他图书服务热线）

网　　　址 / http://www.bitpress.com.cn

经　　　销 / 全国各地新华书店

印　　　刷 / 三河市华骏印务包装有限公司

开　　　本 / 710 毫米 × 1000 毫米　1/16

印　　　张 / 12　　　　　　　　　　　　　　　　责任编辑 / 王玲玲

字　　　数 / 211 千字　　　　　　　　　　　　　文案编辑 / 王玲玲

版　　　次 / 2021 年 5 月第 1 版　2021 年 5 月第 1 次印刷　　责任校对 / 刘亚男

定　　　价 / 72.00 元　　　　　　　　　　　　　责任印制 / 李志强

**图书出现印装质量问题，请拨打售后服务热线，本社负责调换**

# 前言

消除贫困、改善民生、逐步实现共同富裕，是社会主义的本质要求，是中国共产党的重要使命。"人民对美好生活的向往，就是我们的奋斗目标。"党的十八大以来，以习近平同志为核心的党中央，把脱贫攻坚摆到治国理政的重要位置，动员全党全社会力量打响了反贫困斗争的攻坚战。在党中央坚强领导下，在全党全国全社会共同努力下，我国脱贫攻坚取得举世瞩目的决定性成就，成功走出了一条中国特色扶贫开发道路，为全面建成小康社会打下了坚实基础。脱贫攻坚，关键在于坚持精准扶贫、精准脱贫，重在提高脱贫攻坚成效。2020年是我国脱贫攻坚的收官之年，也是全面建成小康社会、实现第一个百年奋斗目标的决胜之年。当前，脱贫攻坚仍然存在一些困难问题，深度贫困地区脱贫难度大。截至2020年2月末，全国还有52个贫困县未摘帽、2 707个贫困村未出列、建档立卡贫困人口未全部脱贫。如何精准帮扶贫困人口、决胜脱贫攻坚"最后一千米"，如何多措并举巩固脱贫成果、解决部分贫困群众发展的内生动力不足和脱贫致富能力不足问题，将成为未来我国脱贫攻坚工作的重中之重。

金融扶贫是扶贫攻坚的重要手段。金融行业是脱贫攻坚战中的一支生力军、主力军，金融部门提供的资金支持，为打赢脱贫攻坚战发挥了重要作用。在众多金融业态中，普惠金融对脱贫攻坚的积极作用格外突出。普惠金融与脱贫攻坚工作，从社会责任、金融创新方面都能找到高度的契合点。普惠金融采取有偿的资金投入方式，通过市场化的手段使金融机构在提高贫困户生活水平的同时实现商业化经营利润。扶贫对象将从金融机构获得的贷款资金和劳动力、土地等生产要素结合，投入生产过程，创造价值，金融扶贫以"造血"的形式改变了以往财政扶贫的"输血"形式，体现了"授之以渔"的理念，确保了扶贫的有效性、持续性。移动互联、大数据、云计算、人工智能等信息技术为普惠金融带来了创新发展的理念，助力其降低金融服务成本，提升服务水平和商业可持续性，从而更大地发挥脱贫攻坚、精准扶贫的金融效用。探索数字普惠金融在脱贫攻坚领域的有效落地路径，让更多贫困地区农户享受到开放、便捷、安全的金融服务是一个值得关注且有研究意义的话题。

本书立足于我国脱贫攻坚和全面建成小康社会的实际，探索如何结合我国实际建立行之有效的数字普惠金融扶贫服务模式，力图从总体到个体，从宏观到微观，对我国数字普惠金融扶贫体系的发展和完善进行全面而深入的分析，进而为我国数字普惠金融，尤其是在农村脱贫领域的数字普惠金融发展与实践提供参考。在本书的结构安排上，遵循了从理论到实践、从需求到供给、从风险到监管的逻辑顺序，力求做到理论逻辑性和现实可操作性的有机结合。其中，对金融发展与贫困减缓的内在逻辑的理论研究，为数字普惠金融的发展提供了理论支撑；对扶贫农户的金融需求与可得性分析，有助于厘清数字普惠金融对现实的判断；通过对数字普惠金融比较优势的分析、农业产业化扶贫效应的分析，有助于探索数字普惠金融在农业生产领域发挥效应的有效途径；比较不同供给主体在金融扶贫过程中所起到的积极作用和制约因素，有助于金融机构探索开展扶贫服务的发展思路；对数字普惠金融扶贫的风险与监管进行分析，进而提出数字普惠金融扶贫保障体系的构建与完善建议。数字普惠金融扶贫是一项系统而长期的工程，提升精准扶贫的保障性需要各参与方协同发力，共同促进。总体而言，全面推进贫困地区数字普惠金融建设是历史必然，同时也任重而道远。

关于数字普惠金融扶贫研究的资料并不少见，但系统的、理论与实证有机结合的著作并不多见。当然，由于作者学术水平的有限，书中不当之处在所难免，诚恳地欢迎同行专家和读者批评指正，并提出宝贵的意见。

本书是辽宁省社会科学规划基金项目（L16BJY034）、辽宁省社科联项目（2019lslktqn-12）的研究成果。

辽东学院　田娟娟<br>
2020 年 12 月

# 目 录

第1章 导论 （1）
　1.1 研究背景 （1）
　1.2 研究目的与意义 （2）
　1.3 核心概念界定 （3）
　1.4 研究思路与内容 （6）
　1.5 研究方法 （8）

第2章 金融扶贫的理论探讨与现实判断 （10）
　2.1 金融发展与贫困减缓 （10）
　2.2 传统农业信贷失灵 （16）
　2.3 农村金融理论的发展脉络 （19）
　2.4 我国金融扶贫的战略导向与制度演变 （27）

第3章 扶贫农户的金融需求与可得性分析 （34）
　3.1 扶贫农户的金融需求分析 （34）
　3.2 扶贫农户的金融可得性分析 （38）
　3.3 扶贫农户的金融能力分析 （43）

第4章 数字普惠金融助力脱贫攻坚的比较优势 （48）
　4.1 农村普惠金融发展的现实挑战 （48）
　4.2 数字金融与普惠金融的耦合性 （59）
　4.3 数字普惠金融的减贫逻辑 （63）
　4.4 我国农村数字普惠金融基础分析 （67）

第5章 数字普惠金融推进农业产业化的效应分析 （72）
　5.1 农业产业化——脱贫攻坚的"领头雁" （72）

5.2 数字普惠金融推动农业产业化机理分析 …………………………（75）
5.3 数字普惠金融助力农业产业扶贫的模式探索 ……………………（77）
5.4 数字普惠金融推动农业产业化效应的实证分析 …………………（81）
5.5 农业产业化进程中数字普惠金融的着力点 ………………………（86）

## 第6章 金融机构扶贫信贷的数字化创新与减贫效应 ………………（89）

6.1 金融机构践行精准扶贫的金融职能 ………………………………（89）
6.2 传统金融机构的数字化创新与扶贫成效 …………………………（94）
6.3 新型农村金融机构的数字化创新与扶贫成效 ……………………（102）
6.4 互联网金融企业的助农扶贫与成效 ………………………………（107）
6.5 金融机构扶贫信贷服务的发展路径 ………………………………（112）

## 第7章 数字农业保险扶贫探索与服务优化 ……………………………（117）

7.1 数字科技与农业保险扶贫的逻辑关系 ……………………………（117）
7.2 数字农业保险扶贫的国内经验 ……………………………………（126）
7.3 数字农业保险脱贫攻坚的服务体系构建 …………………………（129）

## 第8章 数字普惠金融扶贫的风险分析与监管 …………………………（132）

8.1 数字技术对传统普惠金融风险的影响 ……………………………（132）
8.2 农村数字普惠金融的风险传染分析 ………………………………（134）
8.3 数字普惠金融风险承担的实证分析 ………………………………（141）
8.4 数字普惠金融的风险管理技术与流程 ……………………………（148）
8.5 数字普惠金融的监管思路 …………………………………………（156）

## 第9章 数字普惠金融扶贫保障体系的构建 ……………………………（161）

9.1 搭建智慧农业与脱贫攻坚的金融桥梁 ……………………………（161）
9.2 推进农村数字普惠金融的基础设施建设 …………………………（165）
9.3 推动数字化农业产业链融资的纵深发展 …………………………（169）
9.4 优化农村数字普惠金融发展环境 …………………………………（172）

**参考文献** ……………………………………………………………………（175）

# 第1章

# 导　论

## 1.1　研究背景

脱贫攻坚工作是一项长期而重大的任务，是一项崇高而伟大的事业。消除贫困、改善民生、逐步实现共同富裕，是社会主义的本质要求。确保所有贫困地区和贫困人口一道迈入全面小康社会是中国共产党的庄严承诺。改革开放以来，中国减贫成就举世瞩目，尤其是党的十八大以来，党中央从全面建成小康社会要求出发，把扶贫开发工作作为实现第一个百年奋斗目标的重点任务，做出一系列重大部署和安排，全面打响脱贫攻坚战。脱贫攻坚力度之大、规模之广、影响之深，前所未有，取得了决定性进展。根据中国国家统计局发布的数据显示，从1978年到2019年，中国农村的贫困人口减少7.7亿人。贫困发生率也从2012年年末的10.2%下降到2019年年末的0.6%。2020年是打赢脱贫攻坚战、全面建成小康社会的关键之年，确保农村贫困人口实现脱贫，是中国全面建成小康社会面临的最艰巨任务。尽管目前农村贫困人口在数量上相比以往已大幅下降，但在未脱贫的群众中，致贫原因较为复杂，脱贫任务艰巨，攻克最后的贫困堡垒、扎实走好脱贫攻坚的"最后一千米"至关重要。

金融扶贫是精准扶贫的重要组成部分。扶贫小额贷款解决了贫困户贷款难、贷款贵的问题，为发展扶贫产业提供了重要的资金支持；金融扶贫把现代金融意识带到了贫困地区，改善了农村金融环境；资本市场发挥了行业机构市场信息敏感的优势，帮助贫困地区引进好的企业，帮助当地建立现代企业制度。在众多金融业态中，普惠金融的广覆盖性与精准扶贫的目标高度一致。新形势下，积极推进普惠金融相关政策、工具、制度创新，能够为打赢脱贫攻坚战、全面建成小康社会目标的实现提供有力、有效的金融支撑。普惠金融在总结小额信贷和微型金融发展经验的基础上，将零散的微型金融机构和服务发展为金融整体发展战略一部分的微型金融产业（行业）。普惠金融作为和谐金融的一种表现，体现的是"小贷款，大战略"，有利于穷人获得改善生活的机会，最终提升其能力，减少和消除贫困。因此，普惠金融应科学发展观与和谐社会理念的要求而引入我国并很快得到广泛认可，从而进入快速发展轨道。普惠金融为消除"金融排斥"提供了解决途径。农村地区特别是偏远山区、贫困地区，是金融服务覆盖的"最后一千米"，也是金融供给、需求结构不平衡问题在区域层面的表现。当前我国仍存在地区发展不均衡问题，金融资源更多流向城市、东部经济发达地区，而农村、西部地区的金融发展相对薄弱，普惠金融可使偏远落后地区融入金融体系服务之内，贫困人群等弱势群体也可得到与其他群体相同的金融服务。从实际成效来看，目前已形成了多元普惠金融主体共同助力扶贫的良好局面，尤其是扶贫小额信贷以其公益性强、放贷门槛低的特点不断为建档立卡贫困户提供公平、持续、有效的信贷机会，现已成为我国金融业实施扶贫开发的重要手段。我国普惠金融助推脱贫攻坚方面虽然取得了明显成效，但在推进过程中也面临着一些新的问题和挑战。在传统普惠金融模式和技术条件下，不仅贫困地区普惠金融服务存在覆盖率不足、基本金融服务普及率有待进一步提升等问题，同时，也存在质量提升需求，金融服务的满意度、便利性、信贷可获得性等关键指标有待进一步改善。这些现实问题制约了传统普惠金融在脱贫攻坚领域的发展效力。

数字技术与普惠金融的结合，为金融业的发展带来了全新的变革，也是未来传统普惠金融的发展方向。近年来，以云计算、大数据、移动互联网、人工智能等为代表的数字技术不断取得突破，世界经济加速向以数字技术产业为重要内容的经济活动转变。在互联网等网络信息技术的推动下，数字普惠金融发挥出成本低、速度快、覆盖广等优势，有效兼顾金融服务弱势群体与商业可持续性二者的关系，拓展了普惠金融服务的广度与深度。数字普惠金融通过持续强化金融的普惠特性，不断实现金融系统的长尾效应，其重要性和可行性在国内外已形成基本共识。金融科技与普惠金融的深度融合，使农业金融需求中的弱势群体服务可得性不断提高，对解决当前农村金融供需不平衡问题具有极大的现实意义。面对数字普惠金融这一新的金融业态，研究其与现代农业的作用机理，探索如何结合我国实际建立行之有效的数字普惠金融扶贫服务模式值得深入研究。

## 1.2　研究目的与意义

理论界和实务界的关注焦点已经投向了数字普惠金融的应用问题。数字金融与普惠金融紧密结合，它们互相促进、相互影响、共同发展，对它们的互动关系进行理论阐述和实证研究是十分有必要的，只有两者充分地结合起来，才能为脱贫攻坚提供切实有效的金融服务。本书立足于我国金融扶贫的现实，梳理数字普惠金融在脱贫攻坚中的比较优势，对新常态下如何把数字普惠金融与脱贫攻坚有机结合的相关问题进行有益探讨。

本书研究的理论意义和现实意义体现在以下两个方面：

第一，有利于为我国数字金融的发展提供理论支持。普惠金融这一概念由联合国在2005年"国际小额信贷年"活动中首次提出，而2016年9月在杭州召开G20峰会，由中国推动并参与制定的《G20数字普惠金融高级原则》正式通过，为各国促进数字普惠金融的发展指明了方向。从时间发展节点来看，人们对数字普惠金融这一全新金融业态的认知仍需要一个推进的过程。从理论界来看，无论是对传统普惠金融还是数字普惠金融的内涵、边界未必清晰，特别是关于消费金融、互联网金融等方面的普惠功能尚存分歧。不能简单地将普惠金融理解为对小微、三农、扶贫等弱势群体的金融服务，也不能将普惠型贷款视为发展普惠金融的成效。借助数字技术完善对小微、三农、扶贫等领域的金融服务的确是发展普惠金融的重点，但却并非数字普惠金融的全部内涵，其自身的可持续发展问题、数字技术可能带来的风险和监管问题还缺乏有效的解决手段。通过本书的研究，能够在一定程度上为我国数字普惠金融，尤其是在农村脱贫领域的数字普惠金融发展与实践提供理论参考。

第二，有利于为我国数字普惠金融扶贫实践提供参考。随着金融科技与普惠金融的深度融合，数字普惠金融能够调动更多的社会资本，为农业等金融需求弱势群体提供精准服务，切实解决传统"普惠金融"实践中存在的风险大、成本高、收益低等问题和难点，依托互联网等数字技术手段来推动普惠金融的实施是大势所趋。数字金融、普惠金融和农村金融的有机结合，不仅需要一个从理论到实践的逐渐演变，同时，数字普惠金融在扶贫领域的应用有效性仍有待考察。本书立足于我国脱贫攻坚和全面建成小康社会的实际，对数字普惠金融的脱贫实践进行探讨和分析，力图从总体到个体，从宏观到微观，对我国数字普惠金融扶贫体系的发展和完善进行全面而深入的分析，本书的研究具有重要的现实意义。

## 1.3 核心概念界定

### 1.3.1 扶贫与金融扶贫

根据目前学术界研究成果及相关文件，现阶段在我国范畴内所讲的扶贫，是指运用各种手段、措施及各种可持续性的行动，帮助贫困地区和人口摆脱贫困。

在具体实施中，需要解决以下四个问题，即，扶贫对象是谁？谁来扶贫？如何扶贫？扶贫成效是否可持续性？在扶贫对象的确立上，当今世界多数国家是以人们的收入状况来确定贫困线的，而中国的贫困线主要以是否达到温饱为标准来确定。由此，列入贫困线内的扶贫对象分为两类：第一类，集中连片贫困地区。包括革命老根据地、少数民族地区和边远山区。这类地区生活条件差，生产力发展缓慢，经济、文化落后，部分农民温饱问题尚未完全解决。第二类，零星的贫困县和贫困户。造成贫困的原因主要是人口多、劳力少，或家底薄，缺少基本生产和生活资料。在扶贫主体方面，按照部门分工的不同，所划分的职能也不同，比如光伏扶贫的扶贫主体是商务部门，旅游扶贫的主体是旅游管理部门，金融扶贫的主体是金融机构等。在如何扶贫这一问题上，总体来看，是运用各种有效手段和途径，例如财政、金融、搬迁、产业等方式，带动贫困人口脱贫增收，提升贫困地区的造血功能。需要强调的是，脱贫的成效并不是短期的、一次性行为，而是建立在科学发展理论上强调脱贫的可持续性。

我国扶贫工作始于20世纪80年代，在多年不懈努力中取得了举世瞩目的成就，但是，长期以来贫困人口数量多、贫困情况不清晰、扶贫工作指向性不强等突出问题降低了扶贫工作的有效性。对于"谁是贫困居民""贫困原因是什么""怎么针对性帮扶""帮扶效果怎样"等不确定问题，并没有找到有效的答案。因此，对于具体贫困居民、贫困农户的帮扶工作就存在许多盲点，真正的一些贫困农户和贫困居民没有得到帮扶。在粗放扶贫的对立面，精准扶贫概念的提出恰逢其时。精准扶贫强调的是指针对不同贫困区域环境、不同贫困农户状况，运用科学、有效程序对扶贫对象实施精确识别、精确帮扶、精确管理的治贫方式。一般来说，精准扶贫主要是就贫困居民而言，谁贫困就扶持谁。"精准扶贫"的重要思想最早是在2013年11月习近平总书记到湖南湘西考察时首次做出了"扶贫要实事求是，因地制宜。要精准扶贫，切忌喊口号，也不要定好高骛远的目标"的重要指示①。扶贫必须要有"精准度"，专项扶贫更要瞄准贫困居民，特别是财政专项扶贫资金务必重点用在贫困居民身上，用在正确的方向上。精准扶贫突出精确识别（开展到村到户的贫困状况调查和建档立卡工作）、精确帮扶（针对扶贫对象的贫困情况定责任人和帮扶措施）、精确管理（农户信息管理、阳光操作管理和扶贫事权管理）。精准扶贫是扶贫开发工作中必须坚持的重点工作，也是全面建成小康社会、实现中华民族伟大"中国梦"的重要保障。

金融扶贫是扶贫工作的重要组成部分，突出了扶贫主体中金融机构所起到的重要作用。金融扶贫是国内金融机构利用聚集的资源优势而承担的一项兼具政策

---

① 习近平赴湘西调研扶贫攻坚，新华网，2013年11月03日. http://news.xinhuanet.com/politics/2013-11/03/c_117984236.htm.

性与经营性的贷款业务。即金融机构通过对众多的农村地区贫困农户和扶贫项目广泛、大量的资金支持，激发广大农村贫困农户的内生发展动力，实现稳定脱贫和可持续发展①。从金融扶贫方式来看，主要有两种：从政策性银行和商业银行来划分，有政策性扶贫贷款和经营性扶贫贷款；从贷款种类来划分，有基础设施建设贷款、移民工程贷款、特色农业贷款、贫困户生产性小额信用贷款、生源地助学贷款等。在金融扶贫工作中，也要明确金融扶贫"扶持谁"、金融扶贫"谁来扶"、创新金融扶贫模式解决"怎么扶"的问题，即金融扶贫的有效性需要立足于金融精准扶贫。从近年来我国金融精准扶贫工作的开展情况来看，主要包括政府主导型扶贫、金融机构主导型扶贫、产业金融扶贫、互联网金融扶贫、"电商平台+金融"扶贫、国际金融组织参与扶贫和社会扶贫组织金融扶贫七种模式。

### 1.3.2 数字普惠金融

普惠金融又称包容性金融，在2005年"国际小额信贷年"的宣传中，联合国提出了普惠金融（Financial Inclusion）的概念，定义其为能有效、全方位地为社会所有阶层和群体提供服务的金融体系，这一概念被联合国和世界银行大力推行。其主要包括四个方面内容：一是家庭和企业以合理的成果获取较为广泛的金融服务；二是金融机构稳健，要求内控严密、接受市场监督及健全的审慎监管；三是金融业实现可持续发展，确保长期提供金融服务；四是增强金融服务的竞争性，为消费者提供多样化的选择。小微企业、农民、城镇低收入人群、贫困人群和残疾人、老年人等特殊群体是当前我国普惠金融重点服务对象。提升金融服务的覆盖率、可得性和满意度是普惠金融的主要目标。

普惠金融的核心是提高弱势群体金融服务的可获得性和覆盖率。这包括两个方面：一方面，从需求的角度看，在现有情况下，弱势群体的金融服务需求没有得到有效满足；另一方面，从供给的角度看，金融机构基于成本收益考虑，不愿意为弱势群体提供更多的金融服务。随着互联网、移动通信等数字技术与金融业的不断融合，金融交易方式和服务模式也在不断演进，数字化、移动化和智能化的普惠金融成为大势所趋。数字普惠金融概念是2016年杭州G20峰会上首次被提出的。根据G20普惠金融全球伙伴（GPFI）的定义，数字普惠金融泛指一切通过数字金融服务促进普惠金融的行动。它包括运用数字技术为无法获得金融服务或缺乏金融服务的群体提供一系列正规金融服务，其所提供的金融服务能满足他们的需求，并且是以负责任的、成本可负担的方式提供，同时对服务提供商而

---

① 苏畅，苏细福. 金融精准扶贫难点及对策研究 [J]. 西南金融，2016 (4)：23 - 27.

言是可持续的①。《G20 数字普惠金融高级原则》进一步给出了"数字普惠金融"的具体内容：涵盖各类金融产品和服务（如支付、转账、储蓄、信贷、保险、证券、财务规划和银行对账单服务等），通过数字化或电子化技术进行交易，如电子货币（通过线上或者移动电话发起）、支付卡和常规银行账户②。随着数字普惠金融的发展，传统普惠金融问题的解决发生了很大的变化，由"需求侧"政府参与增加供给，转向"供给侧"降低金融机构的服务成本，从而实现了"商业可持续"的普惠金融供给增加。数字普惠金融的创新，既包括传统金融机构的"金融互联网"内容，如"网上银行""手机银行""直销银行"等金融创新，又包括"互联网金融"内容，如"第三方支付""P2P""互联网众筹""互联网保险"等。

## 1.4 研究思路与内容

数字普惠金融扶贫的理论与实践问题交织着数字金融、普惠金融与扶贫金融的相互机制。作为一项跨学科的应用性研究，本书依托农村金融扶贫的理论基础，以我国脱贫攻坚的现实为背景，以数字普惠金融的特性和发展需求为研究导向，运用文献综述与实证分析相结合、规范分析与比较分析相结合、定性分析与定量分析相结合的研究方法，依循从宏观到微观、从需求到供给、从监管到保障的逻辑思路，论述了数字普惠金融扶贫问题的内在逻辑。对数字普惠金融提升农业产业化效率、金融机构扶贫信贷减贫效应及数字保险扶贫的相关问题进行实证分析，并对数字普惠金融脱贫的监管、保障体系构建提出建议。

本书分为 9 个部分，内容及章节安排如下：

第 1 章，导论。阐述了本书的研究背景、研究目的与意义，以及研究思路与内容。

第 2 章，金融扶贫的理论探讨与现实判断。金融扶贫目标的实现离不开金融资金优化配置，其理论基础源于金融与经济发展的关系。金融促进经济增长，经济增长带动贫困减缓。本章在梳理农村金融理论发展脉络的基础上，探讨了金融发展与贫困减缓的内在逻辑。从传统农村信贷入手来深入分析金融扶贫的运行机理，并结合我国金融扶贫政策与制度的演变历程来明晰金融业助力脱贫攻坚工作的现实选择。

第 3 章，扶贫农户的金融需求与可得性分析。数字普惠金融服务应与贫困农

---

① 尹应凯，侯蕤. 数字普惠金融的发展逻辑、国际经验与中国贡献 [J]. 学术探索，2017（3）：104 - 111.

② 胡滨. 数字普惠金融的价值 [J]. 中国金融，2016（22）：58 - 59.

户金融需求及能力密切相关，尤其是数字金融在农村领域的应用和推广问题值得关注。本章在数字普惠金融背景下研究了贫困农户金融能力、金融需求、金融可得性与金融扶贫之间的关系。具体分析了贫困农户金融需求的特殊性，结合我国贫困农户的实际归纳其金融能力不足的表现。

第4章，数字普惠金融助力脱贫攻坚的比较优势。数字普惠金融作为数字技术和普惠金融融合的产物，可为贫困和长尾人群提供相对公平的共享金融服务契机和增收脱贫的可能性。本章在分析我国普惠金融发展现状基础上，总结了贫困地区金融脱贫的现实挑战，在金融科技推进下，普惠金融数字化发展为脱贫攻坚工作开拓了新思路。本章对新常态下数字普惠金融与脱贫攻坚融合点进行了有益探讨。

第5章，数字普惠金融推进农业产业化的效应分析。产业扶贫是增强贫困地区造血功能、帮助群众就地就业的长远之计。数字普惠金融能够有效提升农业产业化的融资效率。本章在研究数字普惠金融与现代农业转型升级的作用机理基础上，结合我国省际面板数据的回归模型，从实证角度进一步考察数字普惠金融对农业产业化的推进效果及变量间的相互关系，进而探索数字普惠金融在农业生产领域发挥效应的有效途径。

第6章，金融机构开展扶贫信贷的数字化创新与减贫效应。金融机构在扶贫金融实务中因缺乏对扶贫金融的正确认识和科学定位，有效供给明显不足。在金融科技迅猛发展的背景下，金融机构在经济社会的运转中将扮演越来越重要的角色。对参与金融扶贫的金融机构来说，把握数字普惠金融发展机遇转型升级，以此为契机提升金融服务水平与竞争力并践行社会责任恰逢其时。本章研究了供给的质和量与扶贫金融需求的匹配性问题。针对不同供给主体，比较各参与主体在金融扶贫过程中所起到的积极作用和制约因素，并分析了扶贫信贷的数字化创新的有效模式，探索了金融机构扶贫信贷服务的发展路径。

第7章，数字农业保险扶贫探索与服务优化。农业保险是重要支农惠农手段，并以其特有的风险阻隔和经济补偿功能，成为精准扶贫最有效的工具之一。传统农业保险的保障水平有待提高。将数字科技应用于保险领域，提升以数字农业保险为核心的科技驱动型信息技术，创新保险扶贫方式，激活农业保险的内生发展动力。本章主要介绍数字科技助力农业保险扶贫方面的功能体现，通过国内典型案例探讨数字保险扶贫有效模式，并提出数字保险脱贫攻坚的服务体系构建思路。

第8章，数字普惠金融扶贫的风险分析与监管。尽管数字技术使普惠金融深层次发展成为可能，但不可避免地带来新的风险，给金融机构风险管理带来新挑战。研究数字普惠金融风险及防范问题有利于促进金融机构与数字普惠金融深度融合,以此推动数字普惠金融扶贫体系可持续发展。本章探讨数字普惠金融这一新的业态的风险种类,并分析了农村数字普惠金融的风险传染路径。以商业银行为实证分析对象,研究了农村数字普惠金融的风险承担问题。同时提出了农村数字普惠金融的风险管理与监管的建议。

第9章,数字普惠金融扶贫保障体系的构建。数字普惠金融扶贫是一项系统而长期的工程,提升精准扶贫的保障性需要各参与方协同发力,共同促进。在全面推进贫困地区数字普惠金融建设过程中,如何优化数字普惠金融发展环境,如何拓展数字普惠金融资金来源渠道,如何丰富普惠金融发展的配套服务机制等问题必须深入思考,而这些也是本章的研究重点所在。中国数字普惠金融扶贫效力的发挥,离不开服务细分,只有这样,才能更好地契合贫困弱势群体的金融需求。数字普惠金融扶贫的各参与主体应积极融入跨行业发展的新生态格局与新合作机制。

## 1.5 研究方法

在本书的研究中,主要使用以下方法:

(1) 文献综述法与实证分析法相结合

通过阅读国内外相关研究文献,对其研究成果进行梳理分析,从而全面、正确地认识农村金融扶贫、数字普惠金融扶贫、数字普惠金融风险与管理的理论观点。从历史的发展和逻辑推理角度对搜集的大量资料和各种观点进行仔细的考察,梳理数字普惠金融与脱贫攻坚研究的现状及其发展规律。在此基础上,通过实证分析法对我国农业领域脱贫问题和数字普惠金融效应进行实证考察,从而增强本书研究观点的说服力。

(2) 比较分析法与规范分析法相结合

本书力图通过规范分析法探寻数字普惠金融在农业脱贫问题的内在本质和逻辑,试图找出其发展变化的规律。在本书的分析和论证过程中,从我国农业发展的初始条件和金融支持入手,紧紧围绕数字普惠金融与脱贫攻坚的相关问题,提出传统普惠金融对农业扶贫的作用机理和传导机制。比较是发现问题、分析问题的有效方法,是实现优化选择的前提保证。本书的比较侧重于我国传统普惠金融与数字普惠金融的脱贫效应比较,通过脱贫需求主体、脱贫帮扶主体的比较,对我国数字普惠金融扶贫保障体系现状进行评价。从产业整体、扶贫参与个体角度,分别对数字普惠金融的扶贫效应进行评价,以上研究的结论是本书对数字普惠金融扶贫体系优化策略的立论来源。

(3) 定性分析方法与定量分析方法相结合

定量可以弥补定性的主观性,定性分析可以弥补定量的过于量化,在本书的研究中，二者有机结合，以定量分析为主，定性分析为辅。在数字普惠金融对农业产业扶贫的效应分析中，本书尝试构建数字普惠金融与农业产业发展的相关数量模型，以此揭示二者之间的长期稳态均衡关系。在风险分析中，通过计量分析模型的实证对数字普惠金融扶贫的风险承担现状进行分析，从而提出风险防范策略。总之，本书在整个论述过程中都将定性与定量分析方法贯穿始终。

# 第 2 章

# 金融扶贫的理论探讨与现实判断

## 2.1 金融发展与贫困减缓

金融发展与贫困减缓有何关系？由于研究角度、指标数据和选取方法的不同，许多学者对此问题的研究得出相异的研究结果。总体而言，金融发展与贫困减缓之间的相关性是普遍存在的。一些学者认为金融发展对减贫效果有着积极的正向效应，并从直接影响和间接影响两方面加以论证。与此相反，有些学者则认为由于金融机构逐利性和收入分配不均，许多情况下金融发展对贫困减缓会起到消极的负向效应。无论是正向效应还是负向效应，都可以归纳为二者存在线性关系。也有一部分学者认为，金融发展与贫困减缓之间存在非线性关系。从近年来的文献来看，出现了金融发展对贫困减缓效应的实证检验分析。

### 2.1.1 金融发展与贫困减缓的相关性

（1）金融发展对贫困减缓的正向效应

农村金融发展带来机构覆盖面和服务范围增加，金融产品种类增多，让更多的农户满足生产性和生活性融资需求。在早期研究的基础上，一些文献建立了金融发展与经济增长、经济增长与减贫之间的联系，检验了金融部门增长与减贫之间的因果关系。Hossein（2005）探讨了金融发展对发展中国家减贫的贡献。实证结果表明，在经济发展的一个门槛水平上，金融部门的增长通过增长促进效应对减贫有贡献。然而，金融发展的减贫效果会受到金融发展所引起的收入不平等

## 第 2 章　金融扶贫的理论探讨与现实判断

的影响①。

20 世纪 80 年代和 90 年代初的金融自由化使一些发展中国家深化了金融体制改革。这些改革促进了金融发展，而金融发展反过来又可能减少收入贫困。然而发展中国家的金融自由化努力经常失败，尤其是金融危机对这些经济体造成严重损害，导致人们试图重新了解金融发展、经济增长和减贫之间的关系。相关文献研究了金融增长与经济增长、经济增长与减贫之间的联系，并对这些联系提出了一些初步的经验证据：金融发展不仅与贫困人口比例下降有关，而且还会缩小个人收入低于贫困线的程度。Burgess 等（2004）的实证研究结论支持金融服务对贫困减少的直接影响机制②。Geda 等（2006）运用埃塞俄比亚城乡家庭的数据实证研究了金融发展对贫困减缓的作用③。Jeanneney 等（2011）研究发现，通过金融工具的使用可起到平滑消费的作用，从而减缓贫困④。印度、埃塞俄比亚等发展中国家的数据分析证明，金融发展可以影响贫困人口对金融服务的可获得性，通过增加储蓄及信贷交易机会产生直接影响。Bayar Yilmaz（2017）探讨 1993—2012 年间新兴市场经济体金融发展与减贫的关系，结果表明，金融发展对新兴市场经济体的减贫工作有重大的积极影响⑤。农村金融对减少贫困的间接效应则具体表现在，金融发展主要通过促进资本积累、推动技术创新、影响经济增长等间接途径缓解贫困，同时，通过改善贫困人口的收入水平、减少收入分配不平等、提供更多的金融服务渠道等直接途径来减少贫困、降低贫困率。Dollar 等（2002）发现无论经济是处于正增长时期还是处于负增长时期，最穷的那部分人口的收入与总人口的平均收入增长之间存在对应关系，即经济增长对穷人是有益的⑥。M. Shabri Abd（2019）通过研究 1980—2014 年间印尼金融发展、经济增长和贫困之间关系发现，印尼的金融业、经济增长与贫困之间存在着长期的关系，而在短期内，金融业与贫困之间存在着双向的因果关系。金融发展不仅与贫

---

① Hossein Jalilian, Colin Kirkpatrick. Does Financial Development Contribute to Poverty Reduction? [J]. Journal of Development Studies, 2005, 41 (4).

② Burgess R, Pande R. Do Rural Banks Matter? Evidence from the Indian Social Banking Experiment [J]. The Centre for Market and Public Organ – ization 04/104, Department of Economics, University of Bristol, UK, 2004.

③ Geda A, Shimeles A, Zerfu D. Finance and poverty in Ethiopia [R]. United Nations University Research Paper, 2006, (51): 32 – 38.

④ Jeanneney S G, Kpodar K. Financial Development and Poverty Reduction: Can There Be a Benefit without a Cost? [J]. The Journal of Development Studies, 2011 (1): 143 – 163.

⑤ Bayar Yilmaz. Financial Development and Poverty Reduction in Emerging Market Economies [J]. Panoeconomicus, 2017, 64 (5).

⑥ Dollar D, Kraay A. Growth is Good for the Poor. Journal of Economic Growth [J]. 2002 (4): 195 – 225.

困人口比例下降有关，而且还会降低个人收入低于贫困线的程度①。

（2）金融发展对贫困减缓的负向效应

有学者就金融发展对贫困减缓的影响提出与上述文献相反的观点，认为农村金融对贫困减缓的有利影响是在特定条件下产生的，金融的不稳定性、金融自由化及收入分配差距过大对农村贫困群体会产生消极影响。金融发展会扩大收入分配差距，尤其在发展中国家，会存在着金融抑制，这使得原本在金融市场上处于劣势的贫困家庭更加难以通过金融市场融资。Fulford 等（2013）认为印度的金融扩张在短期内来看是提高了贫困人群的消费水平，但这只是贫困人群消费的提前，从长期来看并没有达到减贫的效果，反而加剧了贫困②。Jamel（2016）分析了 1986—2012 年间 67 个中低收入国家金融发展对减贫的直接贡献。结果表明，金融发展对减贫做出了重要贡献。但是，与金融发展有关的不稳定将消除金融发展减贫的积极影响。随着金融深化和自由化，并没有使得金融资源向穷人和中小企业延伸，没有使得他们的相对收入进一步提高③。Johan（2017）认为金融发展与深化有利于降低贫困线以下人口的比例，但是金融不稳定也对现有的研究结果提出了挑战，即它可能会增加贫困的发生率④。Nasreddine（2019）对 1980—2014 年间 132 个国家的样本进行检验，证明金融发展并不能改善贫困人口的状况，而制度质量对贫困人口和金融发展的影响取决于指标的选择⑤。这些发现对于金融发展的替代措施的使用是稳健的，并且在控制了潜在的同时性和小样本偏差后仍然有效。归纳来看，金融不稳定或金融发展不稳定可能会导致金融危机，由此而抑制金融发展对减贫的有利影响。

（3）金融发展对贫困减缓的非线性关系

有些观点认为，在某些情况下，金融发展对贫困的影响可能是非线性的，即金融发展与收入分配之间存在"倒 U 形"关系，因此，通过收入分配作用到减

---

① M Shabri Abd Majid, Sovia Dewi, Aliasuddin, Salina H. Kassim. Does Financial Development Reduce Poverty? Empirical Evidence from Indonesia [J]. Journal of the Knowledge Economy, 2019, 10 (3).

② Fulford S L. The Effects of Financial Development in the Short and Long Run: Theory and Evidence from India [J]. Journal of development Economics, 2013 (104): 56 – 72.

③ Jamel Boukhatem. Assessing the Direct Effect of Financial Development on Poverty Reduction in a Panel of Low – and Middle – income Countries [J]. Research in International Business and Finance, 2016 (37).

④ Johan Rewilak. The Role of Financial Development in Poverty Reduction [J]. Review of Development Finance, 2017, 7 (2).

⑤ Nasreddine Kaidi, Sami Mensi, Mehdi Ben Amor. Financial Development, Institutional Quality and Poverty Reduction: Worldwide Evidence [J]. Social Indicators Research, 2019, 141 (1).

贫上，也应存在此种关系。Greenwood 和 Jovanovic（1990）是这一观点的首次提出者。他们认为金融发展和收入分配呈非线性关系，并利用动态模型验证了 Kuznets 的"倒 U 形"假说①。随着经济发展而来的"创造"与"破坏"改变着社会、经济结构，并影响着收入分配。Kuznets 认为在经济未充分发展的阶段，收入分配将随同经济发展而趋于不平等。经历收入分配暂时无大变化的时期，到达经济充分发展的阶段，收入分配将趋于平等。当金融发展对经济增长存在正相关关系时，金融发展会扩大收入差距，但随着收入的增长，更多的人获得金融服务，这种差距逐步减少，即金融发展与收入分配存在"倒 U 形"关系，这种关系也会影响到贫困减缓。金融发展能否使穷人和富人从中受益，与其为获得金融服务所愿意承担的成本有关。金融部门在调动储蓄和将储蓄分配给生产性投资方面的作用对发展经济具有重要意义。Gazi（2014）利用 1975—2011 年的数据对孟加拉国金融发展、经济增长和减贫之间的关系进行了调查。研究结果表明，孟加拉国的金融发展、经济增长和减贫之间存在着长期的关系。金融发展有助于减少贫困，但其效果是非线性的②。

## 2.1.2　金融发展对贫困减缓的有效性

随着实证研究的深入，学者们开始关注金融发展对贫困减缓有效性的相关实证。Colin（2000）探讨了金融部门发展对发展中国家减贫的贡献。金融市场的不完善是制约扶贫增长的一个关键因素，需要制定旨在纠正这些金融市场失灵的公共政策，以确保金融发展有效地促进增长和减贫③。Leila（2014）研究 1990—2012 年间中东和北非 8 个国家的金融发展与减贫之间的关系④。实证结果表明，金融发展有利于穷人。对中等偏上收入的国家来说，国内信贷占私营部门国内生产总值的比例是显著和积极的。对于整个样本来说，穷人获得信贷的可能性仍然是一项挑战。Ficawoyi（2016）研究了银行和小额信贷机构对贫困减缓的影响程度。研究结果表明，以人口比例和贫困差距衡量贫困程度时，银行信贷可以降低贫困。但是多边金融机构似乎对贫困没有任何影响，无论所用贫困的程度如何。

---

① Greenwood J, Jovanovich B. Financial Development, Growth and the Distribution of Income [J]. Journal of Political Economy, 1990, 85（5）：1076-1107.

② Gazi Salah Uddin, Muhammad Shahbaz, Mohamed Arouri, Frédéric Teulon. Financial Development and Poverty Reduction Nexus：a Cointegration and Causality Analysis in Bangladesh [J]. Economic Modelling, 2014（36）.

③ Colin Kirkpatrick, Ismail Sirageldin, Khalid Aftab. Financial Development, Economic Growth, and Poverty Reduction with Comments [J]. The Pakistan Development Review, 2000, 39（4）.

④ Leila Chemli. The Nexus among Financial Development and Poberty Reduction：an Application of Ardl Approach from the Mena Region [J]. Journal of Life Economics, 2014, 1（2）.

也就是说，虽然银行有一定的能力减少贫困，但至少在总体水平上货币金融机构没有①。Unal（2016）研究银行和股票市场的发展是否有助于减少新兴国家的收入不平等和贫困。尽管金融发展促进经济增长，但这并不一定有利于新兴国家低收入者。无论是银行还是股市，在减贫方面都没有发挥重要作用②。金融监管政策作为公共干预的一个关键领域的作用，在促进金融部门减贫贡献中扮演着关键角色。金融部门的快速增长并一定会降低贫困率，关键在于在减贫过程中，政府能否促进资金从金融部门流向特定人群，以及信贷获得的公平性，特别是低收入群体信贷的可得性。同时，金融机构数量越多，并不一定意味着扶贫效果越好。在金融机构数量较少时，随着金融基础设施的不断完善，扶贫效果趋向显著；但数量达到一定程度后，反而可能减弱扶贫的效果并带来效率的损失，同时，还会严重挫伤金融机构参与扶贫的积极性及金融扶贫的可持续性。

### 2.1.3 金融发展与贫困减缓的中国实证

近年来，金融发展与贫困减缓的研究逐步成为国内学者关注的焦点。研究成果主要集中在农村金融发展与贫困减缓之间的实证研究，涉及作用机制的研究较少。在金融发展与贫困减缓的相关性研究中，张立军、湛泳（2006）利用中国1994—2004年的时间序列和2004年的截面数据的实证分析，表明小额信贷具有显著的降低贫困效应③。杨俊等（2008）指出1980—2005年间中国农村金融发展和农村贫困指标之间不存在相互的Granger因果关系。短期内农村金融发展与贫困指标表现为不显著的负向关系，长期内存在着显著的正向关系。这表明中国农村金融发展没有成为促进农村贫困减少的重要因素，相反，对农村贫困减少还起到了抑制作用④。陈银娥、师文明（2010）利用中国1980—2005年的时间序列数据考察了农村金融发展对贫困减少的影响，得出：农村正规金融发展对农村贫困减少有利，但是影响很小；非正规金融发展对农村贫困减缓产生负面影响，并且农村贫困问题是农村非正规金融产生和发展的重要原因⑤。丁志国等

---

① Ficawoyi Donou – Adonsou, Kevin Sylwester. Financial Development and Poverty Reduction in Developing Countries: New Evidence from Banks and Microfinance Institutions [J]. Review of Development Finance, 2016, 6 (1).

② Unal Seven, Yener Coskun. Does Financial Development Reduce Income Inequality and Poverty?Evidence from Emerging Countries [J]. Emerging Markets Review, 2016, 26.

③ 张立军，湛泳. 金融发展与降低贫困——基于中国1994—2004年小额信贷的分析 [J]. 当代经济科学，2006（6）：36 – 42 + 123.

④ 杨俊，王燕，张宗益. 中国金融发展与贫困减少的经验分析 [J]. 世界经济，2008（8）：62 – 76.

⑤ 陈银娥，师文明. 中国农村金融发展与贫困减少的经验研究 [J]. 中国地质大学学报（社会科学版），2010，10（6）：100 – 105.

(2011) 得出我国农村金融发展对减少农民贫困的作用,既存在直接效应,又存在间接效应,而间接效应的作用明显高于直接效应①。崔艳娟、孙刚(2012)指出金融发展是利贫的,除了直接作用于贫困减缓外,还可以通过经济增长、收入分配、金融波动途径影响贫困减缓②。何雄浪、杨盈盈(2017)利用2000—2012年31个省、市、自治区的面板数据,对金融发展与贫困减缓之间的关系进行了实证研究,得出:金融发展水平与贫困减缓之间不是简单的线性关系,二者可能存在着"倒U形"关系,即存在先抑制后改善的效应③。综合国内研究的结论来看,相关文献主要认为经济的高速增长有利于减少贫困,但收入分配不公平程度的加深在一定程度上会抑制减贫过程,金融波动甚至会抵消减贫的效果。由此可见,经济稳步快速增长、收入合理分配是减少贫困的关键。

近年来,有关金融发展与贫困减缓的区域差异实证文献相继发表。我国地域广阔、区域间经济与金融发展不平衡,不同地区之间金融发展对贫困减缓的效率存在显著差异。吕勇斌、赵培培(2014)利用2003—2010年我国30个省份面板数据研究我国农村金融发展对于缓解农村地区贫困的影响,结果表明,农村金融规模有利于减缓贫困,但农村金融效率对缓解贫困有负向影响④。朱若然、陈贵富(2019)利用CHNS微观面板数据和随机效应面板概率单位模型分析了各省金融效率与家庭贫困率的关系,得出:各省金融效率的地域影响显著,东部和中部的金融效率与贫困率的关系为正⑤。杜兴洋等(2019)在对湖南省国家级贫困县所在的9个市(州)为样本的实证分析中得出:湖南省不同城市的金融扶贫效率存在较大差异,除岳阳和邵阳外,其余7个样本市(州)的金融扶贫效率有较大改进空间⑥。

对国内外有关金融发展和贫困减缓的文献进行梳理,能够为本书的研究提供理论依据。一方面,在全球经济放缓的背景下,我国应该保持经济增长的持续稳定,缩小收入分配差距,让贫困人口真正从增长中受益;另一方面,在我国今后

---

① 丁志国,谭伶俐,赵晶. 农村金融对减少贫困的作用研究 [J]. 农业经济问题, 2011, 32 (11): 72 - 77 + 112.

② 崔艳娟,孙刚. 金融发展是贫困减缓的原因吗?——来自中国的证据 [J]. 金融研究, 2012 (11): 116 - 127.

③ 何雄浪,杨盈盈. 金融发展与贫困减缓的非线性关系研究——基于省级面板数据的门限回归分析 [J]. 西南民族大学学报(人文社科版), 2017, 38 (4): 127 - 133.

④ 吕勇斌,赵培培. 我国农村金融发展与反贫困绩效:基于2003—2010年的经验证据 [J]. 农业经济问题, 2014, 35 (1): 54 - 60 + 111.

⑤ 朱若然,陈贵富. 金融发展能降低家庭贫困率吗 [J]. 宏观经济研究, 2019 (6): 152 - 163.

⑥ 杜兴洋,杨起城,邵泓璐. 金融精准扶贫的绩效研究——基于湖南省9个城市农村贫困减缓的实证分析 [J]. 农业技术经济, 2019 (4): 84 - 94.

的金融发展与体制改革中，只有充分立足于贫困人口的金融需求，不断推进有助贫困减缓的金融产品和金融服务的创新，才能提升金融扶贫的效率。

## 2.2 传统农业信贷失灵

### 2.2.1 农业信贷的特殊性

狭义的农业金融活动是贷款者向借款者供应货币（或商品），后者定期归还并支付利息的行为。在这一行为中，金融组织在农村吸收存款、发放贷款的信用活动的总称就是农业信贷。农业信贷通过动员和分配农村中暂时闲置的货币资金，以满足农业再生产过程中资金周转需要。区别于一般工商企业信贷，农业信贷表现出以下特征：

第一，农业信贷需求具有明显的季节性。农业与国民经济其他部门相比较，最大的区别就在于农业生产包含有生命物质的再生产过程，即自然再生产过程。它是指生物依靠其新陈代谢机能，借助自然力和外界环境条件，通过生长、发育、繁殖等一系列生命活动，使其自身不断地更新繁衍。农业的自然再生产和经济再生产密切结合、交织，构成了统一的农业生产过程。农业自然再生产过程的季节性，导致农业信贷资金的筹集和运用带有明显的季节性。在一般情况下，大多数农产品当年年末产出、出售，货币通过收购农副产品大量而集中地投放到农村，形成农业集体企业和农户的收入，有一部分收入又会通过存款、储蓄和归还农业贷款回流到银行。在这里，银行一方面因向商业部门提供农副产品收购贷款而增加信贷支出；另一方面，银行又因农业企业存款、农户储蓄和农贷的归还而增加信贷收入。在次年年初，农业为下一生产周期大量地购入农用生产资料，银行农业贷款的投放会相应增加，部分存款和储蓄也会因购买农机、种子、化肥等农业生产资料而减少。可以看到，农业信贷资金的收支，因农业生产的季节性而相对地比较集中。我国农村多种经营的发展和产业结构的变化，使农业在农村经济中的比重有所下降，农业信贷运动的季节性有所减弱。但是，农业生产本身的特点决定了农业信贷运动的季节性不会彻底改变。

第二，农业信贷资金的筹集和运用不稳定。自然条件对农业生产的影响较大，特别是我国，农业生产力水平低，技术落后，还未摆脱"靠天吃饭"的局面，自然因素对农业的制约更为明显。农业受到诸如地理、气候、土质等因素的影响，又易受自然灾害的袭击，因此，生产资料消耗、农业收益、公共积累等在年度间不平衡，使得农业对信贷资金的需求和农业信贷资金的收支活动不匹配。

第三，农业信贷资金周转慢、占用多。农业生产因自然再生产特性的制约，生产周期比较长，劳动时间与生产时间不一致，在生产过程中，每一环节的资金和劳动投入并不能马上产出产品,大部分农业流动资金较长期地被占用在产品资金上,直到整个生产过程结束,收获动、植物产品,才能获得收益;另外,我国农村幅员辽阔,地形复杂,交通不便,流通渠道不畅,阻碍着农产品价值的顺利实现。农业信贷资金参加农业生产周转,并随一个生产周期的结束而回流、增值。农业较长的生产周期和流通时间决定了农业信贷资金周转较慢,周转期较长,资金占用量相对较大。

第四,农业信贷风险较大。农业是一个具有双重风险的产业。农业生产特点和其内在规律性,使其会面临自然风险和市场风险。自然风险是指因自然灾害造成的农业生产减产甚至绝收;市场风险是指因市场价格波动和供求比例变化等造成的降价损失和销售困难。农业信贷资金参与农业资金的循环周转,因而不可避免地受到农业双重风险的波及,与工商信贷等比较,农业信贷的风险较大,安全性较差。

第五,农业信贷活动零星分散,形式多样。我国农业生产中,小规模的家庭经营占主要地位,农村地域辽阔,千家万户分散在四面八方,因此,生产资料消耗、农业信贷资金的筹集和贷款的发放与回收是在地域广阔的农村进行的,面对的是众多从事农业生产经营的农户,农业信贷运动具有明显的分散性。从经济组织形式来看,我国农业在生产资料公有制的基础上,以合作经济为主体,存在着国有、集体、个体、私营、合资等多种经济成分和家庭、联合、股份合作等多种经营方式。从经济结构来看,农村存在着农业、工业、商业、交通运输业、建筑业、服务业、旅游业等多种行业。农业内部则农、林、牧、副、渔各业并存,还有农工商、牧工商等综合经营。农村经济组织形式和经营方式的多样化,使农村不同的地区、不同的产业结构、不同的经济组织、不同的经营行业、不同的年份,甚至同一生产经营项目的不同环节和阶段,对信贷资金需求的数量、结构、时间等千差万别,因而要求农业信贷提供形式多样的服务,灵活地调节农村经济的发展。

## 2.2.2 不完全信息在农业信贷市场上的低效

在经济理论中,随着信息经济学的起源、发展与成熟,信息的经济学含义及其在经济科学领域中的地位得到了认可。其中,以美国经济学家斯蒂格利茨(Stiglitz,1961)、阿克尔洛夫(Akerlof,1970)和史宾斯(Spence,1973)为代表的学者们针对传统西方经济学中完全信息假设的不足,研究如何运用不完全信息理论来改造完全信息条件下的经济模型,进而提出增进经济效率的各种手段[①]。所谓信息不对称理论,是指市场交易的各方所拥有的信息不对等,买卖双

---

① Machlup F. The Production and Distribution of Knowledge in the United States [M]. New Jersey: Princeton University Press, 1962: 35 - 39.

方所掌握的商品或服务的价格、质量等信息不相同,即一方比另一方占有较多的相关信息,处于信息优势地位,而另一方则处于信息劣势地位。在各种交易市场上,都不同程度地存在着信息不对称问题。该理论应用广泛,不仅涵盖了传统的商品与劳务市场,而且扩展到了现代金融市场,并成为解释不对称信息下的农村金融市场的重要理论之一。

在传统农业信贷市场中,市场交易主体双方即贷款者(商业银行)和借款者(农户)所拥有的信息同样是不对称的。一般情况下,贷方(商业银行)处于信息劣势,借方(农户)处于信息优势,这就可能产生逆向选择和道德风险。在农业贷款过程中,大多数农户缺乏完备的会计记录等信息,不能向银行提供较为详细的资料。而农户对自己的收入状况、经营状况、偿债能力及贷款使用、投资项目风险性、投资回报率等有较清楚的了解,在需要借款的时候,总是想方设法获取银行贷款,对经营不善、偿债能力差、投资项目存在高风险等不利信息,则隐藏起来。而银行对资金运用的有关信息并不能直接了解到,只能凭借农户提供的信息和农业贷款市场的平均情况来判断贷款风险。由于信息不对称,金融机构对农民的信用情况、生产生活及农产品销售情况了解程度不一,贷前评估和贷后管理相对困难。而一旦银行发放贷款,农户可能违背契约规定,根据自己掌握的信息优势采取机会主义行动,从而损害银行的利益。

不完全信息在传统农业信贷市场上低效的表现就是逆向选择,这会加重农业贷款需求与贷款供给的矛盾。农业贷款本身具有周期长、风险高、零散性等特点,商业银行发放农业贷款的利润又较低,而较为烦琐的申请程序使得许多农户在借款时通过转向亲朋之间的借贷等途径来获取资金,出现农业贷款供给无法满足贷款需求的局面。但任何商业银行都是以安全性、流动性、效益性为原则,不能随意发放贷款,这就决定了商业银行避免不了信息不对称。在信贷市场上,信息不对称会造成信贷配给现象。信贷配给是这样一种现象:在所有的贷款申请人中,只有一部分能得到贷款,而另一部分则不能获得贷款,即使他愿意支付更高的利息;申请到贷款的人不能获得全部申请资金,只能获得其中的一部分。银行的期望收益取决于贷款利率和农户还款的概率,因此银行不仅关心利率水平,也关心贷款的风险。当逆向选择发生的时候,还贷率会降低,因为较之安全型借款人,风险型借款人项目失败的可能性较大,从而还贷的可能性要低。银行在无法确定风险的情况下,考虑到农户可能提供虚假信息,往往会缩小贷款规模,即供给曲线往左移,如图 2.1 所示。农业贷款市场的均衡点为 $A$,而在信息不对称的影响下,贷款均衡点移至 $B$ 点,这使贷款的价格由原来的 $P_1$ 提高到 $P_2$,贷款规模由原来的 $Q_1$ 缩小至 $Q_2$,因此,整个农业贷款的利率上升。由于利率的提高,使银行的预期收益降低,银行宁愿选择在相对低的利率水平上拒绝一部分农户的贷款要求，也不愿意选择在高水平利率下满足所有农户的贷款需求，使农业贷款需求与贷款供给的矛盾更加尖锐。

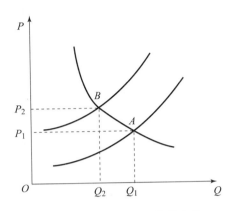

图 2.1 农业贷款市场供求曲线

除此之外，信息不对称还会导致商业银行资产风险加大，质量恶化，由此而引发事后道德风险。对于农业信贷资金的使用，目前金融机构无力进行有效的监督，无法确定信贷资金是否能够真正流向农业发展，也不能有效了解资金是否被投向高风险的行业。农户在获得贷款后，可能违背契约规定，根据自己掌握的信息优势采取机会主义行动。农业贷款主要用于农业生产，因此贷款周期长短不一，农户可能会把投资于风险较小的短期投资项目的资金用于投资风险较大的长期投资项目或将贷款投向非农业领域，形成资金"非农化"分流；有些农户还贷意识薄弱，借国家对农业生产的扶持政策申请到贷款后，认为借款的难度较大，觉得自己好不容易借到一次款，当贷款到期时，就会尽量拖欠还款时间甚至有意逃债；由于农业生产自然风险性大，一旦农业生产遭受自然灾害，农民投资失败，则可能无力还贷。这就使得商业银行贷款风险加大，并有可能导致呆账、坏账数量增加。

## 2.3 农村金融理论的发展脉络

早期学术界对农村金融的研究主要集中在理论层面，国外学者在吸收金融市场理论和金融发展理论的基础上，逐渐形成了较为完整的农村金融市场理论。从农村金融理论的发展来看，强调政府作用的传统发展经济学逐渐被以强调市场力量的新古典发展经济学所取代。在 20 世纪 80 年代以前，农业信贷补贴论一直是农村金融理论界的主流。该理论认为农村居民，特别是贫困阶层没有储蓄能力，农村面临的是资金不足问题。解决办法是，从农村外围注入政策性资金，并建立非营利性的专业金融机构来进行资金分配。这种农村金融政策实践证明并不成功。20世纪80年代，农村金融市场理论逐渐替代了农业信贷补贴论。其理论基础是，农村金融资金的缺乏并不是因为农民没有储蓄能力，而是由于农村金融体系中不合理的金融安排（如政府管制、利率控制等）抑制了其发展。20世纪90年代以后，农村金融市场理论又得到了进一步发展。强调农村金融市场不是一个完全竞争的市场，尤其是放款一方（金融机构）对于借款人的情况根本无法充分掌握。由此出现了不完全市场竞争论和局部知识理论。农村金融市场理论在演变过程中逐渐形成了较为完善的理论体系，成为我们研究农村金融问题的理论基础。

### 2.3.1 农业信贷补贴理论

20世纪80年代之前，在J. M. Keynes"政府干预主义"的影响下，农村金融理论中占主流的是农业信贷补贴论（Subsidized Credit Paradigm），又称为农业融资理论。该理论在20世纪80年代之前一直占据着农村金融理论界的主流。其理论前提是：农村居民，特别是贫困阶层，没有储蓄能力，农村面临慢性资金不足问题。而且由于农业的产业特性（收入的不确定性、投资的长期性、低收益性等），它也不可能成为以获得利润为目标的商业银行的融资对象。因此，有必要依靠财政手段来增加农业生产、缓解农村贫困，从农村外部注入政策性资金，进而建立政府控制的、非营利性的、专门由金融机构进行资金分配。该理论认为，为缩小农业与其他产业之间的结构性收入差距，对农业的融资利率尽可能比其他产业低。考虑到地主和商人发放的高利贷及一般以高利率为特征的非正规金融，会加剧农户穷困或阻碍农业生产发展。应通过银行的农村支行和农业信用合作组织，将大量低息的政策性资金注入农村。同时，以贫困阶层为目标的专项贷款也兴盛一时。从实际情况来看，早在1894年，法国就成立了世界上第一家农业政策性银行——农业信贷银行。美国于1933年、1935年分别成立了两家政府农业信贷机构——农产品信贷公司和农民家计局、农村电气化管理局，成为美国政府贯彻实施农业政策的主要工具。从亚洲来看，水田集约化农业是农业政策性金融投资的主要目标。日本成立了政府农业政策性金融机构——农林渔业金融公库，确保能够为从事农林渔业者在筹资发生困难时提供低利率长期资本。韩国1961年在原农业协同组合中央会与韩国农业银行合并的基础上成立农业协同组合中央会，充当政府政策性金融机构。泰国农业和农业合作社银行通过直接或间接的融资及无息贷款方式支持农户。印度1982年成立了国家农业和农村开发银行，向土地开发银行、合作银行的地区农村银行拆借贷款，由这些机构转贷给农民，并资助商业银行的农村信贷活动，成为农村信贷的依靠。

农业信贷补贴是否能有效解决农户信贷缺乏的困境？Goodwin等（2006）通过对1998—2001年美国农业资源管理调查的微观数据的研究发现，农业补贴能有效降低严重信贷缺乏农户的土地闲置面积,但并不能直接缓解信贷的不足[1]。农业补贴是通过促进土地增值抵押品来缓解农户的信贷约束(Roet 等,2002)[2]。Robe 等[3](2003)和 Kirwan[4](2009)的研究也证实了农业补贴资金转化为土地租金的证据。农业信贷补贴理论固有的缺陷在于,如果农民存在可以持续得到廉价资金的预期,那么农民就缺乏储蓄的激励,这使得信贷机构无法动员农村储蓄以建立自己的资金来源,从而农业信贷成为纯粹的财政压力;当低的利率上限使得农村贷款机构无法补偿贷款给小农户而造成高交易成本时,那么官方信贷的分配就会偏向于照顾大农户,这使得低息贷款的主要受益人不是农村的低收入人群,低息贷款的补贴被集中并转移到使用大笔贷款的较富有的农民身上;政府支持的、不具有多少经营责任的农村信贷机构缺少有效地监督其借款者投资和偿债行为的动力,这样会造成借款者故意拖欠贷款。

农业信贷补贴政策会逐渐损害金融市场的可持续发展能力,导致信贷机构活力的衰退,最终使得农业信贷补贴政策代价高昂,但收效甚微。实践表明,农业信贷补贴论下的专门农业贷款机构,从未发展成为净储户与净借款者之间真正的、有活力的金融中介。农业信贷补贴理论虽然是一种支持(信贷)供给先行的农村金融战略,但其假设前提本身是错误的。事实上,即使是贫困农户,也有储蓄需求。许多亚洲国家的经验表明,如果存在储蓄的机会和激励机制,大多数贫困者会进行储蓄。许多经验表明,低息贷款政策很难实现其促进农业生产和向穷人倾斜的收入再分配目标。由于贷款的用途是可替换的,低息贷款不太可能促进特定的农业活动。低息贷款的主要受益人不是农村低收入人群,低息贷款的补贴可能被集中并转移到使用大笔贷款的较富有的农民身上。农村金融市场论最终替代农业信贷补贴论的主流地位,是因为它是规范分析和实证分析的综合结果,也是迄今为止数十年农村金融实践的结果。

### 2.3.2 农村金融市场理论

从 20 世纪 50 年代开始,农村金融理论开始由货币、信用向金融转变,研究视角也从纯理性研究转向了实证研究,并开始向发展中国家金融与经济关系为研

---

[1] Goodwin B K, Mish Raa K. Are "Decoupled" Farm Program Payments Really Decoupled? An Empirical Evaluation [J]. American Journal of Agricultural Economics, 2006, 88 (1): 73 - 89.

[2] Roet, Somwaru A, Diao X. Do Direct Payments Have Intertemporal Effects on US Agriculture? [R]. International Food Policy Research Institute, Working Paper, 2002.

[3] Robe Rtsm J, Kirwan B, Hopkins J. The Incidence of Government Program Pyments on Agricultural Land Rents: The Challenges of Identification [J]. American Journal of Agricultural Economics, 2003, 85 (3): 762 - 769.

[4] Kirwan B E. The Incidence of US Agricultural Subsidies on Farmland Rental Rates [J]. Journal of Political Economy, 2009, 117 (1): 138 - 164.

究对象转变,以金融发展理论为核心展开研究。金融发展理论研究金融发展与经济增长的关系,即研究金融体系(包括金融中介和金融市场)在经济发展中所发挥的作用,研究如何建立有效的金融体系和金融政策组合以最大限度地促进经济增长及如何合理利用金融资源以实现金融的可持续发展并最终实现经济的可持续发展。

在金融发展理论的影响下,20世纪80年代农村金融市场理论逐渐代替了农业信贷补贴理论。农村金融市场理论强调市场机制的作用,其主要理论前提与农业信贷补贴理论完全相反:它首先认为农村居民及贫困阶层是有储蓄能力的[①]。对各类发展中国家的农村地区的研究表明,只要提供存款的机会,即使贫困地区的小农户也可以储蓄相当大规模的存款,由此没有必要由外部向农村注入资金。其次赞同麦金农(Ronard I. Mckinnon)和肖(Edward S. Shaw)的金融压抑理论,认为低息政策妨碍人们向金融机构存款,抑制了金融发展。运用资金的外部依存度过高,是导致贷款回收率降低的重要因素。由于农村资金拥有较多的机会成本,非正规金融的高利率是理所当然的。农村金融市场论完全依赖市场机制,极力反对政策性金融对市场的扭曲,特别强调利率的市场化。该理论认为,利息补贴应对补贴信贷活动的一系列缺陷负责,而利率自由化可以使农村金融中介机构能够补偿其经营成本。这样就可以要求它们像金融实体那样运行,承担适当的利润限额;利率自由化也可以鼓励金融中介机构有效地动员农村储蓄,这将使它们更加不依赖于外部的资金来源,同时使它们有责任去管理自己的资金。

农村金融市场理论的核心政策工具主要包括利率政策、金融发展政策和信贷政策。利率政策是指政府放弃对利率的直接干预,让市场供需决定利率水平,通过市场化的利率来真实反映资本的稀缺程度。农村金融市场理论认为,市场化的农业贷款利率能够弥补农村金融机构的营运成本,可以有效动员农村储蓄而不过度依赖外部资金,同时,增加了农村金融中介对借款者的投资及还款能力有效监督的动力,还可以减少发放人情贷款和随意的决断。事实研究也表明,资金的成本并非借款者唯一考虑的因素,金融机构的服务水平和质量也是借款者考虑的主要因素,比如简化的申请程序和快速的支付方式等都将提高资金需求者借款的积极性。此外,严格控制通货膨胀,让实际利率维持较高水平,从而刺激储蓄和投资的增长;金融发展政策是指消除金融体系中的垄断,降低市场准入机制,建立多元化、多层次的农村金融机构,鼓励各类金融中介竞争,提高整个经济中资金配置效率和可贷资金数量;信贷政策的主要内容是取消政府的指导性贷款,国家不对信贷资金的流动加以干预,将信贷配给政策转换为通过市场机制配置信贷资源。

---

① 邹帆,李明贤. 农村金融学 [M]. 北京:中国农业出版社,2005.

农村金融市场理论的政策含义基本符合发展中国家金融发展的要求，对发展中国家的金融深化具有积极效果，但是金融市场化理论跟其他理论一样，有其自身的缺陷性。事实上，即使是贫困用户，也有储蓄需求，许多亚洲国家的经验表明，如果存在储蓄机会和激励机制，大多数贫困者会进行储蓄。同时，通过利率自由化能否使小农户充分地得到正式金融市场的贷款，仍然是一个问题。自由化的利率可能会减少对信贷的总需求，从而可以在一定程度上改善小农户获得资金的状况，但高成本和缺少担保品，可能仍会使它们不能借到所期望的资金，所以，仍然需要政府的介入以照顾小农户的利益。Ahmed 和 Dale（1987）对低收入国家的研究表明，农村金融市场的交易成本对于放款人和借款人来说都很高，而这些高昂的交易成本并没有使农村金融市场达到令人满意的效率水平[1]。因此，在一定的情况下，如果有适当的体制结构来管理信贷计划的话，对发展中国家农村金融市场的介入仍然是有道理的。

需要说明的是，作为农村金融市场理论基础的传统金融发展理论中，金融中介体和金融市场是外生的。20世纪90年代以来，金融发展理论开始将金融发展置于内生经济增长模型中，形成了内生金融发展理论，对农村金融做出了更加精致的研究，农村金融市场理论也受其影响，向农村内生金融理论方向发展。

### 2.3.3 不完全竞争市场理论

20世纪60—80年代金融自由化在发展中国家的普遍实践及20世纪90年代以后新兴市场国家和发展中国家爆发的一系列金融危机，引发了经济学家对完全自由主义和金融自由化负面效应的思考，市场机制并不是万能的，政府适度干预对经济社会有积极意义，人们认识到为培育有效率的金融市场，仍需要一些社会性的、非市场的要素去支持它。20世纪90年代后，Thomas Hellman、Kevin Murdock 和 Joseph Stiglitz 等新凯恩斯主义者运用"有效需求理论"和信息经济学的工具，重新审视了金融自由化和政府干预的问题，形成了不完全竞争市场理论，也称金融约束论。其基本框架是：发展中国家的金融市场不是一个完全竞争的市场，尤其是贷款一方（金融机构）对借款人的情况根本无法充分掌握（不完全信息），如果完全依靠市场机制，就可能无法培育出一个社会所需要的金融市场。为了补救市场的失效部分，有必要采用诸如政府适当介入金融市场及借款人的组织化等非市场要素。不完全竞争市场理论的政策主张主要有：一是金融市场发展的前提条件是低通货膨胀等宏观经济的稳定；二是在金融市场发育到一定程度之前，相比利率自由化，更应当注意将实际存款利率保持在正数范围内，同时抑制

---

[1] Ahmed Humeida Ahmed, Dale W Adams. Transactions Costs in Sudan's Rural Financial Markets [J]. African Review of Money Finance and Banking, 1987 (1).

存款利率的增长，若因此而产生信用分配和过度信用需求问题，可由政府在不损害金融机构储蓄动员动机的同时，从外部提供资金；三是在不损害银行最基本利益的范围内，政策性金融（面向特定部门的低息融资）是有效的；四是政府应鼓励并利用借款人联保小组及组织借款人互助合作形式，以避免农村金融市场存在的不完全信息所导致的贷款回收率低下的问题；五是利用担保融资、使用权担保及互助储金会等办法，可以改善信息的非对称性；六是融资与实物买卖（如肥料、作物等）相结合的方法是有效的，可以确保贷款的回收；七是为促进金融机构的发展，应给予其一定的特殊政策，如限制新参与者等。

农产品交易之间的不完全竞争是广泛存在于农产品市场的。在一些经济落后的地区，农户在市场准入、投入和技术方面都受到限制，而合作社在促进农户进入市场和技术方面起到了积极作用。与此同时，在某些农产品市场，由于原产品运输成本高、参与者相对较少，参与身份最多的是农村合作社。一部分观点认为，提高农户生产效率的方式之一是农村合作社，也有人认为合作社是一种低效的历史遗留物。Richard（1990）分析农产品寡头垄断的空间市场中的定价行为得出，促进农产品存在竞争效应和规模效应的因素包括非合作加工企业之间的竞争关系及合作企业的成员和定价政策[1]。Cazzuffi（2013）通过以奶农为研究对象，发现不同地区市场结构变化的原因在于地理位置对给定地区经营的加工企业的数量和性质都有影响。而在地理位置相对较分散或者生产规模较小的地区，合作社在历史上往往占主导地位，他们往往是农产品的唯一买家[2]。Osborne（2005）利用埃塞俄比亚农村市场交易数据，检验了农村批发贸易商之间不完全竞争的一般形式[3]。实证结果表明，在一个典型的农村市场中，由于贸易商向农户购买农产品时存在不完全竞争行为，从而压低向农户支付的价格约3%。相比之下，在更大、更集中的市场中，交易者之间存在不完全竞争证据并不明显。因此认为，市场结构不合理而造成效率损失可能在基础设施不健全和粮食产量较少的农村市场中最大。

不完全竞争理论被认为是适合研究发展中国家农村金融的理论，其根源在于发展中国家的农村金融市场不是一个完全竞争市场。农村金融的供给方，尤其是农村正规金融机构，根本无法充分掌握借款人的情况（即信息不对称），仅靠市场交易的自发力量无法培育出有效的农村金融市场。为了补救市场的失效部分，

---

[1] Richard J Sexton. Imperfect Competition in Agricultural Markets and the Role of Cooperatives: A Spatial Analysis [J]. American Journal of Agricultural Economics, 1990, 72 (3).

[2] Cazzuffi Chiara. Small Scale Farmers in the Market and the Role of Processing and Marketing Cooperatives: a Case Study of Italian Dairy Farmers [J]. University of Sussex, 2013.

[3] Osborne T K. Imperfect Competition in Agricultural Markets: Evidence from Ethiopia [J]. Journal of Development Economics, 2005, 76 (2): 405-428.

有必要采取诸如政府适当介入农村金融市场及借款人的组织化等非要素市场。王元（2008）指出，非市场要素介入发展中国家的农村金融市场时，主要有两点要做：首先要做的是排除阻碍农村金融市场有效运行的障碍，即改革和加强农村金融机构，而不是发放信贷补贴。其次，该理论还强调借款人的组织化对解决农村金融问题的重要性，认为通过小组成员间的相互监督可以解决道德风险问题，从而消除信息不对称和高交易成本问题，为新型小额信贷业务的发展提供了理论依据[1]。在宏观经济稳定、通货膨胀率低并且可以预测、实际利率为正的前提下，通过对存贷款利率加以控制，对市场准入、竞争，以及对资产替代加以限制等措施，为农村金融和生产部门创造租金，从而提高农村金融体系的运行效率。不完全竞争市场理论认为，尽管农村金融市场可能存在的市场缺陷要求政府和提供贷款的机构介入其中，但必须认识到，任何形式的介入，如果想要有效地克服由于市场缺陷所带来的问题，都必须具有完善的体制结构。尽管外部资金对于改革金融机构并帮助其起步是必需的，但政府和提供贷款的单位所提供的资金首先应用于机构建设的目的，这包括培训管理人员、监督人员和贷款人员，以及建立完善的会计、审计和管理信息系统。不完全竞争市场理论为政府介入农村金融市场提供了理论基础，但显然它不是农业信贷补贴理论的翻版。不完全竞争理论在一定程度上支持了信贷补贴理论。

不完全竞争市场理论为新模式的小额信贷提供了理论基础。新模式的小额信贷强调解决农村金融市场上的信息不对称和高交易成本问题，而旧模式的小额信贷强调通过低成本的资金帮助穷人。旧模式的小额信贷基本上是信贷补贴理论的翻版，由于忽略机构的可持续性而难以为继。

### 2.3.4 局部知识理论

农村地区信贷约束的主要表现为供求失衡的农村金融市场失灵现象，在落后国家与地区是普遍存在的，而在我国落后地区则有相当一部分比例的农民并没有得到相对较规范的信贷服务，而这通常被认为是严重限制脱贫的主要问题，其背后深层次原因在于供求双方的信息不对称。Meyer（2001）指出，尽管信息不对称广泛存在于商业性信贷领域，相比之下，农村信贷市场的信息不对称问题远比城市普遍且严重。其客观原因包括地理位置的偏远、基础设施种类单一、每笔业务成本过高、农村贷款面临的风险大、多数农民并没有足够有效的担保抵押品及农村的信用体系不健全、可能面对道德风险等[2]。由于信息的不对称性，导致农

---

[1] 王元. 农村金融不完全竞争市场理论与国外经验借鉴 [J]. 华北金融，2008（11）：25-27.

[2] Meyer R, Nagarajan G. Rural Financial Markets in Asia: Policies Paradigms, and Performance [M]. London: Oxford University Press, 2001.

贷的整个申请、获得、使用过程中的道德风险和逆向选择问题突出，信用风险较大。

有别于不完全竞争市场范式，局部知识范式强调 Hayek 知识论中局部知识理念的重要性，它与农村金融市场范式相呼应，但是更多考虑了如何从知识论角度出发，通过发现和利用局部知识来解决不完全竞争和信息不完全问题，也称局部知识论。Hayek（1937）指出，市场里总是存在许多隐匿在市场框架内的很难进行归纳和规范化利用的局部信息，这些信息很容易被忽略，处于市场界外的人很难将之发现并利用，Hayek 将其称为局部知识[1]。农村金融市场是一个存在大量局部知识的市场，要提高农村金融市场的资源配置效率，就必须遵循市场规则，通过知识的分工，在自由市场竞争中发现并有效利用这些局部信息。在农村金融理论的发展过程中，局部知识论影响较大。该理论认为，信息不对称问题不应是政府干预的理由，而应该主要依靠市场机制和竞争机制来发现和利用分散在不同时间和地点的局部知识，减少农村金融市场信息不对称的问题。因为竞争是一种发现信息、减少信息不完全和不对称的过程，信息不完全可以通过促进竞争得以缓解。农村金融市场中存在着许多散布在特定时间和地点的局部知识，在特定时间和地点的现场交易最能利用局部知识，而竞争有助于发现这些知识，应通过类似于劳动分工的知识分工来充分利用这些知识。谁是分散局部知识的最佳利用者？那就是定位服务于农村经济而发展起来的农村金融机构、非正规金融机构、地方中小型商业性金融机构、小额信贷机构等，它们应该是农村金融市场的主体。它们之间通过竞争彼此促进，扮演着提高金融体系效率和优化金融资源配置的重要角色。该理论认为，农村金融机构可以通过多样化的途径促进金融工具创新，使金融市场向完全竞争市场发展。赵丙奇（2011）结合局部知识范式对农村金融市场创新机制的意蕴做出了解释：金融服务供给者应该在权衡其成本与收益基础上，融入存在局部知识的人和地方中去，积极主动拓展金融市场过程，满足当地的金融服务需求，从中获取回报；金融组织或工具的多样性可以推进更多的金融工具创新，使市场逼近或近似于完全竞争市场，而信息不完全可以通过竞争来缓解；自下而上建立的金融机构或组织，贴近农户和其他金融需求者，最容易利用局部知识做出有效率的决策[2]。相对于各类金融机构和组织来说，政府在农村金融市场中的直接参与供给作用应该是辅助性的，政府补贴信贷的作用也一样。

局部知识论立足于新经济思想，强调在新经济的条件下通过市场竞争可以自发地发现信息，通过分工组合以达到对某一局部的清醒认识和掌控。该理论提倡

---

[1] 戈德史密斯. 金融结构与金融发展（中译本）[M]. 上海：上海三联书店, 1990.

[2] 赵丙奇，冯兴元. 基于局部知识范式的中国农村金融市场机制创新[J]. 社会科学战线, 2011 (1): 34 – 45.

通过建立竞争性农村金融市场来满足农村金融需求，提高农村金融影响效率。通过局部知识理论可以得到的启示是：金融组织的多样化可以促进农村金融市场竞争，推进竞争性农村金融市场的建设和完善。非正规金融市场行为具有交易成本低、信息对称、能够充分利用地方局部知识等特点，一般具有较高的效率，但也可能存在一定的负面影响，这时，政府就可以通过政策性融资工具在建立与维持市场秩序框架方面发挥重要作用。因此，竞争性农村金融为主、政策性农村金融为辅的金融市场格局是一种理想状态下的农村金融制度框架，这与局部知识范式是兼容的。但这种农村金融制度变迁要以良好的农村经济金融环境为前提，而发展中国家普遍的现状是农村经济基础落后、农业产业发展缺乏保障、农村有效金融需求普遍不足、农村金融交易成本高、法治环境差、地方政府行为扭曲等严重脆弱的农村金融生态环境，这种现状极大地制约了局部知识论的现实指导能力。

## 2.4　我国金融扶贫的战略导向与制度演变

### 2.4.1　金融扶贫是中国扶贫开发战略的重要组成部分

贫困是"无声的危机"，不仅严重阻碍了国家的社会经济发展，也是当前地区冲突、恐怖主义蔓延和环境恶化等问题的重要根源，被认为是 21 世纪世界各国面临的最严重问题之一。贫困所造成的危害是多方面的，消除贫困的意义巨大而深远。多年来，国际社会为消除贫困做出积极努力。全世界在脱贫方面取得了有效进展，但贫困问题依然严峻。根据联合国开发署发布的 2019 年度《全球多维贫困指数》报告显示，全球仍有 13 亿人处于"多维贫困状态"，其中有 84.5% 的贫困人口生活在撒哈拉沙漠以南的非洲和南亚地区，并且各国之间与国家内部各地区之间的贫困程度存在巨大差异[①]。相对于发达国家而言，发展中国家贫困问题更为严重，尤其是在战乱和过度依赖大宗商品出口的地区，贫困问题尤其根深蒂固。因此，减轻贫困、消除贫困不仅成为有关国际组织长期工作的重心，也是发展中国家致力解决的艰巨任务，各国在减少贫困人口、提高卫生条件等方面仍然任重道远。

中国是世界上最大的发展中国家，贫困人口的数量曾经占世界比例的 20%。中华人民共和国成立初期，国家一穷二白，人民生活处于极端贫困状态。社会主义基本制度的确立，以及农村基础设施的建设、农业技术的推广、农村合作医疗体系的建立等，为减缓贫困奠定了基础，贫困的局面发生了根本性变化，尤其是改革开放以来，我国成功走出了一条中国特色扶贫开发道路，使 7 亿多农村贫困

---

① https://www.undp.org/around-the-world.

人口成功脱贫,为全面建成小康社会打下了坚实基础。同时,中国也是全球最早实现联合国千年发展目标中减贫目标的国家,为加速世界减贫的进程、全球减贫事业做出了巨大贡献。世界银行发布数据显示,按照每人每天1.9美元的国际贫困标准,从1981年年末到2015年年末,中国贫困发生率累计下降了87.6个百分点,年均下降2.6个百分点,同期全球贫困发生率累计下降32.2个百分点,年均下降0.9个百分点,我国减贫速度明显快于全球,贫困发生率也大大低于全球[①]。尽管中国的扶贫工作成绩优异,但依然任务艰巨。截至2014年年底,中国仍有7 000多万农村贫困人口。不仅如此,发达地区和部分中部地区贫困人口呈零星状分布,大量贫困人口主要集中在欠发达地区,欠发达地区是未来中国扶贫开发的重点。2015年11月27—28日在北京召开的中央扶贫开发工作会议中,中共中央总书记、国家主席、中央军委主席习近平强调,消除贫困、改善民生、逐步实现共同富裕,是社会主义的本质要求,是中国共产党的重要使命。全面建成小康社会,是中国共产党对中国人民的庄严承诺。在随后下发《中共中央国务院关于打赢脱贫攻坚战的决定》[②]中指出:"我国扶贫开发已进入啃硬骨头、攻坚拔寨的冲刺期。中西部一些省(自治区、直辖市)贫困人口规模依然较大,剩下的贫困人口贫困程度较深,减贫成本更高,脱贫难度更大。实现到2020年让7 000多万农村贫困人口摆脱贫困的既定目标,时间十分紧迫、任务相当繁重。必须在现有基础上不断创新扶贫开发思路和办法,坚决打赢脱贫攻坚战。"

金融扶贫是脱贫攻坚的重要支撑体系。实践证明,在所有的精准扶贫举措和办法中,金融扶贫是综合、有效而持久的措施。金融扶贫就是要通过特殊的政策支持,推动金融机构的改革与发展,从根本上解决贫困地区发展的资金约束,为实现精准扶贫提供所需要的资金。做好金融助推深度贫困地区脱贫攻坚工作,是金融系统义不容辞的责任。在《中共中央国务院关于打赢脱贫攻坚战的决定》中强调,在脱贫攻坚进程中,"鼓励和引导商业性、政策性、开发性、合作性等各类金融机构加大对扶贫开发的金融支持",同时"扩大农业保险覆盖面,加强贫困地区金融服务基础设施建设,优化金融生态环境"。长期以来,在农村信用体系建设中,一直存在农民信息收集难、成本高、金融机构"不敢贷、不愿贷"的问题。金融在支持精准扶贫中发挥的重要作用不仅需要农村金融机构不断探索新型授信模式,以信贷为抓手,精准发力,精准投放,全力支持贫困户发展生产、增收脱贫。同时,更体现于对贫困地区产业的支持,把脱贫攻坚和乡村产业振兴衔接起来,才能保证贫困户持续增收,巩固脱贫成果。在我国脱贫攻坚工作收官、实现全面建成小康社会目标的关键阶段,金融体系尤其是深度贫困地区的

---

① https://data.worldbank.org.
② http://www.gov.cn/xinwen/2015-12/07/content_5020963.htm.

金融机构，将承担起攻克深度贫困堡垒的重大责任，通过全面提升金融精准扶贫质效，为打赢脱贫攻坚战提供更强有力的金融支撑。

### 2.4.2 中国金融扶贫政策的演变

中国的金融扶贫制度是随着扶贫实践、贫困状况的改变及扶贫理论的发展而不断完善和发展的，经历了从以微观层面为主到宏观层面为主的金融扶贫政策演变历程，大致可以分为三个阶段，即以扶贫贴息贷款为主、以小额信贷为主、全面的综合性精准扶贫金融政策。从金融扶贫政策措施的演变中也可以观察到扶贫实践和指导思想的变化。

(1) 扶贫贴息贷款政策的演变

1986年以前，我国实行的是传统的救济式扶贫，没有专门的针对性扶贫计划，农村贫困人口的大规模减少主要是农村经济体制改革的效应。国家通过救济的方式短期解决贫困人口的生存或温饱问题的方式，主要依赖于中央政府的转移支付，目的是生活救济和财政补贴。这种"输血式"的扶贫策略虽然在一定程度上缓解了贫困人口的现实需要和生存危机，但是却没有实现解放贫困人口生产力和生产积极性的问题，容易在贫困人口中形成依赖政府救济的惰性思维。

1986年，国务院成立了扶贫开发领导小组，并确定了开发性扶贫的方针，转变到提高贫困人群和贫困地区的自我发展能力上，实现了从救济式扶贫向开发式扶贫的转变。1986年11月，《中国人民银行、中国农业银行扶持贫困地区专项贴息贷款管理暂行办法》发布，决定"从1986年起，连续5年，每年发放10亿元专项贴息贷款，支持全国重点贫困县开发经济，发展商品生产，解决群众温饱问题"[①]。专项贴息贷款为贫困地区和贫困人口的生产与活动提供资金支持，帮助这些贫困地区和贫困农户发展以市场为导向的养畜养禽、水产、采集、农产品加工、小矿产、小运输、建筑建材，劳务输出，增产粮食效果显著的新技术推广和经济林木，从而促进当地的经济发展，促进农户增产增收。贴息贷款严格按照信贷资金管理办法进行管理，所需信贷资金由中国人民银行每年专项安排并由中国农业银行发放和专项管理，贷款收回后归还中国人民银行，中央财政补贴大部分利息。按照1986年的贴息贷款分配计划，当年给予21个省（自治区）258个贫困县共5亿元贷款总额。在1986—1997年间，扶贫贴息贷款是中国金融扶贫的主要形式。最初的扶贫贴息贷款是在微观层面开展的，即发放给贫困户，但是多数贫困户缺乏必要的生产技术和管理能力。从1989年开始转向发放给企业，目的是通过企业的发展来带动贫困人口的脱贫。据统计，到20世纪90年代中

---

① 杨穗，冯毅. 中国金融扶贫的发展与启示 [J]. 重庆社会科学, 2018 (6): 58 – 67.

期，70%的扶贫贴息贷款投向了各类经济实体①。但是，以企业为主要贷款对象的模式也存在着弊端。在政策实施过程中，由于缺乏直接的联系，扶贫贴息贷款和贫困人口之间存在瞄准性不足、资金渗漏的问题。同时，企业贴息贷款的还贷情况也很不理想。20世纪80年代，35%的扶贫贴息贷款和60%的企业或工业项目贷款不能按时偿还；1986—1989年，扶贫贴息贷款正常还贷率仅为20.7%（其中县乡企业的还贷率低于农户还贷率）；1991—1993年，扶贫贴息贷款每年按期还款率都低于70%②。这一时期，扶贫贴息贷款由中国农业银行经营管理。

  1994年，国务院发布关于印发《国家八七扶贫攻坚计划》的通知，对当时全国农村8 000万贫困人口的温饱问题，力争用7年左右的时间（从1994年到2000年）基本解决。该计划的公布实施标志着我国的扶贫开发进入攻坚阶段。在《国家八七扶贫攻坚计划》公布后，政府将扶贫贴息贷款的经营管理职能转到新成立的政策性银行——中国农业发展银行，扶贫贴息贷款重点对种植业和养殖业的贫困户进行资金支持。同时，计划从1994年至2000年，再增加10亿元扶贫贴息贷款，并提出随着财力的增长，国家还将继续增加扶贫资金投入。同时，调整国家扶贫资金投放的地区结构。从1994年起，将分一年到两年把中央用于广东、福建、浙江、江苏、山东、辽宁6个沿海经济比较发达省的扶贫信贷资金调整出来，集中用于中西部贫困状况严重的省、区。为了降低资金渗漏问题，1996年9月的中央扶贫工作会议强调直接瞄准贫困农户，将扶贫贴息贷款使用重点重新放在农户的种养业上。1997年，中央政府硬性规定了贴息贷款的到户比例。即使经过这样的调整，贴息贷款的运行效率仍不乐观，一方面是贴息贷款的经管机构调整为中国农业发展银行后，县级贷款发放仍需农业银行代理，额外增加了管理环节和监管成本；另一方面，政策实施过程中的资金渗漏问题依然严重，扶贫资金到户困难。于是，1998年贴息贷款的管理权重新回到了中国农业银行。

  2001年6月，中共中央、国务院发布了《中国农村扶贫开发纲要（2001—2010年）》（国发〔2001〕23号），重新强调支持企业和产业发展对减贫的重要性，同时支持对农户开展小额信贷服务，即微观和宏观并重。根据《纲要》精神，2001年6月，人民银行会同财政部、国务院扶贫开发领导小组办公室、中国农业银行等部门制定了《扶贫贴息贷款管理实施办法》（银发〔2001〕185号）。扶贫贴息贷款由中国农业银行发放和管理。政府扶贫部门负责提供扶贫贷款项目，中国农业银行在扶贫部门提供的扶贫项目范围内选择贷款项目，按3%的优惠利率发放贴息贷款。为了提高扶贫贴息贷款的使用效率，自2004年，国务院

---

① 张伟，胡霞. 我国扶贫贴息贷款20年运行效率述评［J］. 云南财经大学学报，2011，27（1）：92 – 97.
② 国家统计局农村社会经济调查总队《中国农村贫困监测报告2000》第55页.

扶贫办会同财政部和中国农业银行先后开展了两项改革试点："到户贷款"改革试点和"项目贷款"改革试点。2006年7月，国务院扶贫办、财政部和中国农业银行联合下发了《关于深化扶贫贴息贷款管理体制改革的通知》（国开办发〔2006〕46号）。根据《通知》精神，将原由中国农业银行统一下达指导性计划并组织发放贷款分为"到户贷款"与产业化扶贫龙头企业和基础设施等项目贷款两部分进行操作。2005年7月，配合国务院扶贫办等部门联合下发《关于开展建立"奖补资金"推进小额贷款到户试点工作的通知》，选择4省共8个县开展了建立"奖补资金"推进小额贷款到户的试点，将部分中央财政扶贫资金作为"奖补资金"，用于贫困户贷款的利息补贴、亏损补贴或奖励。通过机制创新，有效激励了各利益主体参与信贷扶贫的积极性。2006年，在及时总结经验、完善政策的基础上，又增补河北、湖南、云南、广西4省（区）相继开展试点工作。

为建立健全符合市场经济要求的信贷扶贫管理体制和运行机制，提高扶贫资金的运行效率，2008年国务院扶贫办等4部门出台了《关于全面改革扶贫贴息贷款管理体制的通知》。该通知明确提出，进一步将扶贫贷款管理权限和贴息资金下放到省，其中到户贷款管理权限和贴息资金全部下放到县；扶贫贷款由自愿参与的任意机构承贷；到户贷款按年息5%、项目贷款按年息3%给予贴息。通过此次扶贫贴息信贷的改革，使扶贫贴息资金的到户率大大提高，不少地区将扶贫贴息贷款与当地的扶贫开发项目有机结合起来，取得了良好的经济效益和社会效益。同时，通过竞争方式选择金融机构，形成了承贷金融机构从农业银行一家发展到农业发展银行、农村信用社、邮政储蓄银行等多家金融机构的局面。扶贫贴息贷款的质量大幅提高。据《中国农村金融服务报告（2010）》公布的数据显示，改革后的2007年到2009年，贴息贷款的按期回收率不断上升，达到90%左右。2011年以后，扶贫贴息贷款政策逐步完善，融入全面的综合性精准扶贫的金融政策，并且与促进"三农"发展的财税、金融、保险、金融监管等政策相互协调配合，不断完善发展，初步形成了综合的政策体系。

（2）小额信贷扶贫政策的形成与发展

在政府层面大力推行常规扶贫贴息贷款的同时，小额信贷作为一种特殊的能够直接瞄准到户的制度设计也逐步得到国家的认可。小额信贷扶贫是资金到户率高、资金还贷率高、项目成功率高的一种有效的扶贫到户形式。实际上，早于1993年已经有一些社会组织和非政府公益性组织在全国范围内试点小额信贷的扶贫模式。经过一段时间的实践后，1997年国家总结了小额信贷试点工作的经验并开始在全国范围内推广政府主导的小额信贷项目。1998年，中共中央在《关于农业和农村若干重大问题的决定》中明确要求"总结推广小额信贷等扶贫资金到户的有效做法"。1999年，《中共中央国务院关于进一步加强扶贫开发工作的决定》(中发〔1999〕10号)进一步要求"各地要把小额信贷作为保证信贷资金扶贫到户的重要措施,在总结经验、规范运作的基础上,积极稳妥地推广"。1999年4月,《中国农业银行"小额信贷"扶贫到户贷款管理办法(试行)》强调小额信贷是扶贫到户的一种形式,不是唯一形式。一些地方出现的扶贫合作社是中介组织,不能作为承贷主体,更不允许放贷。由此,农业银行开始越过中介组织,直接办理小额信贷业务。

扶贫工作进入新的发展阶段后,小额信贷模式得到进一步的认可。《中国农村扶贫开发纲要(2001—2010年)》明确提出"要积极稳妥推广扶贫到户的小额信贷,支持贫困农户发展生产"。自2004年起,中共中央和国务院每年的中央一号文件都明确提出支持小额信贷的发展。为适应扶贫的新动向,2014年12月,在总结分析各地扶贫小额信贷实践基础上,国务院扶贫办、财政部、人民银行、银监会、保监会5部门印发了《关于创新发展扶贫小额信贷的指导意见》(国开办发〔2014〕78号),提出扶贫开发金融服务工作的总体规划及重点领域。2017年8月,银监会、财政部、人民银行、保监会和国务院扶贫办五部委联合印发了《关于促进扶贫小额信贷健康发展的通知》(银监发〔2017〕42号)中明确扶贫小额信贷要始终精确瞄准建档立卡贫困户,银行业金融机构要加大对信用良好、有贷款意愿、有就业创业潜质、有技能素质和一定还款能力的建档立卡贫困户的支持力度,特别提及要将扶贫小额信贷精准用于贫困户发展生产或能有效带动贫困户致富脱贫的特色优势产业。在中国的扶贫工作实践中,小额信贷是贫困农户量身订制的产品,已经成为政府操心、银行放心、群众称心的金融扶贫品牌,破解了贫困农户贷款难、贷款贵的世界性难题。

(3)综合性精准扶贫金融政策体系形成

近年来,国家把金融扶贫作为扶贫战略的一个重要组成部分,越来越重视金融在扶贫开发中的重要作用。《中国农村扶贫开发纲要(2011—2020年)》首次把金融服务作为新时期扶贫开发的重要政策保障,并提出积极推动贫困地区金融产品和服务方式创新,鼓励开展小额信用贷款,努力满足扶贫对象发展生产的资金需求。2013年中央一号文件明确提出改善农村金融服务,通过充分发挥商业性金融、政策性金融与合作性金融作用,加强金融支农力度,对金融扶贫模式给予了充分重视,金融扶贫模式开启了新的发展阶段。例如,2015年11月颁布的《中共中央国务院关于打赢脱贫攻坚战的决定》,将精准扶贫、精准脱贫确定为国家农村扶贫的基本方略,明确了财政部门、中央银行等金融管理部门及各类商业性、政策性、开发性、合作性金融保险机构支持脱贫攻坚的具体任务。2015年12月国务院印发《推进普惠金融发展规划(2016—2020年)》,将发展普惠金融帮助贫困地区减贫脱贫提升至国家扶贫开发战略的高度。2016年3月人民银行等七部门联合印发《关于金融助推脱贫攻坚的实施意见》,紧紧围绕"精准扶贫、精准脱贫"基本方略，提出精准对接脱贫攻坚多元化融资需求等六个方面的政策措施，全面提升金融扶贫的有效性。2016年9月，中国证监会印发《关于发挥资本市场作用服务国家脱贫攻坚战略的意见》，提出优先支持贫困地区企业利用资本市场资源，拓宽直接融资渠道，提高融资效率，降低融资成本，不断增强贫困地区自我发展能力。

为了推动农村基础金融服务的建立，金融扶贫的过程中逐步引入了普惠金融的理念。2013年，党的十八届三中全会将"发展普惠金融"确立为国家战略。2015年年末，习近平总书记主持中央深改组审议通过，国务院出台《推进普惠金融发展规划（2016—2020年）》（以下简称《规划》），是我国首个发展普惠金融的国家级战略规划，规划明确总体目标为到"2020年要使我国普惠金融发展水平居于国际中上游水平"。从十八届三中全会提出发展普惠金融，"鼓励金融创新，丰富金融市场层次和产品"，到印发《推进普惠金融发展规划（2016—2020年）》，再到推出《大中型商业银行设立普惠金融事业部实施方案》，一系列政策法规为普惠金融发展提供了良好的外部环境，健全了相关金融基础设施，也完善了金融监管体系框架。

随着贫困人口不断减少，扶贫工作不断细化，"瞄准"的问题越发重要。进入新的发展阶段后，农村贫困更加呈现出贫困程度深、脱贫难度大的特征，这给贫困瞄准工作提出了更高的要求。这一时期，一个重要的瞄准措施是为每个贫困户建档立卡，对贫困户和贫困村进行精准识别。2013年12月，《关于创新机制扎实推进农村扶贫开发工作的意见》指出要建立精准扶贫工作机制。2015年11月，《中共中央、国务院关于打赢脱贫攻坚战的决定》（中发〔2015〕34号），提出要把精准扶贫、精准脱贫作为基本方略。为落实中央精神，中国人民银行等七部委于2016年3月提出了《关于金融助推脱贫攻坚的实施意见》，要求全面改进和提升扶贫金融服务，增强扶贫金融服务的精准性和有效性。2019年5月，中国人民银行发布《关于切实做好2019—2020年金融精准扶贫工作的指导意见》（银发〔2019〕124号）提出，要改善货币政策传导机制，加强扶贫再贷款管理，落实普惠金融定向降准政策。各银行业金融机构要帮助贫困地区培育特色优势扶贫产业，加大信贷资源投放、网点与服务终端布设；统筹做好金融扶贫和乡村振兴金融服务政策衔接，提升乡村振兴金融服务水平；推动金融机构农户小额贷款利息收入免征增值税、涉农贷款增量奖励等政策落实，强化政府性融资担保公司的风险分担能力，提高金融扶贫可持续性。

# 第3章

# 扶贫农户的金融需求与可得性分析

## 3.1 扶贫农户的金融需求分析

### 3.1.1 农户金融需求的一般性分析

农户，是农村经济活动中最基础、最活跃的因素，是农村生产关系中的主导力量，因此，农户的金融需求占有举足轻重的位置。改革开放以来，我国农村经济飞速发展，农民收入水平快速增长，与此同时，农户对金融服务需求在总体上也相应增加。我国地域广阔，自然条件和经济差异较大，不同农户之间的生产经营活动范围和收入水平有很大差距，而不同类型的农户的金融需求也具有明显差异。贫困农户的金融需求，既具有传统农户的一般性金融需求，也存在着特殊性金融需求。本书在总结传统农户的一般性金融需求基础上，分析扶贫农户金融需求的特殊性。

（1）对生产性信贷资金的需求

我国农户资金借贷以中短期贷款为主，主要是满足季节性、流动性周转和中短期生产投资的需要。在农户分类中，占比例最大的是传统型农户，即一些小规模的特种作物和动物种养大户，农业兼业户的比重较大。他们对资金需求单笔数额较大，户数较多，资金使用周期相对较长，通常在一年以上，需求量在5万~10万元不等。这些农户的信誉度较高，正规金融机构也愿意对这部分农户发放贷款，一般情况下贷款的回收率也较高，但从贷款规模上，无法满足这部分农户的资金需求。

随着农村经济的发展，市场型农户从传统农户中脱颖而出。市场型农户的生产经营活动以市场为导向向高层次生活迈进,是实现农民增收和农村实现经济结构调整的重要途径。随着市场型农户农业生产规模的扩大、农业机械化水平的提高,对信贷的需求也随之增大,资金短缺问题成为制约规模农户进行扩大再生产的主要因素。市场型农户主要是订单农业的季节性收购农户、私营加工个体户,包括部分的非农业兼业户,经商户居多。他们对资金需求数额大,户数相对少,资金使用周期长,多为两年以上,其需求额一般在10万~100万元。由于正规金融机构为规避风险,不敢将资金投放到管理不够规范的农户手中,市场型农户从国有商业银行贷款难以得到基本满足。平均来看,我国现在的银行贷款只是满足了种养大户(家庭农场)信贷资金需求的1/3[1],生产经营资金绝大部分来自非正规借贷,选择正规金融机构贷款的比例较低,银行贷款融资难、融资额度小的现象依然存在。

(2)对投资理财服务的需求

随着我国经济的发展,农村居民收入水平不断提高,越来越多的农村居民逐步认识到了理财的重要性,开始思考如何使手中的资产保值升值。但是,大部分农民对银行的认识仍停留在传统的存、取款上,谈不上投资理财。韩超、刘德弟(2019)在对临安区4个村105份农村居民的调查数据分析中得出,在理财产品类型的选择上,农村居民对除储蓄外的理财产品选择不多,仍然以储蓄为主要方式,占比为55.2%,基于农村居民对银行等储蓄机构的熟悉和信任,银行理财产品的选择比例为42.9%。在理财信息获取渠道上,59.1%是从亲朋好友那里获取,而39.1%则通过各个金融机构获取理财信息,通过网络获取理财信息的有29.5%,其余的少部分人是通过广播电视、户外广告等其他渠道获取。尽管贫困农户家庭收入较低,但这并不意味着其没有理财需求[2]。高旭(2018)通过对四川省资阳市乐至县童家镇新团乡的实地走访式问卷调查得出,尽管31.91%的被调查对象能够取得3 000元以上的家庭月收入,且有40.43%的家庭要负担3人以上的纯消费成员,家庭经济压力巨大,但他们对投资收入的需求强烈。75%的家庭没有投资经历,主要原因(前三位)是没有可用于投资理财的资金(53.85%)、因相关理财知识不足而不知道如何投资(48.08%)及没有合适的投资渠道(48.08%)[3]。

总体而言,农村居民的理财意识是相对缺乏的,主要表现在以下几个方面:

---

[1] 靳淑平,王济民. 规模农户信贷资金需求现状及影响因素分析[J]. 农业经济问题,2017,38(8):52-58+111.

[2] 韩超,刘德弟. 农村居民理财意愿研究——以临安农村地区为例[J]. 中国集体经济,2019(13):80-81.

[3] 高旭. 西南地区贫困农村居民家庭经济收入及投资理财现状分析——以新团乡为例[J]. 现代经济信息,2018(11):466.

一是人情多。农村人情风越刮越烈,婚丧嫁娶、修房建屋、升学过生日都要摆席设宴,礼金数额越来越大。二是攀比爱面子。一些农民把盖房子、修院子看成是财富的标志,手里一有钱,首先盖楼房。房子要比别人高,装修不能比别人差,钱不够就向别人借,而盖好的房子却有相当部分被闲置了。农民需要农村金融机构成为投资顾问,加大对农民的理财指导,帮助他们进行项目理财,运用储蓄、国债、保险、证券、基金等投资品种,增强投资收益和规避风险的能力。

(3) 对保险服务创新的需求

农业生产既要面对自然风险、技术风险,又要面对市场风险。为了应对农业的自然和市场双重风险,各国都在逐步建立农村灾害保障体系支持农业的发展,其中,农业保险是一种重要的风险转移工具。通过投保农业保险,农业生产者在从事农业生产过程中因自然灾害或意外事故所造成的经济损失可以获得保险赔偿。随着农业保险的发展和普及,农户"靠天吃饭"的现象正在逐渐改变。农业保险可以提升国家对农业的保护力度,降低农业生产风险损失,提高农业经济的稳定性,增强农户农业生产的积极性,降低农业投资的风险,增强农业竞争力,是解决"三农"问题、推动农业进步的重要举措。

近年来,我国农业保险市场发展迅速,取得了令人瞩目的成就。在2007—2019年间,保费收入从51.8亿元增至680亿元,风险保障规模从1 126亿元增加至3.6万亿元,服务农户数量从204 981万户增长至1.8亿户。我国农业保险的业务规模稳居亚洲第一、世界第二位。与此同时,目前全国农业保险承保的农作物品种达到270余种,基本覆盖了各个领域。2008年以来,农业保险累计向3.6亿户次支付保险赔款2 400多亿元①。尽管如此,我国农业保险现有保障能力、水平不能充分满足多元化,农业经营主体需求等问题也日渐突出。目前,我国现有农业保险政策大都以传统农户为出发点,不能充分反映已经日益分化的不同需求,导致市场型农业经营主体的生产风险缺乏有效的分散渠道,从而制约了其快速发展壮大。其中一个矛盾就是传统农业保险产品的保险金额较低,甚至难以覆盖种植业的物化成本,不能适应现代农业高成本、高投入的生产特点。例如,市场型农业经营主体越来越多地应用现代农业科学技术和农业机械化操作,大量设备投入的成本不断提高,并且随着农村人口结构的变化及劳动力市场供求关系的逆转,人工成本也在不断攀升。此外,农业保险的保障范围较窄,主要包括暴雨、洪水、内涝、风灾、雹灾、冻灾、旱灾、地震、泥石流、山体滑坡、病虫草鼠害等,难以适应现代农业发展中出现的一些新情况、新需求,缺乏针对性。

(4) 对金融常识普及的需求

随着农村经济的快速发展和农村金融的深化,农民对金融知识的需求层次不

---

① 根据银保监会网站历年公布的统计数据整理而得.

断提高，不少农民缺乏对现代金融方针、政策、金融知识的了解。例如，存贷款知识，结算知识，理财知识，人民币辨别真伪知识与残币兑换和防、反金融诈骗等。同时，对于 POS 机、转账电话、网上银行、手机银行等金融结算知识的普及也是迫切的。主要原因在于当前各商业银行均把业务重点放在城区，而对于农村，则由于交通不便、网点配置缺乏等原因而不愿深入，造成金融宣传工作重心失衡；金融宣传内容单一，仍然局限于反假币、农民工银行卡特色服务等有限的方面，对大众渴求的金融理财、电子银行等知识很少涉及；宣传手段简单，金融部门将金融知识宣传单发到农民手中后，没有及时进行讲解和实际操作，"一阵风"过后，大多数农民实际上并没有真正理解与掌握。对于农村居民来说，没有经常接触金融知识的机会与渠道，金融常识的匮乏带来的负面影响就是不能够正确地使用金融工具，甚至为犯罪分子提供了机会，在被骗时不能够及时发现及做出正确的判断，经常有外来务工人员被骗的报道，金融常识没有普及到位是主要原因之一。因此，金融服务只有做到了"足不出村存取款，田间地头能转账"，才能真正使他们享受"零距离"金融服务。

### 3.1.2　扶贫农户金融需求的特殊性

（1）对生产性信贷资金需求的普遍性

贫困农户是一种特殊的金融需求主体，他们缺乏最基本的生产、生活资金及可抵押物，多为从事简单农业种植业的纯农户。对他们而言，信贷的使用多以生产为目的，由此，在对生产性信贷资金的需求上呈现出以下特征：

第一，信贷资金需求量小。按精准扶贫规定标准，列入精准扶贫对象的困难户家庭经营能力普遍较弱，生产和生活层次也比较简单，所以家庭经济开支一般都比较少。另外，贫困农户居住相对分散，受资源、劳动力和经营能力的制约，短期内对信贷的需求比较小。调查显示，贫困农户资金需求在 5 万元以下占绝大部分，这说明需求额度小是贫困农户的一个重要特征[①]。

第二，融资期限短，时效性强。农业生产有其特定的生产周期，这在某种程度决定了其对于资金需求的时效性，稍有迟疑，便会贻误农时，所以农户希望办理贷款的手续简便、灵活。农业资金使用周期较短，一般在 6 个月至 1 年左右。而我国传统金融机构的贷款审批时间长达 1 个月，很多农户由于因为手续烦琐、耗时太长而不愿到正规金融机构贷款。农业生产周期的不同，客观上需要长短期贷款的配合。如林果类生产投入的周期比较长，而粮农蔬菜的投资周期比较短，种子化肥、资料投入等临时性的投资对贷款的及时性要求高。

---

① 徐松，孙常林，鲍奕晓. 精准扶贫视角下贫困农户金融服务需求情况调查［J］. 金融纵横，2016（11）：76-82.

（2）对金融服务需求从单一化转变为多元化

随着扶贫开发工作的深入及农村总体经济发展水平的提高，我国扶贫开发总体上已经从以解决温饱为主要任务的阶段转入巩固温饱成果、加快脱贫致富、改善生态环境、提高发展能力、缩小发展差距的新阶段。贫困农民的生产条件和生活水平日益得到改善，一些贫困农户的生活需求和生产方式发生了明显的变化，他们对金融产品与服务的需求不再局限于农业生产中的小额信贷，对于农产品的加工、仓储、运输和日常生活中的储蓄（子女教育、住房、婚丧）、汇款、支付等方面的金融需求日益增强。也就是说，对金融服务的需求既包括用于子女就学、婚丧嫁娶、看病医疗的融资需求，又包括用于开展经营活动的融资需求。

## 3.2 扶贫农户的金融可得性分析

### 3.2.1 信贷资金满意度提升、贷款难问题依然存在

贫困农户是一种特殊的金融需求主体，其简单再生产和基本生活资金均较短缺，往往从客观上产生金融需求，但作为金融机构的贷款对象，其贷款风险较大，因此常常被排斥在正规金融组织的贷款供给范围之外，这部分金融需求往往被强制性地遏制。近年来，随着我国在脱贫攻坚、精准扶贫领域不断加大投入力度和政策倾斜，扶贫小额信贷的规模和覆盖面逐渐扩大。对于贫困农户来说，只要满足一定的条件，就可以在有需求的前提下申请每户最高可贷款5万元的无息扶贫小额信贷。该笔贷款由当地县级财政机构按照同期贷款基准利率给予全额贴息，换句话说，就是国家拿5万元无偿地借给贫困农户三年进行生产或者创业，进而脱贫致富。从实际运作来看，金融扶贫政策中的小额信贷政策原则上优先考虑建档立卡的贫困户，首先由贫困户自愿申报，其次由县、乡、村级金融扶贫服务组织审核公示，参与银行按程序批量审批，最后由县、乡、村级金融扶贫服务组织配合相关银行金融机构实施贷后管理。截至2019年6月末，全国334个深度贫困县各项贷款余额17 365.89亿元，较年初增长1 274.27亿元，增速7.92%。产业精准扶贫贷款余额1.24万亿元，带动建档立卡贫困人口805万人（次）脱贫发展。随着扶贫力度不断增大，2019年，我国全国扶贫小额信贷累计发放3 834.15亿元，余额2 287.57亿元；累计支持建档立卡贫困户960.14万户次，余额户数566.62万户，扶贫开发项目贷款余额4 274.04亿元。金融脱贫攻坚精准发力，金融活水在广袤大地上显现出勃勃生机[1]。

不得不承认的是，虽然各金融机构不断挖掘农村信贷需求，贫困农户贷款需

---

[1] 北京晚报，2019年12月12日（http://bjwb.bjd.com.cn/html/2019-12/12/content_12435332.htm）。

求满足度有所提升，但贷款难问题仍存在。从国内相关文献中提到的调查结果来看，琚丽娟（2014）对 16 个省市国定贫困县的 1 503 户有效样本的分析得出，贫困农户信贷资金的可获得率为 53.89%。其中，从正规金融机构获得贷款的农户占 43.21%，从非正规金融机构获得贷款的农户占 60.49%[①]；徐松等（2016）对宿迁辖内 450 户贫困农户的金融服务需求调查得出，农户贷款难问题仍存在[②]；彭一扬等（2018）基于湖南省 4 县 355 户贫困农户家庭的调查得出，贫困农户从正规金融机构获得资金的概率较低[③]。总体而言，我国扶贫信贷资金的可得性整体偏低，扶贫目标存在偏离现象。贫困农户生产性信贷资金难以被满足的主要原因有以下三个方面：

第一，贫困农户收入来源少、还贷能力低。贫困农户大部分收入来源于种植业、养殖业、临时劳务收入，或者在不离开土地的前提下从事一些农产品流通等，但由于农业固有的生产特性，生产周期长、易受自然灾害影响、产品价格受市场影响波动大等，导致贫困农户收入低、来源少、不稳定，还款能力较弱。

第二，由于贫困农户以实物收入为主，家庭人均纯收入低，经济实力弱，在融资获取上普遍存在担保难问题。一方面，精准扶贫困难户属社会弱势群体，社会关系较为简单，由于经济实力等各种社会因素，在融资上很难通过寻求他人的联保或保证获得银行信贷支持；另一方面，贫困户基本在农村地区，普遍缺乏有价值的土地、宅基地、农房等财产用于融资抵押或反担保。一部分贫困农民虽然拥有土地、住房等实物，却缺乏商业银行所需要的抵押物，缺乏可以将土地、住房等实物变现的机制，这就进一步增加了传统型农户向正式商业金融机构获得贷款的难度。

第三，贫困农户对融资开展生产经营较为谨慎。由于贫困家庭普遍存在收入来源少、经济实力弱、受教育程度不高等特征，部分贫困户对通过融资发展生产存在心理上担忧。一方面，部分贫困农户缺乏对金融业务和金融知识的必要了解，长期形成的贷款门槛高、手续烦琐等印象易使他们放弃向银行提出借款需求；另一方面，多数贫困农户对借钱发展生产还存在认识上的误区。

## 3.2.2　正规金融获取贷款的可能性相对较低

贫困农户从非正规金融获取贷款的可能性要大于从正规金融机构获取贷款的可

---

① 琚丽娟. 农村反贫困中金融扶贫有效性及其影响因素研究［D］. 重庆：西南大学，2014.

② 徐松，孙常林，鲍奕晓. 精准扶贫视角下贫困农户金融服务需求情况调查［J］. 金融纵横，2016（11）：76 - 82.

③ 彭一扬，王稀悦，罗光强. 贫困农户对正规金融机构融资需求的影响因素分析——基于湖南省 4 县 355 户贫困农户家庭的调查［J］. 河北金融，2018（9）：59 - 64.

能性。一般而言，紧急借款渠道数量多的贫困农户，更愿意选择向亲朋好友或向非正规金融机构等渠道进行借款来解决燃眉之急，而不太愿意选择向融资门槛高、借贷成本高、审批时间长和申请步骤复杂的正规金融机构进行借款。与此同时，由于正规金融机构手续较为烦琐，若贫困农户了解除正规金融机构以外的其他形式的有息借款活动，相比于其选择向国有商业银行等正规金融机构进行融资，贫困农户会更倾向于选择向此类机构或组织进行有息贷款。因此，贫困农户可能不愿意通过向国有商业银行等正规金融机构的融资渠道来提高其家庭收入，从而降低了其向正规金融机构融资需求的意愿。2019年12月，中和农信发布的《从脱贫攻坚到乡村振兴——中国农村小额信贷调查》中，以河北、内蒙古、辽宁、甘肃、四川、湖南6省60个县180个村为调研样本获得了农村金融市场需求的相关数据①。研究指出，2017年，农户的信贷需求依然旺盛，31.39%的样本农户存在正规信贷需求，但是传统银行机构信贷满足率仍然较低。仅有18.38%的农户通过申请获得银行贷款（如图3.1所示）。信贷满足率低一方面表现为部分农户贷款申请被拒绝或贷款获批但是额度不足；另一方面表现为农户有信贷需求，但由于各种原因未向银行申请信贷，这部分农户占到有信贷需求农户的35.55%。

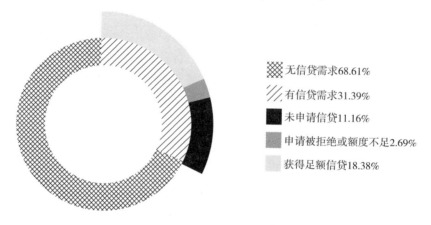

**图3.1 样本农户信贷需求和信贷可获得性**②

在进一步解释信贷满足率低的原因中指出，合约条件限制（例如需要抵押担保）、隐形交易成本高（贷款程序复杂和时间长）、担心贷款潜在风险等，都是使农户对银行贷款望而生畏的主要原因（如图3.2所示）。

---

① 研究报告《从脱贫攻坚到乡村振兴——中国农村小额信贷调查》(https://www.cdfinance.com.cn/other)。

② 研究报告《从脱贫攻坚到乡村振兴——中国农村小额信贷调查》(https://www.cdfinance.com.cn/other)。

第3章 扶贫农户的金融需求与可得性分析

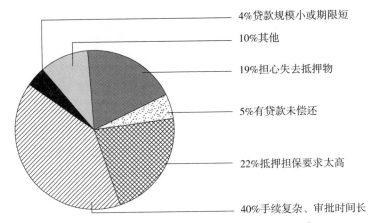

图3.2 农户有信贷需求但未申请贷款的原因①

在贫困地区农户参与信贷市场时，相对于非贫困县，贫困县农户信贷需求水平高，但是信贷可获得性水平较低，反映出贫困地区仍然是我国农村金融供需失衡的重点区域。相比于非贫困户，贫困农户信贷需求水平差异不大，但是正规信贷可获得性水平明显较低（如图3.3所示）。

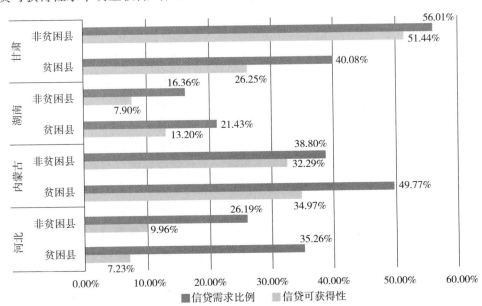

图3.3 贫困县与非贫困县农户的信贷需求与信贷可获得性②

---

① 研究报告《从脱贫攻坚到乡村振兴——中国农村小额信贷调查》（https://www.cdfinance.com.cn/other）。
② 研究报告《从脱贫攻坚到乡村振兴——中国农村小额信贷调查》（https://www.cdfinance.com.cn/other）。

### 3.2.3 金融信贷产品期限与贫困农户需求周期错配

贫困农户有强信贷需求和还款意愿但缺乏足够的还款能力，客观上使农户无法有效获得信贷产品的金融支持，金融机构的短期信贷服务难以发挥真正的扶贫作用。例如，甘肃省在2013年实行了草食畜牧业和设施蔬菜业的贴息贷款（以下简称"双业"贷款），解决种养殖业农户贷款难和贷款贵的问题，促进农户增产增收。"双业"贷款规定草食畜牧业2年、设施蔬菜业1年的贷款期限，但是一部分农户将申请到的贴息贷款用于发展特色林果业种植，生产经营周期较长，使得特色林果业种植产生的收益尚未实现就要开始归还本金。此外，贫困地区易地扶贫搬迁、特色主导产业发展、基础设施建设需要的贷款期限都较长，除中国农业发展银行、国家开发银行和中国农业银行等提供长期贷款外，其他扶贫金融机构提供的中长期贷款较少，金融产品的贷款期限与生产周期错配。

### 3.2.4 消费性金融结构单一、理财产品匮乏

农村消费性金融需求的特征决定了农村消费性金融需求的先天不足。中国农村消费性金融需求多产生于维持基本生存的必要，这种需求并非建立在还本付息的基础之上。贫困农户收入的不确定性与非固定化导致农村消费性金融的脆弱性，现代金融所产生的消费信贷常常以居民的预期收入为信用保证，而贫困农户的预期收入则具有不确定性，削弱了农村消费性金融需求的基础，造成农村消费性金融需求的非正常化。贫困农户的固定资产（如房产）匮乏、非流动性，难以作为贷款抵押物，即使用作贷款抵押，也只能是形式而已。

第一，投资结构单一。目前，受"投资＝储蓄"式传统观念的影响，大多数贫困农户家庭都选择了储蓄存款作为家庭的主要甚至是唯一的投资方式，投资结构过于单一传统，不能平衡风险与收益。要实现贫困农户财富的保值增值，改变现有的投资结构、进行储蓄存款的转型迫在眉睫。

第二，缺失适合贫困农户的理财产品。贫困农户是存在理财需求的。尽管他们持有的资金量少、零散、规模小，并且季节性闲置和抗风险能力弱，但正因为如此，贫困农户手中的少量资金仍然无法进行合理投资和有效配置，造成了贫困农户家庭的经济损失和社会零散资金的浪费。

第三，缺乏投资理财知识。由于受教育水平较低、农村市场发程度低等原因，贫困农户获得市场信息的渠道单一且不对等，缺乏对理财产品进行正确的甄别、判断的能力。

### 3.2.5 成本高制约金融服务可得性

尽管自2003年以来，以农村信用社为突破口的农村正规金融系统改革完善

了机构的治理结构，经营管理能力有所提升、业务范围不断扩大、供给水平和能力得到了提升、服务内容和领域多样化等方面都取得了很大的成效，但是，贫困地区人口分散，金融机构开设网点的服务量有限，许多贫困地区仅有农业银行分支机构、当地农信社等少数金融机构布设网点；微观经济主体特别是个人资金需求小而分散，金融机构与金融产品需求者之间信息不对称现象更加严重，金融机构开展金融服务的成本相对较高；贫困户金融需求与发达地区相比有较大的差异，标准化的金融产品往往不能与这些需求相吻合。这些客观现实的存在使得贫困地区的金融服务的可得性低。资金的缺乏在农村、贫困地区普遍存在，但又同时存在着经济落后地区资金无法转化成资本，在金融上"反哺"经济发达地区的错位现象，这在一定程度上也跟前者金融服务的可得性不足有关。

## 3.3 扶贫农户的金融能力分析

### 3.3.1 金融能力与金融素养的内涵

国外有关金融能力的研究源于对金融教育项目的评估工作，至今学者们对金融能力的定义并未达成一致观点，而西方国家对家庭金融行为进行了深入研究，丰富了金融能力的理论框架。金融能力是一个涵盖广泛的概念，一般表现为消费者所具备的基本金融素养的状况，它包括一个人理解自身财务状况的能力，以及采取相应行动的能力。金融素养的概念最早由 Noctor 等（1992）提出，即金融素养是个人使用和管理资金，以做出明智判断和有效决策的能力[1]。此后，金融素养的概念被多次定义，但并未得到人们的普遍认可（Huston，2010）[2]，并且"金融素养"常常与"金融知识"混用。直到 2008 年，美国金融素养总咨询委员会（PACFL）正式提出：金融素养是个人利用知识和技能，为一生金融福祉有效管理金融资源的能力。该概念指出了金融素养与金融知识的差异，并得到了大多数研究的认同。Huston（2009）在此基础上进一步指出金融素养包含两个维度：理解（个人金融知识）和应用（个人金融应用），即金融素养可被定义为个人能多大程度地理解和应用金融信息[3]。金融素养高的消费者可以寻找信息并提

---

[1] Noctor M, Stoney S, Stradling R. Financial Literacy [R]. A report prepared for the National Westminster Bank, 1992.

[2] Huston S J. Measuring Financial Literacy [J]. Journal of Consumer Affairs, 2010, 44 (2): 296-316.

[3] Huston S J. The Concept and Measurement of Financial Literacy: Preliminary Results from a New Survey on Financial Literacy Assessment [R]. Conference Presentation, Academy of Financial Services Annual Conference, Anaheim, CA, 2009.

前规划，从而更广泛地参与金融市场服务。较高金融素养是消费者避免做出错误金融决策的前提。金融素养能够促使个人做出正确的金融决策，成为个人和家庭实现财富积累的保障。随着我国人民的生活水平和生活质量得到极大改善，人们对金融知识的需求及对财富升值、管理和规划的需求也与日俱增。金融知识的宣传与倡导是提升国民金融素养的关键，对促进金融业发展、提高人民生活水平具有重大意义。

从微观层面来看，贫困农户金融素养在很大程度上可以影响其参与金融扶贫、评价各项扶贫政策，进而影响整体金融扶贫的效率。无论是在贫困地区推行扶贫信贷政策、完善基础金融实施，还是相关金融机构服务和产品的进一步投放，都会促进农户及其家庭更多地参与正规金融市场，增强贫困地区金融可得性。张明丽、陈曼（2018）指出，当前精准扶贫工作中，金融素养是提升农户自我发展能力的重要因素[1]。因此，作为农村金融市场的主体和金融扶贫的直接受益者，贫困农户应该具备一定的对金融服务的承接能力。如果农户自身发展能力普遍较低，会导致其难以有效利用金融资源实现自身脱贫，并且返贫现象严重。

当前，由于我国农村居民金融能力不高，金融素养水平整体偏低，对正规金融服务认识不足，普遍缺乏风险意识和辨别能力，容易受利益诱惑，非法集资、金融诈骗日益突出，高利贷尤其严重，并且随着互联网技术的发展，其隐蔽性和欺骗性越来越强，社会危害性无限放大，除了各级监管部门联合有关部门要依法继续加大打击非法集资、金融诈骗等各类农村金融乱象的整治力度，更要加强对农村居民金融知识的宣传和教育，提高农村居民的信用意识和风险意识，提升农村居民的金融素养，增强农村居民的金融能力，全面推动农村经济可持续发展。

### 3.3.2 金融能力与金融需求的相关性

实践表明，金融需求不仅受到金融意愿的制约，还受到金融知识认知度的制约，金融能力对金融需求的影响不能忽视。刘自强、樊俊颖（2019）指出，农户金融素养水平的提高可以显著提高其获得正规信贷的可能性，并且可以降低农户因不知道如何申请贷款或对贷款存在认知偏差而产生潜在正规信贷需求的概率，同时可以促进农户将潜在正规信贷需求转化为有效正规信贷需求，进而降低农户受到的正规信贷约束[2]。邢大伟、管志豪（2019）研究发现，金融素养和家庭

---

[1] 张明丽，陈曼. 提升农户金融素养 促进金融扶贫效应［J］. 经济研究参考，2018 (55)：43 - 50.

[2] 刘自强，樊俊颖. 金融素养影响农户正规信贷获得的内在机制研究——基于需求角度的分析［J］. 农业现代化研究，2019，40（4）：664 - 673.

资产都对农民向正规金融机构的借贷行为产生显著正向影响；但对于非正规金融机构，金融素养仍与农民的借贷行为正相关，家庭资产却与借贷行为负相关①。总之，金融素养的增加能够提升农户创业融资意愿并选择正规金融方式融资，与此同时，金融素养的改善能提高农户创业融资意愿，促进农户选择正规金融。

贫困农户金融素养的提高能激发其内生动力，促使其主动参与金融市场，提升其表达自身的扶贫需求和对金融扶贫产品或服务整体评价的能力，进而能增强金融扶贫工作的针对性，便于及时调整金融扶贫策略，提高整体扶贫效率。如果金融知识储备量不足、认知水平较低且金融知识的应用能力较弱，对风险认识不足的话，贫困农户及家庭参与金融市场的方式有限，难以主动关心投资计划，在金融扶贫推广过程中无法真正判断自己所需金融服务、准备金融服务所需材料及选择参与途径，最终会在很大程度上降低贫困地区金融可得性。中国金融教育发展基金会（CFDFE）、中国人民大学中国普惠金融研究院（CAFI）、长春金融高等专科学校与 Visa 公司在京联合发布了中国首份《连片扶贫区农村居民金融能力现状分析报告（2017）》②，指出贫困农户融资难等金融可获得性方面的问题主要原因之一在于其自身金融能力缺乏、金融素养低下，对正规金融服务认识不足，部分人群存在排斥心理。有金融意愿的贫困农户由于金融能力低下，不会用、不信赖金融产品及对金融产品产生排斥意识，会最终抑制他们的金融需求。

### 3.3.3 我国贫困农户金融能力不足的表现

综合相关文献和调研报告的结果来看，我国农村居民，尤其是贫困农户，金融能力整体偏低，对金融知识的掌握水平普遍低下，金融技能单一，金融意识薄弱。张欢欢、熊学萍（2017）指出，农村居民金融素养水平较低，并且在金融素养测评不同方面的表现差异较大③；洪培原、罗荷花（2019）指出，目前农户金融能力相对低下，难以有效利用金融资源开展生产经营活动，影响了中国农户脱贫致富及精准扶贫目标的实现④。中国人民银行 2019 年 7 月发布的《2019 年消

---

① 邢大伟，管志豪. 金融素养、家庭资产与农户借贷行为——基于CHFS 2015 年数据的实证 [J]. 农村金融研究，2019（10）：32 – 39.

② http://www.cafi.org.cn/subject?id=11.

③ 张欢欢，熊学萍. 农村居民金融素养测评与影响因素研究——基于湖北、河南两省的调查数据 [J]. 中国农村观察，2017（3）：131 – 144.

④ 洪培原，罗荷花. 农户金融能力建设促进精准扶贫的思路探析 [J]. 农业展望，2019，15（9）：18 – 21.

费者金融素养调查简要报告》中的调查结论显示①，与 2017 年相比，无论是城镇还是乡村居民，金融素养均有所提高，并且城乡差距有所缩小，但务农群体的金融素养得分下降了 3 分。从受教育程度来看，低学历群体（初中、小学及以下）金融素养平均水平有所下降。从收入来看，低收入（2 000 元/月以下）的群体金融素养得分有较为明显的下降。在该报告中，进一步考察了人口统计特征和数字素养的关系，通过回归分析得出低学历、低收入、乡村消费者没有充分利用数字技术或者因数字素养不足导致信息缺乏，从而产生了对金融产品和服务使用的滞后效应。具体表现为以下方面：

一是贫困农户基本金融知识与技能欠缺。贫困农户常采取低收益低风险的方式选择将闲钱存入银行。彭显琪、朱小梅（2018）指出，金融能力较高的人群会偏向将资产投入风险更高、期望收益率较高的资产组合中②。可以推测，大量农户风险厌恶程度较高，对于闲钱仅仅是确保安全性，并不会将资金投入理财产品或基金、股票等高风险投资里。因此，当下我国贫困农户的金融能力较为低下，对传统金融知识欠缺。除此之外，把中央银行与商业银行职责相混淆甚至等同，以为中国人民银行就是办理存贷款的银行。对商业银行业务了解不够，尤其是信用卡业务、理财产品等中间业务了解甚少。对涉及自身的金融政策掌握不足，个人征信、残损人民币兑换标准、银行卡办理、收费标准不清楚；对比较常见的贷款和通货膨胀知识的理解和应用不足；对理财产品买卖、网上银行业务政策不了解。由于网络、金融等方面的知识匮乏，使得部分贫困农户对网银、手机银行等新型金融服务方式产生了排斥心理，从而不能很好地利用这些金融工具办理相应的理财、网上支付等业务。又由于其对 ATM 机、POS 机的使用功能了解不足，限制了银行服务在农村的发展。

二是贫困农户金融意识不足，尤其是保险意识、理财意识不强，而且惧怕风险。贫困农户的闲钱主要是存入银行和放在家中，而不是投资其他金融产品，之所以会这样，一方面是因为金融知识欠缺，另一方面也说明其在风险方面有一定认知，认为持有现金或者存银行最安全。贫困农户保险知识欠缺，自然不知道使用保险等手段来转嫁农业生产等方面的风险。同时，贫困农户普遍地表现出偏重私人信用，忽视公共信用的特点，从而使得农村金融机构从事农村业务面临高信用风险。

三是贫困农户缺乏有效获得金融知识的渠道和途径。目前，农村金融机构、村委会对贫困农户进行正规金融知识普及教育提供的机会较少，贫困农户很大程度依靠口口相传、电视等方式来获取金融知识，难以了解关乎切身的金

---

① http://www.pbc.gov.cn/goutongjiaoliu/113456/113469/3868040/index.html.
② 彭显琪，朱小梅. 消费者金融素养研究进展 [J]. 经济学动态，2018（2）：99–116.

融知识和政策,不仅限制了金融知识更新,还容易造成金融概念模糊,形成潜在的金融风险。尽管近年来中国人民银行、银保监会及其他金融机构等大力开展"金融知识下乡"活动,但通过金融机构工作人员介绍获取知识的贫困农户的比例并不大,金融机构的金融知识普及率较低,没有达到广泛传播金融知识的效果。

由此可以认为,对低收入、低学历的农村居民,尤其是贫困农户的金融素养状况应投入更多关注,应结合群体特性开展适应的金融教育活动,提升其金融知识和技能,改善其金融行为。

# 第 4 章

# 数字普惠金融助力脱贫攻坚的比较优势

## 4.1 农村普惠金融发展的现实挑战

### 4.1.1 普惠金融的内涵与阐释

（1）从小额信贷、微型金融到普惠金融

普惠金融是一个改写人们对金融业认知的崭新理念，与传统意义上的以城市和工业化为对象的金融服务有所不同，普惠金融是专门针对低收入群体和小微型企业而建立的金融服务体系，其最初的主要存在方式是小额信贷。从发展历史来看，小额信贷指向低收入群体和微型企业提供的额度较小的持续信贷服务，其基本特征是额度较小、无担保、无抵押、服务于贫困人口①。贫困人群同样需要多样化的金融服务，这些服务不仅仅是贷款，还包括储蓄、保险和资金结算等。小额信贷可由正规金融机构及专门的小额信贷机构或组织提供。小额信贷组织按照业务经营的特点分为商业性和福利性两类，也称制度主义和福利主义。前者更强调小额信贷管理和目标设计中的机构可持续性，以印尼的人民银行为代表；后者则更注重项目对改善贫困人口经济和社会福利的作用，以孟加拉乡村银行为代表。小额信贷之所以被称为最有效的扶贫武器，不仅是因为贫困人口是其服务对

---

① 杜晓山. 小额信贷的发展与普惠性金融体系框架［J］. 中国农村经济，2006（8）：70-73+78.

象，而且其还可以帮助弱势群体创造就业、增加收入、积聚资产，从而实现脱贫致富并带动更广大的弱势群体实现共同富裕，是发展中国家缓解贫困、促进就业创业的一种金融模式，受到了全世界的广泛关注。

小额信贷的扶贫思想不是给贫困人口提供"鱼"，而是"授人以渔"。实际上，破解低收入人群融资难题的钥匙在其自己手上。经济社会中不缺乏盈利机会，低收入人群也不缺乏盈利能力，缺乏的是彼此之间的联合。这种联合的纽带就是以信用为基础的小额信贷，就是以小额信贷为基础的现代社会普遍的商业联系。几乎所有的小额信贷最初都是在政府或出资人资助的外源资金下发展起来的，在外源资金减少而贷款需求不断增加的情况下，只发放贷款而不吸收存款的小额信贷项目面临很大挑战，不得不通过储蓄动员来扩大资金来源。此外，随着收入水平的提高，贫困人群也产生了除贷款以外的多元化的金融服务需求（如保险、汇款、资金转账及投资理财等），因此，传统的"小额贷款"逐步向"微型金融"转变。小额信贷是为贫困、低收入或微型企业提供的信贷服务，其主要特征是无须抵押担保；微型金融是为贫困、低收入人口和微型企业提供的金融服务，包含小额信贷和保险等服务。从概念上看，"微型金融"要比"小额信贷"有更宽泛的内涵。微型金融不仅包括针对贫困、低收入人口和微型企业的小额信贷，还包括小额储蓄、小额保险等金融服务，甚至还包括培训、教育等社会功能。由此可以这样理解，小额信贷是微型金融的一部分。微型金融指的是基本的金融服务，其中包括了借款、储蓄、汇款和微型保险等多种金融服务。小额信贷只是"基本金融服务"中的一部分，着重强调的只是贷款业务。所以，从范围上讲，微型金融包含了小额信贷；从历史的角度讲，小额信贷反映了微型金融的发展历程，因为微型金融业最初是从小额信贷逐步演变而来，并逐步扩大、延伸到了更大范围的金融服务。

广覆盖、多层次、可持续，是普惠金融落地的理想形态。联合国在 2005 年"国际小额贷款年"的宣传文献中正式提出"普惠金融"的概念，是要让所有人特别是弱势群体享有平等的金融权利，让金融权利惠及所有阶层。2008 年 9 月，普惠金融联盟在泰国曼谷成立了，主要成员是印尼、马来西亚、埃及、巴西等 60 多个发展中国家，中国也于 2011 年加入。2009 年 9 月，二十国集团在美国华盛顿成立了普惠金融专家组。2015 年，国务院发布的《推进普惠金融发展规划 (2016—2020 年)》[①] 指出，普惠金融是指立足机会平等要求和商业可持续原则，以可负担的成本为有金融服务需求的社会各阶层和群体提供适当、有效的金融服务。普惠金融重视消除贫困、实现社会公平，但这并不意味着普惠金融就是面向低收入人群的公益活动。普惠金融不是慈善和救助，而是为了帮助受益群体提升

---

① http://www.gov.cn/xinwen/2016-01/15/content_5033105.htm.

造血功能，要坚持商业可持续原则，坚持市场化和政策扶持相结合，建立健全激励约束机制，确保发展可持续。普惠金融需要讲究市场性原则，在发展普惠金融过程中，既要满足更多群体的需求，也要让供给方合理受益。

随着服务深度和广度的不断拓展，小额信贷的概念已经从最初的"小额信贷"变成"微型金融"，再到"普惠金融"，这反映了对金融服务理解的不断进步，三者都是提供金融服务的有效工具。微型金融与普惠金融的提出是基于一个共同目的，即为大多数贫困人口和小微企业提供信贷支持和其他金融服务，从而使他们抓住获取收入的机会，以积累资产和财富，并减少其在困难和危机中的"脆弱性"，提高收入水平和社会地位。但微型金融强调客户的瞄准性，即瞄准穷人，强调扶贫功能，甚至带有慈善的性质，旨在解决贫困者和弱势群体的资金需求，而较少考虑机构自身的可持续发展，或过多地依赖外来资金，当外来资金停止供给时，信贷业务便难以为继。随着微型金融的逐步发展，当小额信贷由金融机构提供并同时提供其他金融服务时，便演变成普惠金融。普惠金融强调贷款的回收，强调金融机构的可持续性，强调金融服务的覆盖面，强调金融功能的发挥和金融体系的完善。

"普惠金融体系"实际上是对"小额信贷"及"微型金融"概念的延伸和发展。普惠金融在总结小额信贷和微型金融发展经验的基础上，将零散的微型金融机构和服务发展为金融整体发展战略一部分的微型金融产业（行业）的创新性理念。普惠金融继承和发扬了小额信贷和微型金融作为"最有效扶贫武器"的认知，但它超越了零散的机构和金融服务的能力范畴，而是致力于建设一个系统性的微型金融服务网络或者体系。

（2）普惠金融既不是商业性金融，也不是扶贫金融

第一，以扶贫为社会使命，但不等同于扶贫。普惠金融是在小额信贷基础上发展和完善起来的金融服务体系，主要为贫困、低收入人群和微型企业提供小额贷款、储蓄、汇款和小额保险等。它与政府扶贫或慈善捐款在服务对象、服务方式和实现的效果方面有着很大的不同，也有异于贫困借款方法。普惠金融服务的主要是有经营能力、偿付能力的"经济活跃"的低收入人群，它以偿还本息为代价，是借贷关系、支持行为，帮助其提高发展能力，而扶贫服务的对象一般是缺乏谋生甚至劳动能力的赤贫人群，由政府部门直接给予钱或物的救济，无须偿还。普惠金融通过有条件的借贷，不仅能帮助低收入人群发展生产、提高收入、增进社会和谐，还能培育他们诚实守信的借贷和经营观念。并且，通过组织低收入人群参与储蓄、汇款和保险等金融活动，还可以引导他们勤俭节约、合理使用的财富观。而过多地使用救济则会在一定程度上减少人的奋斗动力，甚至由穷人过渡到懒人，是一种负向的激励机制。因此，普惠金融既是一种很好的金融扶贫方式，也有利于经济的发展、社会的进步，这已超出一般金融意义上的作用。

第二，遵循商业上可持续性。发展普惠金融有一个重要的原则，即商业可持续，也就是说，它应该是一种按市场规则提供的金融服务。在实践中容易令人误解的说法和做法，特别是政府提供财政补贴或者行政命令，要求商业金融机构增加对小微企业和低收入群体的金融服务，这样的服务不是商业可持续的，由此不能被看作是普惠金融的做法。普惠金融是一种金融行为，它也需要赢利。金融是以让渡资金使用权来获得报酬的。微型金融也是一种金融行为，决定了它必须以收取利息为目的。因此，普惠金融需要追求赢利，并且为了弥补微型金融服务较高的成本和较大的风险，可适当提高贷款利率。这既为金融机构持续、长久推行微型金融服务提供强大的动力，也可对服务对象形成一种外在压力，使他们更加谨慎借贷、慎重经营，提高他们的还款能力。金融机构也要根据服务对象所从事的行业及还款能力来合理地确定贷款的额度。

(3) 普惠金融在我国的发展与实践

普惠金融被引入我国后，一直受到高度重视。2013年，党的十八届三中全会将"发展普惠金融"确立为国家战略。2015年年底，国务院印发了《推进普惠金融发展规划（2016—2020）》，这是我国首个发展普惠金融的国家级战略规划，规划明确总体目标为到"2020年要使我国普惠金融发展水平居于国际中上游水平"。从十八届三中全会提出发展普惠金融，"鼓励金融创新，丰富金融市场层次和产品"，到印发《推进普惠金融发展规划（2016—2020年）》，再到推出《大中型商业银行设立普惠金融事业部实施方案》，一系列政策法规为普惠金融发展提供了良好的外部环境，健全了相关金融基础设施，也完善了金融监管体系框架。从2013年至今，我国普惠金融发展成效显著。一方面，基础金融服务覆盖面不断扩大。普惠金融服务向基层、县域、乡村和社区不断延伸；另一方面，重点领域金融可得性持续提升，信贷服务的覆盖面进一步加大，金融服务的效率和质量明显提高。

早在改革之前，我国普惠金融就出现了农村信用社等形式的初级萌芽，但自20世纪90年代初才正式启动了其发展进程。参照国际金融、有关成果及全国经济发展的特点，我国普惠金融实践历程迄今为止大致可以划分为公益性小额信贷、发展性微型金融、综合性普惠金融和创新性互联网金融四个阶段。

20世纪90年代——公益性小额信贷阶段。我国最早的小额信贷是从1981年联合国国际农业发展基金（IFAD）在内蒙古8旗（县）开展的北方草原与畜牧发展项目开始的。不过在1993年以前，我国的小额信贷项目基本上只是国际援华扶贫项目的一个组成部分或者一种特殊的资金使用方式而已。我国具有完整意义的小额信贷最早出现在1993年年底，中国社会科学院农村发展研究所在孟加拉乡村银行信托投资公司（GT）及福特基金会的资金和技术支持下，在河北易县组建了我国第一个由非政府组织操作的专业化小额信贷机构——易县信贷扶贫合作社（简称"扶贫社"，FPC），正式将孟加拉乡村银行模式引入我国扶贫领域,这标志着我国小额信贷发展的开端。公益性小额信贷致力于改善农村地区的贫困状况,体现了普惠金融的基本理念,是扶贫方式和途径的重大创新。近年来,国务院扶贫办将扶贫小额信贷纳入精准扶贫十项重点工程,作为扶贫品牌强力打造,促进金融扶贫从"普惠"转向"特惠"。2014年年底,国务院扶贫办、财政部、中国人民银行、银监会和保监会印发《关于创新发展扶贫小额信贷的指导意见》,为建档立卡贫困户提供"5万元以下、3年期以内、免抵押免担保、基准利率放贷、扶贫资金贴息、县级建立风险补偿金"的信贷产品。扶贫小额信贷瞄准了贫困户发展生产的薄弱环节,将金融活水引入贫困地区,调动了贫困户创业增收的积极性,也增强了其市场意识、风险防范意识和信用意识,激活了贫困户内生发展动力,增加了农村金融有效供给。

2000—2005年——发展性微型金融阶段。随着中国国有企业在20世纪90年代末期进入改革攻坚阶段,中国城市下岗职工再就业问题变得越来越突出,再就业和创业过程产生了大量的资金需求。小额信贷的目的不再只是以扶贫为主,而是兼顾提高居民生活质量,促进城市就业。正规金融机构开始介入小额信贷,对公益性小额信贷进一步补充、完善和发展。在农村小额信贷方面,1999—2002年间,中国人民银行先后多次出台指导意见,提出采取"一次核定、随用随贷、余额控制、周转使用"的管理办法,开展"基于农户信誉,不需要抵押、担保的贷款",并"建立完善的农户贷款档案",农户小额信贷得以全面开展。同时,针对城市下岗职工的微型金融产品和服务也不断发展。2002年12月,为落实《中共中央国务院关于进一步做好下岗失业人员再就业工作的通知》,中国人民银行、财政部、国家经贸委、劳动和社会保障部共同印发了《下岗失业人员小额担保贷款管理办法》,对城市下岗职工获得微型金融担保贷款进行了详细的规定。发展性微型金融并不是对公益性小额信贷的替代,而是对公益性小额信贷的进一步补充、完善和发展。

2005—2010年——综合性普惠金融阶段。2005年,联合国大会将这一年指定为"国际小额信贷年",会议提出"构建普惠金融体系"的主张,这标志着"普惠金融"这一新的概念开始广泛运用。同年,在中国,中央一号文件明确提出"有条件的地方,可以探索建立更加贴近农民和农村需要、由自然人或企业发起的小额信贷组织",标志着中国的小额信贷进入综合性普惠金融阶段。从资金的提供方角度来看,小额信贷组织不断设立,为民营资本进入金融市场创造了条件。此外,为破解农村金融发展不平衡和供需矛盾突出的问题,2006年,中国银监会发布《关于高速放宽农村地区银行业金融机构准入政策更好地支持社会主义新农村建设的若干意见》,采用"增量式"改革路径,推动培育发展村镇银行、小额贷款公司和农村资金互助社三类新型农村金融机构。其中,尤其是村镇银行取得了迅速的发展。从资金需求方角度看,在农村农民和城市低收入者的资金需求问题还没有得到根本缓解的同时,小微企业的资金需求不断引起社会的关注，银行的金融服务体系逐渐将小微企业纳入服务范围。从金融产品创新角度来看，综合普惠金融已不再停留在提供慈善性小额信贷或发展性微型金融的阶段，而是进入了提供包括信贷、支付、汇款、保险、典当等综合金融服务的发展阶段。与此同时，普惠金融服务载体呈现出不断网络化、移动化的趋势。

2010 年之后——创新性互联网金融阶段。2010 年之后，国家层面对普惠金融的重视程度不断提升。除了政策层面的大力推动之外，在实践领域，随着互联网和 IT 技术的革命性突破与大规模普及，普惠金融在中国获得了爆发式发展，人们对金融服务产生了大量新需求，金融业面临着重大机遇与挑战。新兴金融业态的蓬勃发展倒逼着传统金融机构将更多的资源投入互联网金融创新。创新性互联网金融是综合性普惠金融阶段的重要内容，它通过利用互联网平台，使更多的人享受到互联网支付、互联网借贷及互联网财富管理的便利。

从目前来看，我国在推动普惠金融发展的过程中探索形成了一些创新做法和经验，初步形成了中国特色的普惠金融发展道路。中国银保监会、中国人民银行将发展普惠金融作为服务实体经济、推进供给侧结构性改革、落实新发展理念的重要途径，全力做好普惠金融发展顶层设计，建立推进普惠金融发展工作协调机制，协同各部门、各地出台了一系列行之有效的措施。引导金融机构深化普惠金融体制机制改革，推动专营机制进一步落地见效。大中型银行继续推进普惠金融事业部等专营机制建设，积极引导各类机构借助互联网、云计算、大数据技术等现代信息技术手段，提高服务质量和效率、降低运营成本。在征信体系和信用体系建设方面整合信用信息（例如，推出"银税互动"和"银商合作"），弥补了普惠金融信用缺失的问题。在增信和风险分担体制方面，初步形成了国家融资担保基金、地方政府性担保公司和县级基层担保公司的政府性融资担保体系，利用财政的杠杆作用，使金融资源更好地投入小微和三农。各相关部门围绕小微、三农、扶贫等普惠金融服务重点，通过政策引导、监管引领、指标考核、督导检查等多种方式，综合运用货币信贷、差异化监管和财税政策，引导金融机构提升服务质效。各地加强组织协调，完善配套机制措施，制定《规划》实施方案，建立各具特色的普惠金融信息共享、信用评定与运用、风险分担与补偿机制，探索开展试点示范，积累了良好的经验。

### 4.1.2 我国农村普惠金融的发展现状

长期以来，农村金融一直是国内金融体系的薄弱环节，但是农村金融市场规模和发展潜力巨大。农村金融市场又因其特有的客户群体和组织结构，面临着比城市市场更大的挑战。从 20 世纪 50 年代开始，改善农村金融服务一直是中国政府的重要政策目标。无论是改革开放前的农村信用社，还是新世纪的村镇银行，都是为实现这个政策目标所创立的金融机构。自 2006 年以来，政府积极推动普惠金融发展,在支持成立了一万多家小额信贷公司的同时,还提出了一系列政策措施来改善涉农企业的融资环境。2017年,关于农村工作的中央一号文件再次提出了增加供给、扩大需求和支持创新等多方面的农村金融改革措施。从实际效果来看,尽管农村普惠金融服务仍存在难题和限制,但是我国在农村普惠金融领域取得的成绩、金融扶贫效果还是非常显著的。2019年,中国银保监会、中国人民银行发布了《2019年中国普惠金融发展报告》,对我国现阶段普惠金融的发展情况、金融机构做出的努力和取得的成绩、存在的问题和今后工作推进的领域进行了翔实而系统的分析。本书在此报告发布的数据基础上,对相关内容进行了梳理和深入分析。

(1) 农村普惠金融服务覆盖面不断扩大

在我国,由于农村地区人口密度低、交通不便等原因,农村缺少金融服务网点,提高农村金融服务覆盖率是解决农村普惠金融发展难题的关键。近年来,随着我国农村地区金融基础设施的不断完善,无论是在机构网点设置上,还是部分地区借助电子机具等终端、移动互联技术及便民服务点、流动服务站、助农取款服务点等代理模式,农村基础金融服务的覆盖面不断提高,农村居民获得金融服务更加便利,更加多元化,逐渐实现了真正意义上的"普惠"。根据中国银保监会、中国人民银行于2019年发布的《2019年中国普惠金融发展报告》① 中的数据显示,截至2019年年末,我国银行业金融机构共有营业性网点22.8万个(如图4.1所示),较2013年年末增长8.5%,银行业网点乡镇覆盖率达到96%,

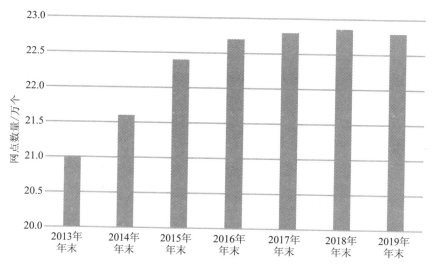

**图4.1 银行业金融机构网点数量**②

---

① 中国银保监会,中国人民银行.2019年中国普惠金融发展报告 [R], 2019.
② 中国银行保险监督管理委员会网站 (www.cbirc.gov.cn/cn/view/pages/index/index.html)。

行政村基础金融服务覆盖率为99.20%，25个省、区、市、计划单列市实现"乡乡有机构"。截至2019年年末，全国乡镇银行业金融机构覆盖率为95.65%；全国乡镇保险服务覆盖率为95.47%。银行卡助农取款服务点已达82.30万个，多数地区已基本实现村村有服务。

随着互联网金融的发展，农村普惠金融依托互联网、大数据、云计算等信息技术，重新构建金融模式，打破了传统金融服务边界，也突破了地域方面的限制，使农户农企足不出户，通过手机或者电脑等就可以享受金融服务。根据中国银保监会、中国人民银行于2019年发布的《2019年中国普惠金融发展报告》[①] 中的数据显示，2019年上半年，农村地区发生网银支付业务63.54亿笔、金额74.27万亿元，发生移动支付业务47.35亿笔、金额31.17万亿元；银行机构办理农村电商支付业务3.57亿笔、金额4 030.33亿元；银行卡助农取款服务点发生支付业务（含取款、汇款、代理缴费）2.14亿笔、金额1 813.25亿元。

（2）农业金融支持力度不断加大

2019年3月，银保监会发布了《关于做好2019年银行业保险业服务乡村振兴和助力脱贫攻坚工作的通知》，要求大力发展农村普惠金融，实现农村金融与农业农村农民的共赢发展；要求各银行业金融机构实现普惠型涉农贷款增速总体高于各项贷款平均增速；要求各金融机构加大金融产品和服务模式创新力度，支持返乡农民工等农村新兴群体的创新创业等。根据中国银保监会、中国人民银行于2019年发布的《2019年中国普惠金融发展报告》[②] 中的数据显示，截至2019年年末，银行业金融机构本外币涉农贷款余额35.19万亿元（如图4.2和图4.3所示），同比增长7.7%。较2013年年末增长71.6%。其中，农户贷款余额9.86万亿元。普惠型涉农贷款余额6.10万亿元，占全部涉农贷款的17.80%，较年初增长8.24%，高于各项贷款平均增速1.11个百分点。2019年上半年，全国农业保险为1.17亿户次农户，提供风险保障约2.57万亿元，为1 500.52万户次受灾农户支付赔款203.09亿元。

（3）金融扶贫攻坚成效显著

近年来，商业银行围绕服务乡村振兴和助力脱贫攻坚逐渐形成专业化的金融服务供给机制，不断开发多元化、特色化乡村金融产品，使普惠金融服务的便捷性和可获取性不断提升。根据中国银保监会、中国人民银行于2019年发布

---

① 中国银保监会，中国人民银行.2019年中国普惠金融发展报告［R］，2019.
② 中国银保监会，中国人民银行.2019年中国普惠金融发展报告［R］，2019.

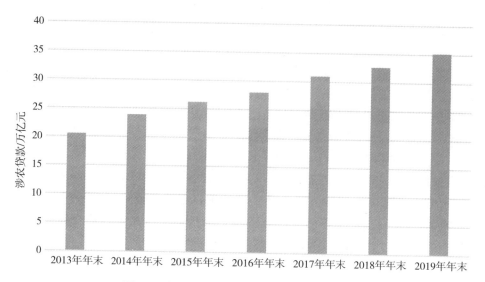

图 4.2　银行业金融机构贷款涉农贷款情况①

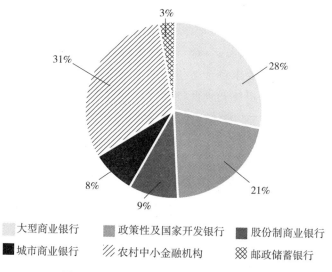

图 4.3　2019 年涉农贷款分机构情况②

的《2019 年中国普惠金融发展报告》③ 中的数据显示，截至 2019 年 6 月末，全国扶贫小额信贷累计发放 3 834.15 亿元，余额 2 287.57 亿元；累计支持建档立

---

① 中国银行保险监督管理委员会网站（www.cbirc.gov.cn/cn/view/pages/index/index.html）。

② 中国银行保险监督管理委员会网站（www.cbirc.gov.cn/cn/view/pages/index/index.html）。

③ 中国银保监会，中国人民银行. 2019 年中国普惠金融发展报告［R］，2019.

卡贫困户 960.14 万户次，余额户数 566.62 万户。扶贫开发项目贷款余额 4 274.04 亿元。全国 334 个深度贫困县各项贷款余额 17 365.89 亿元，较年初增长 1 274.27 亿元，增速 7.92%。产业精准扶贫贷款余额 1.24 万亿元，带动建档立卡贫困人口 805 万人（次）脱贫发展。

在金融扶贫过程中，保险机构具有强化风险保障功能，由此，推进保险服务乡村振兴的专业化体制机制建设十分重要。保险公司配合各地推动大病保险向困难群众适当倾斜，降低起付线，放宽报销范围，提高报销水平。积极开展贫困人口商业补充医疗保险，截至 2019 年年末，保险公司在全国 25 个省（自治区、直辖市）1 152 个县（市）承办了针对贫困人口的商业补充医疗保险业务，覆盖贫困人口 4 635 万人。积极参与经办社会救助。截至 2019 年年末，保险公司在全国 275 个县市开展了医疗救助经办项目，减轻了政府工作负担，提高了基本医保、大病保险与医疗救助制度之间的衔接。

（4）金融基础设施和外部环境逐渐改善

农村信用体系缺失一直阻碍着农村普惠金融的发展，由于农村地区的信用环境差、征信体系不完善等原因，农民的贷款行为无法得到较好的约束，农村金融交易风险较大。近年来，我国信用体系建设日趋完备。依托社会信用体系建设、金融信用信息基础数据库建设等工作，加快推进信用体系和信用信息平台建设，强化失信惩戒，营造良好信用环境。根据中国银保监会、中国人民银行于 2019 年发布的《2019 年中国普惠金融发展报告》[①] 中的数据显示，截至 2019 年年末，全国累计近 1.87 亿户农户建立信用档案。金融信用信息基础数据库基本实现对持牌金融机构的全覆盖。全国信用信息共享平台已联通 44 个部委和所有省区市，归集各类信用信息总量突破 165 亿条，依托"信用中国"网站强化信息公示系统，向社会提供信用信息"一站式"查询服务。与此同时，我国多层次资本市场功能逐步发挥。支持银行发行三农专项金融债，拓宽普惠金融信贷资金来源；发挥农产品期货市场服务三农优势，目前已上市 23 个农产品期货品种和 2 个农产品期权品种；保险基础机制建设积极推进，完善农业保险产品管理制度，开发农业保险产品电子化报备和管理信息系统，建立农业保险产品信息披露和创新型产品专家评审机制，鼓励创新型农业保险发展，提高产品备案的制度化和规范化水平，建立全国农业保险信息管理平台，提高农业保险的信息化水平。

## 4.1.3 我国农村普惠金融发展存在的问题

（1）农村金融机构参与的内生动力不足

普惠金融业务是涉农金融机构服务触角延伸、获客的新场景，各商业银行都

---

① 中国银保监会，中国人民银行. 2019 年中国普惠金融发展报告［R］，2019.

不遗余力地通过各种方式加快建设步伐。然而一些现实存在的制约因素抑制了金融机构参与的积极性。首先，金融业务的普惠性与盈利性是难以实现双赢的，而普惠金融业务的成本问题是制约农村金融机构参与积极性的重要因素。例如，原有的助农取款点仅需一个 POS 机，而升级为普惠金融服务站后，站点要进行统一装修和布局，还需要安装金融自助设备、防盗门、摄像头、点钞机、保险柜等硬件设备和广告投入，除此之外，每年还要对设备进行运维等，这些成本会造成金融机构投入、产出不成比例，影响其参与普惠金融的积极性。其次，普惠金融重业务轻管理现象较为严重。从实际业务开展来看，普遍缺乏对经营者进行金融警示教育、业务操作和金融知识的培训，缺乏对普惠金融服务经营情况的了解和风险状况的全面评估。多数乡镇网点与电商的结合基本没有开展，"普惠金融+民生"等特色金融服务模式难以落实，普惠通 APP 和云闪付 APP 等金融产品推广困难。当然，农村金融开展普惠金融业务内生动力不足也存在客观原因。普惠金融业务开展的目的是解决农村地区金融供给不足问题，但是，令人尴尬的是，由于年轻人多外出务工，留守老年人大多没有金融需求。由于农村征信体系不健全，基本不符合商业银行的贷款条件，再加之交易量较小，普惠金融未能有效发挥作用。

（2）农村金融基础设施不健全制约金融服务可得性

我国农村地域广阔，金融基础设施建设薄弱，尤其是农村信用体系中还存在不足和问题，这也会阻碍农村普惠金融的发展。作为提供金融服务的终端触手，金融基础设施能够最直接影响金融服务的可得性。现有的银行服务网点服务半径过大，尤其是西部一些县域金融机构部分网点平均服务面积几十平方千米，农民存取款一次要跑几十千米，成本高。尽管银行卡、ATM 机的平均水平有显著提高，但是地域分布不平衡，贫困地区金融基础设施薄弱。同时，作为金融基础设施建设的重要组成部分，信用环境建设同时也是普惠金融发展的间接影响因素。由于信用意识淡薄广泛存在，加之征信体系建设基础不足，导致金融机构的信贷门槛相对较高，多数农民被排除在信用体系之外，尤其是各地信用环境存在明显差异。在信息采集困难、缺乏金融知识的背景下，多数农村居民通过私下民间借贷进行资金的筹措。同时，仍存在金融参与程度低、金融维权意识不强等问题。综合来看，农村金融基础设施建设缺乏一定的内生动力，而过度依赖有限的政策扶持。从长期来看，可能会导致农村普惠金融发展的不可持续。

（3）风险识别与管控能力不足

发展普惠金融，风险控制是至关重要的环节，必须把不良贷款率控制在合理范围内。传统金融业务模式仍存在很大局限性，在贫困地区尤其如此。传统面对面的服务模式在农村贫困地区面临时间、空间条件制约，金融机构业务人员服务客户数量有限，加上单笔业务规模小、客户信息不对称，金融机构的成本和风险管理都面临现实障碍。在需求侧,贫困户的财务信息缺乏,生产经营能力和抗风险能力弱,也缺乏合格的抵押物以及担保人,同时,贫困户依赖的传统农业易受自然灾害和农产品市场价格波动影响。普惠金融信贷风险防控的难点在于银行与客户之间的信息不对称。随着银行客户数量的增加,依靠人海战术获取信息、管控风险的传统模式步履维艰。目前,传统大型银行都成立了普惠金融专营机构,负责普惠金融业务的营销推动和风险管控。但在执行过程中,普惠金融的管理并未实现"实质"上的统一,而是分散在多个部门,在业务拓展、风险管控等方面存在部门风险偏好不一致、风险数据未充分共享、风险监测重叠与盲区并存等情况,风险管理能力需要进一步提升。在农村普惠金融发展过程中,由于农业本身的弱质产业特性,使农户受自然灾害的影响大,农业信贷风险大、缺少抵押品一直是导致商业银行"畏贷"的症结所在。同时,农村金融机构在内部管理、制度流程、激励约束等方面存在不足,风险管理体系不健全。由此,农业普惠金融风险更多地集中在涉农金融机构方面,制约业务发展的可持续性。

总之,现阶段农村普惠金融服务面临一些现实挑战,尚难以很好地满足农村的金融服务需求,在贫困地区尤其如此。贫困地区普惠金融服务既存在覆盖率问题,基本金融服务普及率有待进一步提升,也存在质量提升需求,金融服务的满意度、便利性、信贷可获得性等关键指标有待进一步改善。

## 4.2 数字金融与普惠金融的耦合性

### 4.2.1 数字技术推动普惠金融发展的理论基础——长尾理论

长尾理论是基于互联网技术广泛运用背景下衍生的经济理论,它延伸了传统的"二八定律",为数字普惠金融的发展提供了理论依据。传统的商业逻辑主要是针对"二八法则",即20%的热点商品获得了整个市场80%的销量,其余80%的商品数量只能够获得20%的销量。由此,商品的供应者针对最有购买力的人提供最热门的商品,通过规模经济来降低成本、获得最大收益。由美国学者克里斯·安德森提出的长尾理论指出,随着互联网技术的不断推进,商品的存储成本、流通成本急剧降低,基数庞大但需求有限的产品占据的市场份额完全可以和少数需求旺盛的热卖品市场份额相匹敌,也就是说,企业的销售重点将不在于传统需求曲线上代表"畅销商品"的头部,而是代表"冷门商品"的尾部,这部分市场将带给企业具有潜力的利基市场产品。但在互联网广泛运用后,这一模式被颠覆。因为在互联网时代,人们很可能以很低的成本关注正态分布曲线的"尾部",关注"尾部"产生的总体效益甚至会超过"头部"。

长尾理论作为诞生于互联网商业的经济学理论,适用于"互联网+"的新兴产业。在数字经济时代，新型的金融服务模式与传统金融模式的最大不同之处在于以消费需求驱动金融服务模式转型，将长尾客户纳入服务对象，即以往被传统金融忽视的80%的客户，运用的商业逻辑正是来源于长尾理论。基于新技术带来的成本平移及金融商品的无流通成本属性，金融领域成为新技术迅速发展背景下运用长尾理论的行业之一，数字金融带来的长尾效应正成为我国金融业转型升级的重要机遇。

对于金融企业来说，金融产品是一种虚拟商品，不存在储存流通的成本，这与长尾理论的应用相适应。从银行的发展历程来看，原本以重点维护高净值客户的"二八定律"正在被打破，这为长尾理论在金融领域的大规模应用铺平了道路。一方面，银行的移动互联跨越了时间和空间的限制，全覆盖、全时段营销成为可能；另一方面，数字技术的运用有助于将碎片化的资金需求、供给方的资源以高效率的方式聚合起来，形成规模效应，降低平均成本，降低普惠金融的门槛。在覆盖率和风险管理上，数字技术为普惠金融发展提供了一种前所未有的解决方案，数字金融可以作为普惠金融发展的重要的载体，摆脱传统普惠金融的规模限制。

### 4.2.2　金融科技推进普惠金融的数字化发展

（1）金融科技能为数字普惠金融发展提供技术支持

近年来，中国金融科技发展迅速，为发展数字普惠金融提供了良好基础。国内的金融科技可划分为两个发展阶段，即金融科技1.0时代和金融科技2.0时代。金融科技1.0时代的技术主要是互联网及移动互联网和大数据，金融科技2.0时代的技术则主要是大数据分析、人工智能和区块链。金融科技以科技为落脚点，以数字化为本质，将技术作为金融发展的加速器，突破了时空、数量和成本的制约，提高了金融服务的覆盖范围和效率。数字普惠金融以数字化方式推行普惠金融，"数字"两字明确反映出了数字化技术是数字普惠金融发展所依靠的根基。从事金融科技的非金融机构，利用自身低利润率、高创新、轻资产的特性，通过技术手段解决问题，将数字化技术快速运用于普惠金融领域，为数字普惠金融的产生与发展提供技术支持，也为金融服务和社会资源的共享提供了强大的推力。

（2）金融科技助力数字普惠金融更新服务方式

金融科技将一系列技术创新运用到支付结算、个人理财、个人保险和小微信贷等金融领域，其参与主体是科技企业、互联网企业和以互联网金融企业为代表的技术驱动型企业，具体产品是第三方支付、大数据、区块链等。金融科技不仅能为大型企业和高收入人群服务，也能为中小型企业和中低收入人群提供平等的金融产品和金融服务。金融科技的服务对象和数字普惠金融的服务对象高度重叠，使得金融科技能够更新数字普惠金融的服务方式，让更多的人群享受到金融服务。

在数字普惠金融提供金融服务的数字化过程中，金融科技具备为其提供技术服务的基础设施属性。金融科技通过技术创新提升智能网络终端工具的产品性能，开发更为高效的客户端，同时，完善第三方支付工具的安全性能，推动数字普惠金融的服务方式的完善和更新。用户只需使用身边的智能网络终端工具，比如手机、电脑和平板设备，在连接互联网的前提下，就能获得相应的金融服务，使得原本集中于少数群体的金融服务逐渐向"普惠"过渡。

（3）金融科技助力数字普惠金融发挥普惠功能

金融科技通过信息技术去操作金融的核心业务，运用大数据建模、风控、云计算等各项数字技术，实现金融服务及产品的创新和效率提升。金融科技公司尝试绕过现有的金融体系，直接与用户接触。比如，蚂蚁金融服务集团目前已经初步建立起了比较完善的金融科技体系，旗下的支付宝主要提供第三方支付和个人理财服务，芝麻信用主要通过收集分析用户的交易、评价数据来建立个人征信。金融科技公司能够向各阶层的用户直接提供金融服务和产品，体现出了金融科技的应用理念是共享、平等、协作、自由选择和兼容，金融科技具有天生的普惠属性。

数字普惠金融强调运用数字化方式，使社会上的所有成员包括中低收入阶层和小微企业在内都能享受应该享有的金融服务，其发展理念和发展目标与普惠金融的相一致。金融科技与生俱来的普惠属性，使它能够与普惠金融相结合。用户通过互联网能自助操作、自主选择甚至参与金融产品的更新定制，简化金融服务的流程，提升金融服务的效率，更好地发挥长尾效应，进一步促进了数字普惠金融发挥普惠功能。

### 4.2.3 数字普惠金融的特点及优势

随着互联网和信息技术的迅速发展，新兴的金融科技企业及传统的金融机构充分利用电商和社交平台的规模化与网络化的效应，在商业模式、销售渠道和产品等方面进行了大量的普惠金融创新，并取得了显著的效果。普惠金融由此进入了全新的数字普惠金融时代。2016年年初，我国首个关于普惠金融发展的国家级战略规划《推行普惠金融发展规划》发布。同年9月，在中国人民银行举行的中外媒体吹风会上推行了《二十国集团数字普惠金融高级原则》，鼓励各国根据自身实际情况制定符合客观规律的发展计划，以发展数字技术为金融服务带来巨大的潜力，倡导利用数字技术推动普惠金融的发展[1]。数字普惠金融的核心内涵

---

[1] 楼继伟，周小川，孙天琦，等. 二十国集团数字普惠金融高级原则[R]. 浙江：G20普惠金融合作伙伴（GPFI），2016.

在于应用数字技术提高普惠金融水平。通过数字化或电子化交易,如电子货币(通过线上或移动电话发起)、支付卡或银行常规账户,利用金融科技手段,可以大幅度降低金融服务的门槛和成本,扩大普惠金融的覆盖范围,提高服务效率,优化服务体验,并提升普惠金融的商业可持续性。与传统普惠金融相比,其主要优势体现在以下三方面:

第一,数字技术有利于降低金融服务成本。数字技术的进步极大提高了用户获得金融服务的便利程度。用户可以通过电脑、手机等终端低成本地获得所需的金融服务。数字技术能在一定程度上解决传统金融机构发展普惠金融面临的物理网点不足的困境,并且降低金融服务的成本。金融服务成本的降低主要集中在运营成本和支付成本上。在运营方面,数字技术的发展降低了金融机构的运营成本,降低了农村居民获得金融服务的成本,普惠金融真正实现了普惠性。银行设立分支机构的成本很高,因为需要大量的投资来购租房屋、雇用人员、安装设备,还要确保存储和运输现金及其他贵重物品的安全。随着信息技术的发展和通信网络的完善,通过借助信息技术手段,银行可以推动无网点化发展,有效地降低金融运营的成本,进而提高金融服务的可获得性。例如,以往物理网点没有覆盖的区域,银行可以通过在零售店布放 POS 机、转账电话等电子机具,采取委托代理的方式为农民客户提供存款、转账等金融服务,需投入的机具成本和对零售店的运营补贴,要大大少于对建设的投入。在支付方面,普惠金融的支付模式基于移动支付技术。作为技术创新和金融支付创新的产物,手机银行业务的发展为银行向客户提供金融服务创造了节约成本的方式,同时,也大大降低了客户往返银行网点的交通成本,并且信息技术在金融中的应用也可以进一步降低经济成本。当前,我国无网络不金融,无移动不金融,已成为数字化时代金融业发展的一个重要特征。移动互联网的主导地位得到不断强化。大量的移动支付已经融入人们生活的方方面面,极大地降低了金融机构的人工成本、营运场所成本及其他成本。

第二,数字技术有利于增加金融服务的覆盖面。在传统金融服务模式下,受银行物理网点偏少、人员不足的制约,银行的金融服务无法突破空间局限,无法为那些远离城镇、居住分散的农村客户提供金融服务,不能体现普惠金融普惠大众的精神。数字普惠金融可通过整合信息流、现金流等信息大幅改善用户的信息不对称问题,提升金融服务覆盖率。在大数据时代,用户的社交、消费记录、兴趣爱好等各种行为都将形成数据被收集、储存下来。运用数字技术对这些行为数据进行处理和分析,高效地形成用户的信用评价,有效地控制平台的运行风险,能为用户提供定制化的金融服务。传统金融模式下,居民理财面临较高的财富净值,这种设置使得大量中低收入群体无法获得理财服务。数字普惠金融可以降低进入门槛,给中低收入群体理财机会,使得整个社会的金融资源得到更高效的配置。借助信息技术手段，金融机构可以突破传统金融机构服务模式的限制，延伸服务触角，扩大客户群体，增加金融服务的覆盖面。

第三，数字技术有利于增加金融供给。一方面，信息技术为银行等金融机构拓展电子银行服务方式提供了条件，网上银行、ATM、POS机、电话银行、手机银行等在银行业务中的广泛应用，大大丰富了银行服务渠道，电子银行已经成为当前银行业务发展的重要方式。另一方面，信息技术促进了通信运营商、第三方支付公司、电子商务公司等非金融机构参与到金融服务的供给方中。手机支付业务带动了通信运营商的积极参与，在很多非洲国家，通信运营商通过为客户建立电子现金账户的方式甚至成为手机支付业务的主导方，而无须银行参与。随着近年来互联网金融的兴起，第三方支付公司、电子商务公司积极参与到网络支付、网络信贷、网络理财等业务中，成为金融服务的供给方。

## 4.3 数字普惠金融的减贫逻辑

### 4.3.1 数字技术对农村普惠金融发展的价值

数字普惠金融运用互联网技术、移动通信技术等现代信息技术提供金融服务，是普惠金融网络化、数字化发展的必然结果，也是乡村振兴战略实施、农村经济发展的重要推动力量。将数字技术与普惠金融有机结合，不仅打破了农村金融困局，还为传统农村普惠金融的发展提供了有效路径。

数字技术能够解决农村普惠金融的信息不对称难题。信息不对称是传统普惠金融服务风险管控的关键难点，依赖人工服务则是导致成本约束的主要因素。数字技术为这些问题提供了很好的解决方案。通过数字技术使普惠金融服务突破地理空间的限制，进而帮助传统金融服务补齐涉农服务的"短板"。技术的发展使得金融机构可以通过远程服务来给农民、涉农单位等提供相应的金融服务，以此来降低成本，提高效率，扩大服务面。从数字技术层面看，解决上述问题的基础条件已经具备。电子化金融服务不受时间、空间约束，便利性、服务效率都远胜于传统模式，在农村地区包括贫困地区更具有明显优势。目前，我国在数字技术与普惠金融结合的领域已经进行诸多探索，例如，在第三方支付、农村助农取款点、电子银行等领域大量应用了信息技术，有诸多成功案例，为改善农村地区的金融服务提供了新途径。这些实践也表明，数字普惠金融可以在扶贫攻坚战中发挥重要促进作用。

数字技术能够提升农村普惠金融的风险管理水平。基于大数据、人工智能、云计算的数字普惠金融可通过广泛收集、分析客户信用相关信息，更有效地判断客户的真实还款能力和意愿，包括进行反欺诈筛选。同时，还可以与农村客户的上下游商户直接衔接业务流程，改善贷后管理绩效，在风控方面独具优势。通过线上收集数据和线下现场采集数据相结合，可以通过交叉检验达到更好的效果。目前，已经有一些农村信贷机构基于微贷技术原理，通过研发建设或与外部合作来改进风控模式，取得新进展。

数字技术有利于提升农村普惠金融的广度和深度。我国是地域广阔、人口众多的大国经济体系，区域经济发展差异长期存在，作为区域经济发展动力的区域金融同样表现出较大的地区间差异，尤其是城乡之间、东西部地区之间的经济发展差异更为明显。区域经济与金融的差异对推进普惠金融发展的广度和深度提出挑战。数字技术的进步不仅有利于缩小城乡金融服务的差距，实现普惠金融的价值，同时，也能够缩小东西部地区金融服务的差距。北京大学数字金融研究中心课题组于 2019 年 4 月公布了 2011—2018 年省级数字普惠金融指数，该指数从覆盖广度、使用深度和数字化程度三个方面对中国创新性数字金融趋势下数字普惠金融发展程度和地区均衡程度进行了相对全面而深入的刻画。在报告中指出，2011—2018 年间我国东西部数字金融覆盖广度指数的区域差异下降了 26%，数字金融使用深度的区域差异也大幅下降了 23%。可以说，以移动支付为代表的数字金融为东西部地区带来机会平等的金融服务。从数字金融具体业务类型上看，在 2011—2018 年间，东西部地区支付指数差异下降了 39%，信贷指数则下降了 38%，下降幅度都非常可观。2013 年，以余额宝为代表的货币基金发布后，东西部地区的货币基金指数差异也在迅速下降，2013—2018 年下降了 36%[1]。

总之，数字技术是推动金融业态和服务模式发展创新的重要力量，有助于改善农村普惠金融服务，在农村贫困地区发展数字普惠金融服务是大势所趋。金融扶贫有待基于数字技术更好地发挥作用，推动数字普惠金融发展。

### 4.3.2 数字普惠金融助力脱贫攻坚的内在机理

近年来，普惠金融的发展和渗透体现在我国经济领域的多个层面，潜移默化地改变着经济运作模式和人们的生活方式。国内外文献对普惠金融与经济发展的相互作用也有一定的关注。在早期的研究中，国外学者对普惠金融的重要性进行了探讨，相关文献如 Greenwood 和 Jovanovic（1990）[2]、Diamond 和 Dybvig

---

[1] 郭峰，王靖一，王芳，孔涛，张勋，程志云．测度中国数字普惠金融发展：指数编制与空间特征［R］．北京大学数字金融研究中心工作报告，2019．

[2] Greenwood J, Jovanovic B. Financial Development Growth and Distribution of Income［J］. Journal of Political Economy, 1990, 98（5）：1076 – 1107.

(1983)①、Angadi 等（2003）②，尽管研究角度不同，但研究结论归纳来看都认为普惠金融在建立国家金融基础设施的坚实基础方面发挥着关键作用，这反过来将促进其经济增长和发展。其本质可以解释为，金融体系有助于经济增长的前提是有金融需求的人都能够参与其中，而普惠金融相当于二者之间的润滑剂，也可以被认为是实现金融包容性的迫切需要。Dev（2006）强调，普惠金融能够改善贫困农民生计，是整个社会和经济稳定的保证③。Arya 和 Mishra（2015）指出，发展中国家更需要普惠金融来促进经济的可持续发展，原因在于普惠金融体系能够满足更多群体的金融需求④。Lal（2018）认为，普惠金融能够更好地发挥合作性金融扶贫在经济体系中扮演的角色⑤。从国内研究来看，近年来数字普惠金融与经济增长的关系受到关注。孟凡征等（2014）指出，互联网信息技术的发展与应用使得金融机构为普惠金融需求群体提供金融服务成为可能⑥。当然，也有观点认为普惠金融自身的不足对经济增长可能产生负面影响。李涛、徐翔和孙硕（2016）发现，在初始人均 GDP 水平更高、国民平均受教育年限更长、法治水平更高或中小企业规模更大的经济体中，个人在银行账户或储蓄卡、电子支付或银行账户购物以及借记卡等方面的使用率等个人金融服务方面的普惠金融指标对经济增长的负面影响更大⑦。但是在减贫作用上，刘金全、毕振豫（2019）认为，普惠金融发展不仅能够直接遏制城乡收入差距的扩大，同时，也会通过经济增长和贫困减缓两个渠道给城乡收入差距带来间接的减小效应⑧。

互联网与数字技术的快速发展给普惠金融带来新的发展机遇，数字普惠金融的概念应运而生。吕家进（2016）指出，数字普惠金融具有服务覆盖广泛化、客户群体大众化、风险管理数据化、交易成本低廉化四大特征⑨。发展数字普惠金

---

① Diamond D, Dybvig P. Bank Runs, Deposit Insurance, and Liquidity [J]. Journal of Political Economy, 1983, 91 (3): 401-419.

② Angadi V B. Financial Infrastructure and Economic Development: Theory, Evidence and Experience [J]. Reserve Bank of India Occasional Papers, 2003, 24 (Nos 1/2): 191-223.

③ Dev S M. Financial Inclusion: Issues and Challenges [J]. Economic and Political Weekly, 2006, 41 (41): 4310-4313.

④ Arya P K, Mishra H, Upadhyay A. Prospects and Problems of Financial Inclusion in India [J]. International Journal of Research in Commerce, IT&Management, 2015, 5 (2): 83-86.

⑤ Lal T. Impact of Financial Inclusion on Poverty Alleviation Through Cooperative Banks [J]. International Journal of Social Economics, 2018, 45 (5): 808-828.

⑥ 孟凡征, 余峰, 罗晓磊, 胡小文. 农村普惠金融发展及其福利效应研究——基于安徽省 975 户农村经营户的实证分析 [J]. 金融发展评论, 2014 (11): 107-117.

⑦ 李涛, 徐翔, 孙硕. 普惠金融与经济增长 [J]. 金融研究, 2016 (4): 1-16.

⑧ 刘金全, 毕振豫. 普惠金融发展及其收入分配效应——基于经济增长与贫困减缓双重视角的研究 [J]. 经济与管理研究, 2019, 40 (4): 37-46.

⑨ 吕家进. 发展数字普惠金融的实践与思考 [J]. 清华金融评论, 2016 (12): 22-25.

融既是顺应数字化时代的客观要求，也是解决普惠金融现实难题的重要手段。夏平凡、何启志（2019）通过研究互联网普及、数字普惠金融和经济增长的相互关系得出，数字普惠金融通过缓解金融排斥、减少流动性约束和优化资源配置等方式为经济增长注入了活力①。从农业经济领域来看，傅秋子、黄益平（2018）研究发现，数字金融的快速发展，正深刻地影响着农户的生产和生活，为他们带来便利的同时，也不断地改变着正规信贷需求结构②。梁双陆、刘培培（2019）基于 2011—2015 年省级面板数据，测算 31 个省级区域的泰尔指数，并在此基础上使用面板回归模型检验了数字普惠金融对城乡收入差距的影响③。结果表明，数字普惠金融可以有效收敛城乡收入差距。从数字普惠金融对农业减贫影响来看，胡滨（2016）认为发展普惠金融能够为农户等弱势群体提供更加广泛、便利、快捷的金融服务，而数字技术的发展、科技与金融的融合，为普惠金融的实现奠定了坚实的基础，能够为传统金融模式下无法解决的信息不对称问题提供全新的解决方案④。潘锡泉（2018）指出，数字普惠金融凭借数字技术在金融领域的应用，为打好精准扶贫攻坚战提供了契机，突破了传统金融扶贫的时空局限性，拓宽了金融扶贫的精度和广度，成为金融精准扶贫的应有之意⑤。杨竹清（2019）利用 2011—2015 年我国 31 个省市数字普惠金融和扶贫等数据，实证发现，数字支持服务和普惠信贷对农村扶贫效率有积极作用⑥。钱鹏岁、孙姝（2019）通过实证研究发现，短期内数字普惠金融发展对减贫具有显著正向的直接影响和空间溢出效应，长期效应有待进一步考察⑦。

综合已有的观点来看，数字普惠金融的减贫路径体现在以下三个方面：

第一，数字普惠金融缓解农业信息不对称。金融机构借助信息技术优势，弱化了金融信息不对称的风险影响，有效降低了金融机构的产品供给成本，从而降低了信用风险和道德风险的发生。扶贫对象的信用数据空白是阻碍大批偏远农村

---

① 夏平凡，何启志. 互联网普及、数字普惠金融与经济增长［J］. 合肥工业大学学报（社会科学版），2019（2）：11 - 19.

② 傅秋子，黄益平. 数字金融对农村金融需求的异质性影响——来自中国家庭金融调查与北京大学数字普惠金融指数的证据［J］. 金融研究，2018（11）：68 - 84.

③ 梁双陆，刘培培. 数字普惠金融与城乡收入差距［J］. 首都经济贸易大学学报，2019，21（1）：33 - 41.

④ 胡滨. 数字普惠金融的价值［J］. 中国金融，2016（22）：58 - 59.

⑤ 潘锡泉. 数字普惠金融助力精准扶贫的创新机制［J］. 当代经济管理，2018，40（10）：93 - 97.

⑥ 杨竹清. 数字普惠金融的扶贫效率及其影响因素分析——基于 31 省市的经验证据［J］. 浙江金融，2019（7）：66 - 74.

⑦ 钱鹏岁，孙姝. 数字普惠金融发展与贫困减缓——基于空间杜宾模型的实证研究［J］. 武汉金融，2019（6）：39 - 46.

地区消费者实现金融可得的根本性原因。随着大数据、云计算等新技术在金融领域的广泛应用，数字普惠金融实现对传统金融不可得的弱势群体数据深挖掘，形成扶贫群体的个性化特征数据，解决扶贫对象信用数据缺失问题，降低金融机构因为信息不对称造成的信用风险和道德风险，提升"金融精准扶贫"的风险精准度。

金融科技的深度应用，使金融机构的金融产品跨越时空局限，突破地理区域限制，实现资源的高效配置，惠及过去无法触及的长尾客户群体，极大地拓宽了金融产品的服务范围，为金融精准扶贫提供了有力的抓手。金融科技的革命性贡献突出体现在降低金融产品成本方面，这种"降本提效"作用的优势相比金融发达、金融服务易得的城市地区，在偏远农村地区更为明显和突出。从这一角度来看，数字普惠金融的精准扶贫效果非常高效，突破时空局限性，并且将扶贫工作最艰难的"最后一千米"落到实地，真正实现了普惠金融的普惠、公平，彰显普惠金融帮扶的长尾效应。

第二，数字普惠金融为推进脱贫攻坚提供融资支持。借助大数据、云计算、人工智能等新技术，传统金融机构突破时空局限，为深度挖掘扶贫对象的金融需求、精准设计金融产品、精准定价和精准管理风险、提升金融资源的配置效率提供了现实的"靶向性"解决路径。显然，数字新技术为普惠金融赋能，利用大数据、云计算、人工智能、5G技术，突破金融扶贫中到达"最后一千米"的困境，挖掘弱势群体金融需求的长尾潜能，最终将金融精准扶贫的新鲜血液输送到帮扶对象手中，用好扶贫资金，摆脱贫困，实现小康生活，这是数字普惠金融践行"金融精准扶贫"的关键所在。

第三，数字普惠金融提升弱势金融消费者的风险意识和信用意识。提升普惠金融对象的金融知识、金融风险防范意识、维护个人信用等金融素养，是有效化解金融扶贫中的金融风险，实现脱贫致富终极目标的根本方案。大数据、人工智能、互联网+等新技术的广泛应用，一方面，可以突破时空局限，为偏远农村区域的金融知识宣传、消费者金融教育提供新的快捷途径，提升金融应用能力；另一方面，也为金融机构完善一直被排斥在金融体系外、信用缺失的低收入消费者个人数据，研究金融扶贫群体的金融需求及设计精准扶贫金融产品等基础性工作，提供强大的技术支持。从已经在全国多个地区开展的金融扶贫工作来看，数字普惠金融将是在数字金融时代解决金融支持农村经济振兴的有力武器。

## 4.4 我国农村数字普惠金融基础分析

在发展数字普惠金融的基础条件中，与电力、网络通信设施等帮助实现互联网/移动互联网终端设备连接相关的内容，可以归为"硬件"类；与使用者相关的内容（如文化水平），可归结为"软件"类。本书在第3章中已经对扶贫农户的金融能力的"软件"进行了分析，本节主要通过对我国农村地区数字普惠金融硬件条件的具备程度进行分析，展望农村数字普惠金融的发展。

"硬件"类基础条件的内容首先包括电力和通信设施的覆盖程度及数据传输速度，从国内相关研究来看，考虑到统计数据的可得性，一般将电力通信设施及数据传输建设等内容归结为"宽带建设"。其次是智能手机使用情况。数字金融服务主要通过智能手机实现，智能手机在农村的普及性也构成数字普惠金融服务的基础。显然，通信设施越好，智能手机普及率越高，越有助于数字金融业务的开展。

### 4.4.1 宽带建设情况

宽带建设是互联网和移动互联网的基础，更是数字普惠金融的基础。近年来国家相继出台了《"十三五"全国农业农村信息化发展规划》《互联网+"现代农业三年行动实施方案》等文件，大力发展农村地区互联网建设。2020年4月，中国互联网络信息中心（CNNIC）发布第45次《中国互联网络发展状况统计报告》[1]，报告显示，截至2019年12月，我国固定互联网宽带接入用户总数达4.49亿户，4G用户总数达到12.8亿户，占移动电话用户总数的80.1%。庞大的网民构成了中国蓬勃发展的消费市场，也为数字经济发展打下了坚实的用户基础。其中，农村宽带用户总数达1.35亿户，较2018年年底增长14.8%，增速较城市宽带用户高6.3个百分点。截至2019年10月，我国贫困村通宽带比例达到99%，实现了全球领先的农村网络覆盖。从网络使用来看，城乡地区互联网普及率差异缩小5.9个百分点。截至2020年3月，我国城镇地区互联网普及率为76.5%，较2018年年底提升1.9个百分点；农村地区互联网普及率为46.2%，较2018年年底提升7.8个百分点。当前，数字经济已成为经济增长的新动能，新业态、新模式层出不穷。网络购物、网络公益等互联网服务在实现农民增收、带动广大网民参与脱贫攻坚行动中发挥了日趋重要的作用。

近年来，我国深入推进"提速降费工作"，大力推动宽带网络基础设施的提速升级，为拉动有效投资和消费、发挥数字经济等新动能对经济社会发展的引领作用提供了坚实的支撑。工信部提出的"双G双提"工作也在稳步推进，"千兆城市建设指标体系"对外发布，将推动我国固定宽带迈入千兆时代，移动网络加快向5G升级演进，这些都为网速提升奠定了坚实的网络基础。我国宽带发展的成果，直接综合反映到了宽带网速上，从宽带发展联盟对于我国宽带网络体验速率的持续监测也可以看出，我国无论是固定宽带还是移动宽带，用户的网速体验都在快速稳步提升。据CNNIC统计，截至2019年第三季度，我国固定宽带网络

---

[1] http://www.cnnic.net.cn/gywm/xwzx/rdxw/20172017_7057/202004/t20200427_70973.htm.

平均可用下载速率为37.69 Mb/s，是2017年1月的2.9倍（如图4.4所示）；我国移动宽带用户使用4G（第四代移动通信技术）网络访问互联网时的平均下载速率达24.02 Mb/s，同比增长11.9%。在用户宽带网络"提速不提价"的政策倡导下，宽带网络的资费水平不断下降。据工业和信息化部统计，2019年第四季度我国固定宽带月户均支出为35.6元，同比下降9.5%（如图4.5所示）。

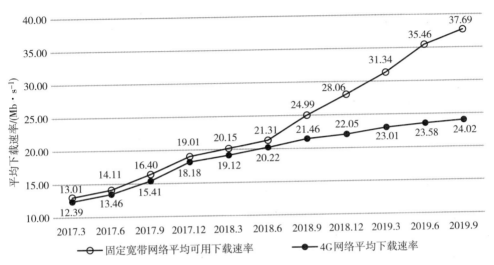

图4.4 我国固定宽带/4G平均下载速率①

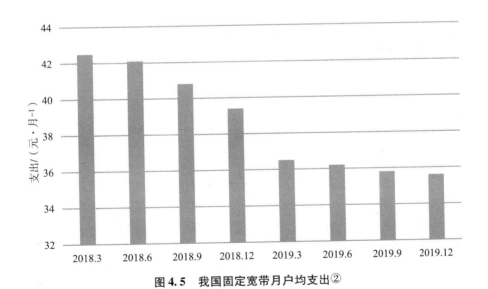

图4.5 我国固定宽带月户均支出②

① http://www.cnnic.net.cn/gywm/xwzx/rdxw/20172017_7057/202004/t20200427_70973.htm.
② 工业和信息化部网站（http://www.miit.gov.cn/）.

目前我国广大农村地区的宽带建设（特别是移动宽带建设）已经具备一定水平，在政府全力推动的宽带建设中，中西部偏远的农村地区宽带建设实现了高速光纤宽带网络通达，4G 网络已经全面覆盖全国城乡各个地区，中国数字乡村基础设施建设不断完善。2019 年年末，我国行政村通光纤比例已从电信普遍服务试点前的不到 70% 提升至目前的 96%。贫困村通宽带比例提升至 97%，已提前实现《"十三五"国家信息化规划》提出的宽带网络覆盖 90% 以上贫困村的目标。可以认为，我国农村数字普惠金融的基础设施建设已经具备一定水平，为农村数字普惠金融发展提供了较好的硬件基础。

### 4.4.2 智能手机使用情况

智能手机作为数字信息收发终端是农村居民获得数字金融服务的另一个硬件基础。使用者越多，农民据此得到数字化金融服务的可能性就越大。由于人们对智能手机的使用情况直接反映在人们对互联网及移动互联网的使用上，考虑到数据可得性，本书引用 2020 年 4 月中国互联网络信息中心（CNNIC）发布第 45 次《中国互联网络发展状况统计报告》中的统计数据，反映我国农村地区对电脑和智能手机的使用情况。截至 2020 年 3 月，我国手机网民规模达 8.97 亿，较 2018 年年底增长 7 992 万，我国网民使用手机上网的比例达 99.3%，较 2018 年年底提升 0.7 个百分点。我国农村网民规模为 2.55 亿，占网民整体的 28.2%，较 2018 年年底增长 3 308 万。在非网民中，不使用网络的原因主要是不懂电脑/网络，其次是年龄太大或太小。至于缺乏设备及无上网条件而导致农村居民不使用数字金融设备的原因，基本可以忽略。

### 4.4.3 农业＋电商情况

作为网络消费模式创新，社交电商和直播电商有效满足了消费者的多元需求，成为网络消费重要支撑。农业＋电商模式逐步发展，不断创造出更多的盈利空间。网络零售在扩大国内消费方面持续发力，农村电商和跨境电商迅速崛起，配套产业在支撑电子商务发展方面协同共进，共同推动我国数字经济发展。根据中国互联网络信息中心（CNNIC）发布的第 45 次《中国互联网络发展状况统计报告》[①] 显示，截至 2020 年 3 月，三线及以下市场网购用户占该地区网民比例较 2018 年年底提升 3.9 个百分点；农村网购用户规模达 1.71 亿，占网购用户比例达 24.1%。随着电商平台渠道、物流服务加速下沉，三线以下城市和农村地区的网购基础设施和商品供给不断完善，下沉市场成为网购消费增长的核心动力。随着我国数字乡村基础设施建设的不断推进、网络扶贫行动的纵深发展，农村电

---

① http://www.cnnic.net.cn/gywm/xwzx/rdxw/20172017_7057/202004/t20200427_70973.htm.

商发展速度持续提升。2019年，我国农产品网络零售额达3 975亿元，同比增长27%。在电子商务扶贫方面，仅2019年上半年，国家级贫困县网络零售额实现1 109.9亿元，同比增长29.5%，较农村整体增速高7.1个百分点，2019年全年保持着快速增长态势。国家乡村旅游监测中心数据显示，截至2019年年末，设在全国25个省（区、市）的101个扶贫监测点（建档立卡贫困村）通过乡村旅游经济实现脱贫的人数为4 796人，占脱贫人数的30.4%，通过乡村旅游实现监测点贫困人口人均增收1 123元。传统农业与电商的结合，将在农户中产生一大批数字化金融服务需求者，因此，运用好数字技术，将为金融行业创造新的商业价值。

# 第 5 章

# 数字普惠金融推进农业产业化的效应分析

## 5.1 农业产业化——脱贫攻坚的"领头雁"

### 5.1.1 现代农业产业化的内涵

现代农业是应用现代科学技术、现代工业提供的生产资料和科学管理方法的社会化农业。与传统农业相比，现代农业的发展趋势是日益产业化。在这个过程中，农民是核心，连接起上游的种子、农药生产企业及下游的农产品加工、企业销售，是整个产业链顺利运转的关键。归纳来看，现代农业贯穿于产前、产中、产后三个领域，成为一个庞大的产业集群，也可以称之为农业和食品工业经济，或者农业一体化。农业产业化是现代农业发展的重要趋势之一。农业产业化是以市场为导向，以经济效益为中心，以主导产业、产品为重点，优化组合各种生产要素，实行区域化布局、专业化生产、规模化建设、系列化加工、社会化服务、企业化管理，形成种养加工、产供销、贸工农、农工商、农科教一体化经营体系，使农业走上自我发展、自我积累、自我约束、自我调节的良性发展轨道的现代化经营方式和产业组织形式。它实质上是指对传统农业进行技术改造，推动农业科技进步的过程。这种经营模式从整体上推进了传统农业向现代农业的转变，是加速农业现代化的有效途径。

现代农业产业化体现在产业链条不断延伸。过去通常所说的农业主要是指传统的农业种植业和养殖业，然而，现代意义的农业不仅包括了种植业和养殖业，还涉及农用机械、种子、化肥、农药、饲料、燃料、技术和信息服务等农业上游行业，以及交通运输、储存、加工、包装、销售、纺织等下游行业，这些行业里面既有第一产业，也有第二产业和第三产业。因此，现代农业是一个包括生产、加工、销售、技术推广、服务等过程的完整农业产业体系，是一个十分庞大的产业集群。在这一过程中，农产品通过生产、加工和商业化，实现了从生产到消费的一系列的价值增值活动。显然，只要其中任何一个链条脱节，都将会严重影响整个农业产业链条的有效运作，导致农业整体生产效率的大幅下降。因此，现代农业的发展应该把这个链条中的所有行业组成一个有机的统一整体，注重每一个环节的均衡协调配套衔接发展，切实形成农工商一体、产供销一条龙的模式；并且要以经营现代工业的方式来经营农业生产，即以市场为导向，最大限度地优化各项资源配置和各项生产要素投入，以确保获得最佳合力、最高产量和最大经济效益。这就是一体化农业，也被称为农业产业化。

## 5.1.2 我国农业产业化特征

在我国，农业产业化是在农业家庭经营的基础上，通过组织引导一家一户的分散经营，围绕主导产业和产品，实行区域化布局、专业化生产、一体化经营、社会化服务、企业化管理，组建市场牵龙头、龙头带基地、基地连农户，种养加产供销、内外贸、农工商一体化的生产经营体系，具有鲜明的中国特色。由于各种原因，我国农业产业化的整体水平低，发展不平衡，产业化经营组织规模小，竞争力弱。农村经济发展的不平衡使不同地区、不同农产品的产业化发展水平差异较大。在许多乡镇，农业产业化已初步完成了由产品初级加工向精深加工、由单一产品向系列产品、由内向型向外向型的转变。但由于中国小农经济思想根深蒂固，没有对农业进行横向和纵向及深度的扩展。例如观光农业、绿色农业等发展滞后，土地经营权的平均分配制度和生产要素市场化机制的缺乏，使农业生产只能以家庭为单位，经营规模长期凝固化，形成了农业生产中每个农户分散式的小规模经营。农民的市场意识差，参与市场的积极性不高，因此参与农业产业化经营组织的数量也较少，导致农业产业化组织的规模小，人均产值的竞争力弱。

农业产业化程度不足会直接导致农业劳动生产率水平较低，生产成本居高不下。我国人多地少，农业生产经营规模偏低，户均耕地面积少。由于成本高与价格低，使我国农业承受着"双重挤压"，面对全球一体化的国际竞争，优势不断下降。而随着工业化和城镇化的推进，农民的非农就业收入不断提高，从事农业的意愿日趋下降，"谁来种地""怎么种地"成为急需解决的难题。在相当长的时期内，我国农业经营中小规模的兼业农户仍然会占大多数，他们仍将是我国农业生产经营的主要组织形式。未来农业生产仍是以普通农户为主的家庭经营。因此，提高农业竞争力，保障国家粮食安全，必须发展适度规模经营，必须培育与之相适应的新型农业经营主体,包括专业大户、家庭农场、农民专业合作社、农业龙头企业等。总之,发展现代农业必须建立一个现代的农业产业体系。现代农业已不只是保障农产品的有效供给,更重要的是确保农业劳动者收入的增加。随着经济的发展,农业占国民经济的比重在不断下降,但是消费者的需求也越来越多样化,对农产品的要求也越来越挑剔,农产品从田间到餐桌的产业链条越来越长。农业产业化经营就是使初级产品生产者能够分享到农产品经过加工增值的利润。

### 5.1.3 农业产业化对脱贫攻坚的关键作用

(1) 农业产业化是落实中央部署、推进长效脱贫的关键抓手

脱贫攻坚是党中央做出的重大决策部署,长效脱贫是党中央的重要嘱托。习近平总书记不断强调产业对乡村振兴、长效脱贫的重要作用,2018年10月,他在广东考察时指出,"产业扶贫是最直接、最有效的办法,也是增强贫困地区造血功能、帮助群众就地就业的长远之计"。因此,要大力推动农产品产业化,加大农业供给侧改革力度,加快消纳农产品库存。实施农业产业化战略,将提高农产品价值和价格,有助于推进农产品市场化,促进农产品数量和质量与消费者需求更加匹配,提高农产品供给质量和效率,形成产业结构合理、产业供给有效的农产品供给体系,为长效脱贫打下坚实基础,推进乡村振兴战略加快实施。

(2) 农业产业化是农业提档升级、推进稳定脱贫的重要举措

当前农业产业结构、农业科技水平虽然有较大提升,但我国人多地少,东西区域发展不平衡,各地农业资源禀赋条件差异较大,今后相当长一段时期内,小农户经营将是我国农业的主要经营方式,仍需继续加强引导、优化农产品产业结构。党的十九大报告对实施乡村振兴战略提出了"产业兴旺、生态宜居、乡风文明、治理有效、生活富裕"的总要求,其中产业兴旺是重中之重。加强农业产业化发展,打造系列区域品牌,将为区域农产品企业扩大生产规模、提高区域影响力提供难得的机遇。特别是对于中西部广大内陆腹地来说,农业产业化将有利于优化农产品区域布局,有力推动建立区域农产品产业化基地和配套产业,缓解传统农业生产基地提档升级迟缓、各主体利益分配不均、发展动力不足的问题,助力营造各区域间农产品产业协调发展、良性竞争的氛围,提高农民的幸福感,推进农村稳定脱贫。

(3) 农业产业化是培育农村产业人才、巩固脱贫成果的重要途径

目前,农村青壮年劳动力大多外出务工,大面积抛荒农地随处可见。农村留守劳动力缺少农业经营技术和经验,造成农村产业发展的恶性循环。而农业产业化企业多为劳动密集型企业,将创造大量的就业岗位,可以吸引广大外出农民工返乡就业,推动广大留守劳动力就地就业,吸引城市要素资源流入农村,吸引相

关配套行业入驻农村。农业产业化在为农民带来工资性收入的同时,还能够培育大量的技术工人和管理人才,促进农村产业发展良性循环,这将极大增强农村产业可持续经营能力,提高农村生产力,持续活跃农村经济,巩固脱贫攻坚效果。

(4) 农业产业化是推动农产品"走出去"、建设现代化农村的重要保障

以市场为导向大力推动农业产业化,打造系列区域品牌,可将低知名度品牌与区域系列品牌相衔接,同时将高知名度的品牌整合扩充,最终整体推出系列品牌,容易形成具有明显区域优势特征、区域显示度的品牌效应,有助于提升区域农产品品牌的整体竞争力。在此基础上,推动农产品积极参与国内外农产品品牌宣传推广活动,扩大区域农产品出口,可推动农产品产业成链发展,实现以农产品价值和形象为核心,助推区域品牌在更高层面上"走出去",带动农民真正富起来。

## 5.2 数字普惠金融推动农业产业化机理分析

农业产业化是发展现代农业的必然选择,也是我国农业供给侧结构性改革的方向。目前,我国一、二、三产业融合不足,农业比较效益低,市场竞争力不强的问题日益凸显。2018 年 2 月,我国农业部印发《关于大力实施乡村振兴战略、加快推进农业转型升级的意见》,明确指出,"推动农业尽快由总量扩张向质量提升转变,加快推进农业转型升级是今后一段时期我国农业发展的主旋律。目前,我国农业发展已经到了转型升级的重要节点,进一步调整优化农业结构势在必行"。数字普惠金融的发展创新,能够更好地补充传统农村金融供给的不足,解决长期以来农业生产中金融支持不足的难题,成为现代农业发展与转型升级的重要推手之一。

数字普惠金融推动农业产业化的理论依据要追溯到金融发展与产业结构的关系。从理论界来看,很多学术文献的研究都得出类似的结论,即金融发展对产业结构升级有良好的促进作用,如杨琳(2002)[1]、王立国(2015)[2]、李强(2015)[3] 等。从普惠金融作用产业结构升级的机理来看,张晓燕(2016)指出,普惠金融通过金融政策传导机制来支持产业的优化选择、通过调整资本配置来支

---

[1] 杨琳,李建伟. 金融结构转变与实体经济结构升级 [J]. 财贸经济,2002 (2):9 - 13.

[2] 王立国,赵婉妤. 我国金融发展与产业结构升级研究 [J]. 财经问题研究,2015 (1):22 - 29.

[3] 李强. 金融发展与我国产业升级:全球价值链攀升的视角 [J]. 商业经济与管理,2015 (6):86 - 96.

持产业结构向合理化发展及通过推动技术创新来支持产业结构向高级化演进[1]。范雪纯（2017）指出，普惠金融通过影响储蓄、投资等行为来改变资金的流量，在改变生产要素分配的前提下调整资金存量结构，从而最终引导产业结构发生变化[2]。曹恺燕、周一飞（2019）根据2011—2015年31个省的中国数字普惠金融发展指数和CSMAR数据研究了数字普惠金融的发展对产业结构的影响，发现数字普惠金融的发展和产业结构升级具有长期的稳定的均衡关系，并表现为一定的促进作用；数字普惠金融的三个细分维度覆盖广度、使用深度和数字支持服务均对产业升级具有显著的促进作用，覆盖广度对其促进作用最大[3]。

数字普惠金融将数字技术与普惠金融有机结合，通过移动互联网、云计算、大数据等数字化方式运用在金融领域，可以有效提高金融运行效率，降低金融服务成本，使更广泛的金融需求群体被满足成为可能。依托现代信息技术手段和共享平台积极开发与创新金融产品，可以有效满足多样性的"三农"融资需求和解决抵押担保实际不足的难题，从而缓解农业现代化发展、乡村经济振兴的融资难问题。具体来看，数字普惠金融是传统金融的拓展和补充，能有效推动农业产业化，主要体现在以下三个方面：

第一，数字技术与普惠金融的有机结合能够推进农业大数据征信体系的建立和完善。金融机构在开展农村金融服务过程中，信息渠道不畅、调查成本高、信贷风险大的难题一直没有从根本上得到解决，如何精准而客观地评价农业经营者的信用是关键。目前，央行征信数据库中覆盖的客户群体与农村居民两者之间的重合非常小，绝大部分的农民在央行的征信数据库里是没有数据的，所以仅仅通过央行的征信数据去评估一个农业生产者的风险非常困难。征信制度的健全与完善，是普惠金融发挥作用的重要保证。纵观国外实践可以发现，农村个人信用档案是否健全，是信贷资金顺利发放的关键。农业经济覆盖面广，差异化显著，这就催生了农业金融需求的多元化、个性化和场景化。金融机构可以借助大数据技术，对建档立卡弱势群体进行分析，筛选有还款能力、信用良好却没有抵押能力的客户，增加金融信贷供给。同时，依托互联网和数字技术的优势，逐步建立村县和个人的大数据征信体系，进而推动农业经济规模化和集约化生产的趋势。

第二，数字技术是实现农业领域绿色金融和产业链金融的途径。现代农业转型升级的方向是农产品精深加工，延伸农业产业链条，实现从传统农业生产向现

---

[1] 张晓燕. 我国普惠金融发展与产业结构升级——基于共享金融视角 [J]. 农村金融研究，2016（5）：19 - 25.

[2] 范雪纯，夏咏，郝依梅. 我国普惠金融发展对产业结构升级的影响效应研究 [J]. 浙江金融，2017（5）：23 - 30.

[3] 曹恺燕，周一飞. 数字普惠金融对产业结构升级的影响 [J]. 现代商业，2019（31）：81 - 84.

代农业服务业转型。与此同时,随着人们的消费升级,绿色的土地和种肥也越来越受到关注,这些是高附加值农产品的保证,由此,绿色食品和健康是农业产业链形成的核心内容。数字普惠金融可以将不同的农产品需求有效对接到不同地区的绿色农业产业链,形成消费升级和农业转型升级的共赢链。目前,越来越多的农业龙头企业通过互联网技术将农业生产链条上各个节点资源有效整合,不断创新产业链金融模式,形成了良好的农业产业链生态圈,国内企业如中粮集团、大北农集团在这一领域的积极实践走在了国内农业产业数字化发展的前列。数字普惠金融通过支持农业龙头企业的发展,充分发挥农业产业的扶贫作用。

第三,数字普惠金融是提高农业资金和生产效率向高附加值转型的保证。借助一定的金融杠杆,农民可以在不同季节种植不同类型的农作物和经济作物,提高生产效率和收入来源,在不同时期有多种创收手段。得益于电商的快速发展、对金融创新宽松监管的环境和金融抑制下对长尾市场的发掘,金融科技以迅猛之势向农业领域渗透。无论是种植养殖户、农资企业、农机企业、农产品加工企业,还是农产品经销企业、农产品批发商等,数字普惠金融可以提供有效的金融信息服务,因地制宜地提供个性化和场景化的相关"三农"金融产品。

从理论角度认为,我国农业产业化离不开金融业的支持,而数字普惠金融为农村金融发展增添活力。综上,本书提出如下假设:第一,数字普惠金融能够对现代农业经济发展产生正向积极影响;第二,数字普惠金融在现代农业产业化过程中扮演重要角色。

## 5.3 数字普惠金融助力农业产业扶贫的模式探索

### 5.3.1 农业产业扶贫的常见模式

(1)"企业+基地+贫困户"模式

该模式是指地方政府在考察地方企业的基础上,选择合适的企业作为扶贫企业,在资金、优惠政策等方面进行扶持;扶贫企业利用其资金、技术和市场等优势带动贫困农户利用土地、劳动力等各种有形或无形资源发展产业。为建立稳定的生产合作关系,扶贫企业和农户通过签订合同确立权利和义务。扶贫企业为贫困农户提供从生产到销售的多种服务,农户则按合同要求完成生产任务;在扶贫企业具备一定发展实力的基础上,为其规划建设区域生产基地,让农户在基地上生产农产品,为企业提供优质原料,从而形成企业、基地和农户之间的紧密或松散的产业链合作。

(2)"企业+合作社+基地+贫困户"模式

这种模式即几个贫困户依靠国家扶贫资金或小额信贷,成立合作社,建立产业基地，通过几家龙头企业，延长产业链条，强化产销衔接，增强合作社应对市场波动风险能力，从而达到企业和合作社利益共享，实现双赢。这种模式较第一种模式多一个合作社环节，合作社组织直接加强了贫困户与企业对话的力度，同时可以享受国家一些信贷政策。

（3）"合作社+农户"模式

该模式是指依照《中华人民共和国农民专业合作社法》组建合作社，一是由基层党组织创办领办，二是由同类农产品的生产经营者或者提供服务者自发联合成立，建立合作社管理、运营体制机制，明确各方面的权利义务。贫困农户加入合作社成为社员，合作社为其社员提供从播种到管理、收割、技术指导、农资采购及销售等多方面的统一服务，贫困农户按照合作社要求生产、出售农产品。如粮食专业合作社在良种供应、农资采购、病虫害防治、耕种、浇灌、机收和销售等方面实行统一运作模式，农户按照合作社要求种植和生产农作物。

（4）"企业+科研院校+合作社+贫困户"模式

这种模式即贫困户利用自身条件，享受国家出台的扶贫优惠政策，将国家扶贫资金和扶贫项目通过合作组织注入龙头企业，企业通过国家扶贫项目与科研院校合作，研发新科技、新技术，并投入生产中创造效益，贫困户以国家扶贫资金和项目入股分红，从而实现年年分红，年年增收。

（5）"帮扶企业+贫困户+合作社"模式

这种模式基于小额信贷的"两难"的情况，即贫困户不愿意贷，不知道怎么用，怕还不上；银行不愿意放，没有产业基础，害怕贫困户还不上。由具有社会责任意识的大型帮扶企业为贫困户担保提供贷款增值，贫困户由合作社统一组织发展产业，同时享受政府给予合作社贷款贴息。在一些地区建立的"家庭农场+贫困户"的扶贫模式中，新型农业经营主体就扮演着帮扶企业的角色。通过政策引导和资金扶持力度，大力培育农业专业合作社、家庭农场等农业新型经营主体，充分发挥政府引导及家庭农场的带动作用。通过扶贫小额信贷的支持和家庭农场的带动，把一家一户的小额扶贫贷款集中起来，由家庭农场用于扩大再生产，把农场做大做强，从而增强抵御市场风险的能力，同时，也可以帮助贫困户稳定脱贫，激发贫困户脱贫致富的内生动力和造血功能。在这种模式中，政府设立风险金并全面贴息，银行以基准利率发放贷款并建立绿色通道，贫困户依托扶贫小额信贷与家庭农场合作经营，由家庭农场牵头用于建设农业设施，发展种植业，从而顺利实现增收脱贫。

（6）"乡村旅游+农家乐"模式

休闲农业的发展成为农村的一道独特风景，在边境深山和少数民族地区，独特的地域旅游资源优势给乡村旅游发展带来机遇，也为贫困地区增收致富带来希望。这种模式主要是通过景区景点开发，带动贫困户融入旅游产业链，发展乡村旅游和农家乐，实现脱贫致富。

以上几种模式在产业扶贫实践中被大量地运用。每种模式都有其效用，也有自身难以克服的弱点，需要在实践中不断探索和总结，发展出更为成熟、稳定，更值得推广和借鉴的模式。

### 5.3.2 数字技术渗透"龙头企业+农户+政府+金融机构"模式

农村普惠金融产业属性十分突出，主要方向覆盖了适度规模经营农民合作社、家庭农场、大户等各类新型农业经营主体，也为农业、林业、养殖业、服务业的分散农户和小作坊提供金融服务。我国现有的新型农业经营主体主要包括农业产业化龙头企业、农民专业合作社、家庭农场、专业大户等，农业产业化龙头企业相对几种农业经营主体而言，经济带动能力更强，拉动就业幅度更大。农业产业龙头企业通过对农产品的生产、经营、加工、市场融入等方式进行转型，转变原有的一些滞后模式，在拓宽和升级农产品市场的同时，增强了农业资源整合、农业要素集成的能力，畅通了优质资源、优质要素进入农业的道路。

数字普惠金融主要运用手机银行、网上银行等数字金融工具，为农户尤其是偏远贫困山区农户提供价格合理、简单快捷、安全高效的金融服务，存款贷款、转账支付等业务通过数字金融工具实现服务。"龙头企业+农户+政府+金融机构"模式的主要特点是：第一，政府或龙头企业者是产业链的主导者，在产业链中发挥组织、推动、管理的作用，在金融活动中提供信用担保。第二，产业链中信贷、支付等活动依托传统商业银行；龙头企业从事农业相关产品、产业经营，是具有一定的规模和品牌，具有较好市场销售能力的现代化企业；产业链的范围和规模取决于龙头企业的市场触达能力。

例如，2015年，绵阳市政府全面推进"沃野绵州"生态循环农业工程，全市按照"市场循环、合作循环、园场循环、家庭微循环"统一模式，整体连片打造"沃野绵州"循环产业。北川农村信用联社抓住机遇，探索运用数字信息技术发展数字普惠金融，为参与产业循环的龙头企业、新型经营主体，尤其是大量的家庭收入低、急需资金支撑的分散农户提供便捷的"普惠金融服务"，取得显著成效，并体现出巨大的发展潜力。在农业供给侧改革的攻坚阶段，绵阳率先在金融服务产品创新方面取得重要突破。绵阳市农村数字普惠金融改革试点取得显著成效，尤其是农业产业融资迅速发展。

### 5.3.3 金融机构牵头"农业产业+科技"模式

科技赋能扶贫、扶植产业形成可持续扶贫，已成为各金融机构努力的共同方向之一。金融机构在政府农业或扶贫产业管理、农业保险、农业生产、资金保障、消费资源等方面，积极探索智慧农业的应用。2018年年初，平安启动"三村工程"精准扶贫项目，面向"村官、村医、村教"三大方向，同时推进产业扶贫、健康扶贫、教育扶贫。其中，旨在培育农村产业发展内生动力的"村官工程"，以产业扶贫为核心，依托平安成熟的保险机制、信贷渠道、资金优势和科技力量，试图推动促进资本、技术要素向农业农村流动，打造"造血"式可持续产业扶贫模式。通过核心农业企业贷款、扶贫债帮扶、扶贫保等模式，平安集团在国内"农业产业+科技"扶贫模式领域做出了示范。其中，核心农业企业贷款模式以低息、免息贷款支持核心农业企业扶贫项目，引入现代化农业产业链，将企业的种植、养殖生产工作与贫困户紧密联系起来，帮助贫困户稳定脱贫增收，同时带动贫困地区现代农业产业发展，实现"造血式"扶贫；通过投资地方政府扶贫债券，将扶贫资金用于贫困县的异地扶贫搬迁、道路桥梁建设、农村公共服务设施建设、产业园厂房建设、光伏项目建设、义务教育均衡化发展等脱贫攻坚项目；通过事前撬动"免息免担保"资金、事中运用"保险+科技"提供保障、事后借助互联网电商平台扩大销售，目前已经在重庆奉节、贵州台江等11个省份复制推广。乌兰察布的阴山优麦是"扶贫保"的一个经典案例。平安集团通过"保证保险+全额贴息"的"扶贫保"撬动首期3 000万元扶贫贷款，支持当地龙头企业——阴山优麦，为当地贫困户提供包括合作种植、免费提供优质种子、保护性回购等一揽子服务；中端引入人工智能科技，提升扶贫效能；后端搭建协销模式，让阴山优麦直达消费者餐桌。目前，平安打出"智慧扶贫"旗号，试图将"人工智能、云计算、区块链"三大科技应用到扶贫项目；将人脸识别、指纹识别、声纹识别等科技技术应用于各地保险扶贫工作中，确保建档立卡农户信息的完整性和真实性，并建立了"大数据+AI"智能风险预警平台。

随着全国农业机械化程度的不断提高，农民对于高性能农机设备的需求和购机资金短缺之间的矛盾日益突出，农民买不起农机的现象较为普遍，因而迫切需要通过创新金融模式、丰富融资渠道来解决购机难题，发展农机租赁就是一种可行的做法。近年来，我国奶业规模化、标准化、机械化、组织化水平大幅提升，但也存在产品供需结构不平衡、产业竞争力不强、消费培育不足等突出问题。针对种种短板，宜信公司在该领域进行了有益探索，开发了直租、售后回租等方式，助力奶业发展。以奶牛等活体为标的物，主要风险包括行业政策、牛体管理、持续增值、牛体非线性折旧四个方面。在牛体管理方面，除了精心考察合作牧场的评级及质量把关能力外，还引入物联网技术，在每头奶牛的右腿安装一个射频设备，随时随地掌握租赁标的物的信息。

### 5.3.4 "电子商务+供应链金融"扶贫模式

发展农村供应链金融是解决农户农企实际场景需求的有效路径。农村有机绿色林产品资源丰富，但是由于交通不便，销售渠道不畅通，导致产品市场价值与商品本身的价值差距悬殊。针对销售渠道不畅的问题，新一代信息技术的出现，给扶贫工作带来了新的机遇，这个机遇就是电子商务。中国绝大部分的贫困地区都在林区、山区、沙区，这些地区就是扶贫的关键所在。这些地方具有农产品等资源优势，通过农产品电商的发展打破因交通不便带来的发展壁垒，帮助老百姓就地就业、就地创业、就地脱贫，是解决贫困的根本措施。供应链金融是产业资本和金融资本的跨界组合，能够实现金融精准扶助产业的效果。"电子商务＋供应链金融"的服务模式是农村金融服务的创新方案，具有解决农村金融难题与发展现代农业的推动作用。

近年来，电子商务积极投身农村金融供应链，蚂蚁金服与蒙羊牧业合作推出"羊联体"模式，借助电商的数字信息技术实施全方位风险监控，探索出"农牧民＋合作社＋公司＋银行＋担保＋保险"的养殖供应链金融模式，既方便了产品质量控制，也解决了养殖户资信不够的问题。通过充分利用电子商务、属地物流和银行金融服务等多板块资源，可形成具有信息流、资金流、物流、商务流四流合一的先天优势。此外，还可以通过建设云平台，创新"互联网金融＋农村电商""互联网金融＋属地物流""互联网金融＋跨境电商"等模式，与互联网企业开展合作，通过跨界融合、平台共享来形成新经济时代协同发展普惠金融的新业态。

## 5.4 数字普惠金融推动农业产业化效应的实证分析

### 5.4.1 数据收集与处理

本书的分析是基于我国 2011—2018 年的省际面板数据，在时间范围确定上主要受到数字普惠金融指数数据可得性的限制，该数据依托北京大学数字金融研究中心课题组于 2019 年 4 月所公布的 2011—2018 年省级数字普惠金融指数而得①。本书中采用北京大学普惠金融指数的省际数据作为我国不同地区数字普惠金融（INDEX）的发展水平的衡量指标。同时，本书通过第一产业增加值（DCZ）和第一产业增加值占 GDP 比例（DCZZ）两个指标对农业经济发展与农业转型升级进行度量。控制变量包括农业机械总动力（NJD）、有效灌溉面积（GGM）和农用化肥施用折纯量（NHF）。相关数据来源于中国国家统计局网站（http://www.stats.gov.cn/）。各变量的描述性统计见表 5.1。

---

① 郭峰，王靖一，王芳，孔涛，张勋，程志云. 测度中国数字普惠金融发展：指数编制与空间特征［R］. 北京大学数字金融研究中心工作报告，2019.

表 5.1 相关变量的描述性统计

| 变量 | 变量代码 | 变量含义 | 单位 | 均值 | 标准差 | 样本量 |
|---|---|---|---|---|---|---|
| 解释变量 | INDEX | 数字普惠金融指数 | — | 187.175 | 85.079 | 248 |
| 被解释变量 | DCZ | 第一产业增加值 | 亿元 | 1 874.328 | 1 296.684 | 248 |
| | DCZZ | 第一产业增加值占 GDP 比例 | % | 9.847 | 5.033 | 248 |
| 控制变量 | NJD | 农业机械总动力 | 万千瓦 | 3 308.07 | 2 950.62 | 248 |
| | GGM | 有效灌溉面积 | 千公顷 | 2 104.16 | 1 644.76 | 248 |
| | NHF | 农用化肥施用折纯量 | 万吨 | 189.397 | 149.28 | 248 |

### 5.4.2 回归模型的设定

本书建立如下计量模型：

$$DCZ_{i,t} = \alpha_0 + \alpha_1 INDEX_{i,t} + \alpha_2 NJD_{i,t} + \alpha_3 GGM_{i,t} + \alpha_4 NHF_{i,t} + U_{i,t} \quad (5.1)$$

$$DCZZ_{i,t} = \beta_0 + \beta_1 INDEX_{i,t} + \beta_2 NJD_{i,t} + \beta_3 GGM_{i,t} + \beta_4 NHF_{i,t} + U_{i,t} \quad (5.2)$$

式（5.1）、式（5.2）中，除各变量含义如表 5.1 所示外，$i$ 表示各省份，$i=1,2,\cdots,31$；$t$ 表示年份，$t=2011,2012,\cdots,2018$；$\alpha_j$ 和 $\beta_j$（$j=1,2,3,4$）分别代表对应回归方程的回归系数；$U_{i,t}$ 代表随机扰动项。

### 5.4.3 回归结果分析

（1）面板数据的稳定性检验

本书利用 ADF 检验对变量的稳定性进行了检验，检验结果见表 5.2。可以看出，所有变量都为 1 阶单整序列，在 1% 显著性水平下能够通过 ADF 检验，而原序列则为非平稳序列。

表 5.2 面板数据的平稳性检验

| 变量 | $I(0)$ 的 ADF 统计量 | $I(1)$ 的 ADF 统计量 |
|---|---|---|
| INDEX | 67.5 | 149.827*** |
| DCZ | 55.599 | 79.096* |
| DCZZ | 24.539 | 139.132*** |
| NJD | 62.078 | 78.299* |
| GGM | 32.763 | 329.185*** |
| NHF | 54.32 | 89.349** |

注：检验结果由 Eviews 8.0 计算而得，***、**、* 分别表示统计结果在 1%、5%、10% 的置信水平下显著，下同。

## 第 5 章　数字普惠金融推进农业产业化的效应分析

在单整阶数相同的条件下，采用 Pedroni 检验法对模型中解释变量与被解释变量的面板数据进行协整检验，检验结果见表 5.3。可以看出，在 1% 的显著水平下，变量之间协整检验的 PP 统计量和 ADF 统计量均显著，由此拒绝原假设，即解释变量普惠金融指数（INDEX）分别与被解释变量第一产业增加值（DCZ）、第一产业增加值占 GDP 比例（DCZZ）存在长期、稳定的协整关系。

表 5.3　面板数据的协整检验

| 模型 | PP 统计量 | $P$ 值 | ADF 统计量 | $P$ 值 |
| --- | --- | --- | --- | --- |
| INDEX 与 DCZ | $-5.242^{***}$ | 0.0000 | $-2.032^{**}$ | 0.0211 |
| INDEX 与 DCZZ | $-6.310^{***}$ | 0.0000 | $-5.030^{***}$ | 0.000 |

在协整关系成立的基础上，进一步考察解释变量与被解释变量之间的因果关系，Granger 检验的结果见表 5.4。可以看出，普惠金融指数（INDEX）与被解释变量第一产业增加值（DCZ）之间存在着单项的因果关系，即 INDEX 的变化可以影响 DCZ。而普惠金融指数（INDEX）与第一产业增加值占 GDP 比（DCZZ）之间存在双向的因果关系，二者可以相互作用影响。

表 5.4　面板数据的因果检验

| 原假设 | $F$ 统计量 | $P$ 值 | 是否接受 |
| --- | --- | --- | --- |
| INDEX 不是 DCZ 的格兰杰原因 | $12.387^{***}$ | 0.0000 | 拒绝 |
| DCZ 不是 INDEX 的格兰杰原因 | 0.0519 | 0.9494 | 接受 |
| INDEX 不是 DCZZ 的格兰杰原因 | $4.415^{**}$ | 0.0131 | 拒绝 |
| DCZZ 不是 INDEX 的格兰杰原因 | $9.889^{***}$ | 0.0000 | 拒绝 |

综合以上分析可以得出，面板回归模型中所涉及的解释变量与被解释变量之间可以建立回归模型。

（2）模型的设定检验

本书通过 $F$ 检验和 Hausman 检验来判断所建立的面板数据模型是混合效应模型、固定效应模型还是随机效应模型。检验结果见表 5.5。从检验结果来看，两个模型的 $F$ 统计量和 Hausman 统计量在 1% 显著性水平下均是显著的，由此得出模型（5.1）和模型（5.2）均采用固定效应模型。

表5.5 模型类型选择检验

| 变量 | 检验方法 | 统计量 | P值 |
| --- | --- | --- | --- |
| 模型（5.1）：DCZ（INDEX） | F检验 | 388.302 5*** | 0.000 |
| | Hausman检验 | 20.139*** | 0.001 |
| 模型（5.2）：DCZZ（INDEX） | F检验 | 241.937 9*** | 0.000 |
| | Hausman检验 | 20.773*** | 0.001 |

（3）面板数据的回归结果

利用 Eviews 8.0 对面板数据进行回归分析，其中，除解释变量 DCZZ 外，其他变量均做了取对数处理，并比较了加入控制变量前后的结果，见表5.6。在模型（5.1）中，普惠金融指数（INDEX）对第一产业增加值（DCZ）的变量显著性检验在1%的显著性水平下拒绝了原假设，即 INDEX 对 DCZ 有显著影响，并且控制变量加入后，并没有影响变量 INDEX 的显著性和模型整体的拟合性，说明模型的设定是合理的。同样，在模型（5.2）中，普惠金融指数（INDEX）对第一产业增加值占 GDP 比例（DCZZ）的变量显著性检验也在1%的显著性水平下拒绝了原假设，即 INDEX 对 DCZZ 有显著影响。并且控制变量的加入后，并没有影响变量 INDEX 的显著性和模型整体的拟合性，说明模型的设定是合理的。在以上检验结果的基础上，进一步对模型的结论做出经济解释。在模型（5.1）中，普惠金融指数（INDEX）每增加1%，对应的第一产业增加值（DCZ）会增加0.136%；在模型（5.2）中，普惠金融指数（INDEX）每增加1%，第一产业增加值占 GDP 比例（DCZZ）会下降0.7786%。初步可以得出，普惠金融能够对农业产业的发展和转型升级有着良好的促进作用。结合前文的机理分析，与林春等（2019）的研究结论一致，即普惠金融的发展使农村低收入群体能够更便利地获得有效金融服务，并在一定程度上增加乡镇企业等群体对农村劳动力的吸纳，从而推动了第一产业劳动力的转移①。

表5.6 面板数据回归结果

| 变量 | 变量代码 | 模型（5.1）：被解释变量 DCZ | | 模型（5.2）：被解释变量 DCZZ | |
| --- | --- | --- | --- | --- | --- |
| 解释变量 | INDEX | 0.1471*** (11.017 8) | 0.136 0*** (11.621 7) | -0.752 5*** (-4.063 3) | -0.778 6*** (-4.968 1) |
| 常变量 | C | 6.366 0*** (91.789) | 3.094 77*** (4.897 9) | 13.657 5*** (13.007 3) | 25.936 4*** (6.940 1) |

① 林春，孙英杰，康宽. 普惠金融对中国产业就业的影响效应——基于总量和结构视角[J]. 证券市场导报，2019（6）：13-19.

续表

| 变量 | 变量代码 | 模型 (5.1)：被解释变量 DCZ | | 模型 (5.2)：被解释变量 DCZZ | |
|---|---|---|---|---|---|
| 控制变量 | NJD | | 0.120 0*** (3.055 7) | | 0.142 1 (0.439 7) |
| | GGM | | 0.302 6*** (4.681 4) | | -3.577 2*** (-5.635 8) |
| | NHF | | 0.047 5 (0.959 4) | | 2.651 2*** (-7.019 8) |
| $R_2$ | | 0.996 | 0.997 | 0.990 | 0.991 |
| $F$ 统计量 | | 1 769.561 | 2 087.987 | 713.804 4 | 711.471 4 |//
注：括号里的数代表 $t$ 统计量。

2015 年年末，国务院在《推进普惠金融发展规划（2016—2020 年）》①（国发〔2015〕74 号）中明确指出了普惠金融的发展意义，由此在 2016—2018 年间，数字普惠金融指数也发生了非常明显的变化，与 2011—2015 年间的指数形成鲜明对照，证明中国的数字普惠金融事业已经走过了粗放式的圈地时代，进入了深度拓展的新阶段。从郭峰、孔涛和王靖一等（2019）编制的"北京大学数字普惠指数"数据来看，2015 年之前全国各地之间数字普惠金融发展差异较大，2015 年之后差距有变小的趋势。但是从服务效率来看，农业结构转型升级的推进步伐是滞后于数字普惠金融的发展速度的，尤其是区域间差异较大。如果比较数字普惠金融指数（INDEX）、第一产业增加值（DCZ）和第一产业增加值占 GDP 比例（DCZZ）三个指标的变异系数的话（如图 5.1 所示），在 2011—2018 年间，我国各省（区）市间数字普惠金融的发展差异逐步缩小，由此数字普惠金融指数的变异系数在变小。在此期间，农业产业增加值和农业产业增加值占比两个指标的变异系数并没有发生明显变化，这说明数字普惠金融对农业产业转型升级的服务效率并没有提升。结合实际来看，目前我国数字普惠金融业发展仍存在普惠性不足的问题，农业领域中开展业务范围仍主要集中在支付领域，尤其是在经济发展水平相对落后的农村地区，潜在金融需求仍没有得到满足，数字普惠金融在农业生产领域的渗透率仍需进一步提升。

### 5.4.4 实证结论与启示

本书根据我国数字普惠金融的发展现状与农业产业结构调整和转型升级趋势，基于我国省际面板数据，建立面板回归模型，研究了变量的相互影响与变动

---

① http://www.gov.cn/zhengce/content/2016-01/15/content_10602.htm.

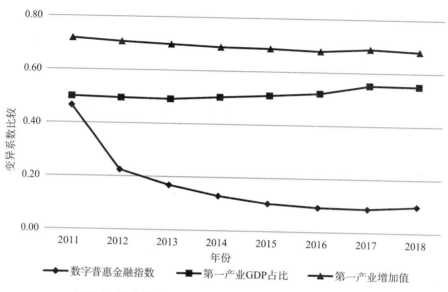

图 5.1 数字普惠金融指数与农业经济发展变异系数比较

差异，得出以下结论：

第一，本书在研究数字普惠金融与现代农业转型升级的作用机理基础上，结合我国省际面板数据的回归模型结果，得出：数字普惠金融的发展能够对现代农业经济发展和农业产业结构升级产生正向的积极影响，二者存在长期的协整关系，但其影响力需要随着数字普惠金融的发展逐渐渗透。

第二，本书通过分析数字普惠金融对农业产业升级的推进效果及变量间相互关系，得出：目前我国数字普惠金融的发展速度快于农业经济转型与升级的速度，尤其是2015年之后。这说明数字普惠金融在农业经济领域的覆盖面，尤其是农业生产领域的渗透率有待进一步提升，这也表明探索数字普惠金融在农业经济领域发挥作用的有效途径十分必要。

## 5.5 农业产业化进程中数字普惠金融的着力点

### 5.5.1 加强数字普惠金融对农业产业化的支持力度

通过数字普惠金融为农户的能力建设和农业产业的转型升级提供金融支持，引导农户转变生产方式，融入规模生产、高效组织的农业产业化系统，扶持农业产业链的分工协作，激活农村经济和农业产业发展的内生动能。数字普惠金融注重农业产业化系统的整体金融支持，需要金融机构内部各业务部门协调配合。普惠金融业务重点要满足农业产业化过程中农户的信贷需求，其他三农金融业务则重点支持农业龙头企业等大中型企业的发展，使普惠金融与支持三农的其他金融业务共同作用，为农业产业化发展提供动力。积极引导更多金融资源投向"农业、农村、农民、农民工"和县域经济。推进"公司+农户"金融服务模式，支持具备规模化、机械化和集约化优势的现代农业发展。加强农担联盟业务合作，开展"两权"抵押试点，聚焦深度贫困地区，加大对建档立卡贫困户和扶贫产业项目、贫困村提升工程、基础设施建设、基本公共服务等重点领域的金融支持力度。在风险可控的前提下，稳妥办理精准扶贫贷款业务，规范发展扶贫小额信贷。研发创新型数字普惠金融产品，积极拓展农业产业链融资业务和场景创新融资业务。积极布局线上服务。继续加快发展线上融资业务，为客户提供线上线下一体化的贷款体验，积极探索践行金融扶贫的涉农业务模式。

### 5.5.2 加快农业产业化发展背景下的普惠金融基础设施建设

重点建设农村数字普惠金融的工作渠道，使数字信息技术与普惠金融有机结合。利用大数据挖掘农业产业链初级农产品收购订单合同的履约信息及农产品加工销售产生的商业信息，构建包括支付、转账、收款、贷款等闭环数据的信用信息库，实现农业产业链普惠金融服务群体的信息化管理。通过移动平台和人工智能、区块链技术、云计算对传统农村金融业务流程进行再造，实现线上贷款、支付、转账、收款、结算及风险智能监测，降低农村普惠金融业务成本，提高金融服务效率。根据农业产业化的需求，开发多元金融服务模式，实现普惠金融服务的精准化与个性化，推动农村普惠金融向开发型转变。强化基于农业产业化的金融素质教育，一方面，要向农业龙头企业、乡镇干部、产业能人等农业产业化中坚群体普及农业产业链金融知识，使其充分了解各类农业产业融资模式，运用合适的金融工具为农业产业发展服务，并带动组织系统中的农户接触新型融资渠道，帮助其获得生产性融资；另一方面，注重产业化背景下的农户金融素质培养，通过农业产业化组织的内部机制与开发性普惠金融教育，使广大农户产生提高生产效率与经营管理意识，为农业产业链形成有效的金融服务需求，并能够有效运用新型普惠金融工具发展生产，实现与农业龙头企业生产经营的紧密对接。

### 5.5.3 建立合作机制，搭建融资服务平台

地方政府、金融机构与农业龙头企业之间需要协调配合，政府发挥引导作用，帮助农业龙头企业依靠资源禀赋优势发展特色品牌，并激励其带动农户的生产经营。农业龙头企业依靠其资源禀赋与产业优势，带动上下游创造规模化的产业价值，产生多元化的金融服务需求，同时，通过规范化经营增强风险控制能力，建立稳定的契约关系，提高农业产业链中农户与小微企业的融资可得性。金融机构在这一协调管理机制中，充分发挥其主观能动性，围绕农业产业链开拓多

层次的服务市场，创新服务渠道，为农业产业化发展提供足够的资金支持，在农业产业链的延伸与农业产业集群壮大中开辟更大利润空间。

充分引导相关农业企业参与融资主题的研讨与论坛，发挥对贫困山区农业企业的群策群力及智库作用，为农业企业融资建言献策、谋划出路；推动企业与高校、企业与政府、企业与企业、企业与农户的合作与交流，丰富合作模式，推动融资服务平台的搭建；激励正规金融机构将政策扶持重心偏向支持地方贫困山区农业企业，为农业企业能够便捷获取贷款出台优惠措施、服务窗口、绿色通道，同时，也可以吸引更多资金参与到扶贫与促进发展活动中。

### 5.5.4　金融机构完善线上供应链融资体系

线上供应链金融业务能显著提升核心企业及上下游的资金周转率、降低经营成本。传统供应链金融通常只授信核心企业资金额度，签署一份总合同，需要核心企业与银行之间，核心企业与上下游企业之间，上下游企业与银行及仓库、担保公司、监管之间合作沟通。每次业务发生，还要根据大合同再次签署单笔销售合同，重新走单笔业务贷款流程，过程非常烦琐，而借助线上供应链金融平台，完成第一次流程后，在业务周期内，每次借款、还款均通过线上完成，手续简便、随借随还，极大地降低了企业的融资成本，提高企业资金周转率，降低了经营成本。从实际来看，农业线上供应链金融可以结合电商、线上运营及产业链金融，构建一站式农业供应链服务平台，以人工智能为引导，运用科技创新理念，强化综合服务体系结构，打造在线农业供应链金融。从模式上来看，具体包括：一是电商到村，建立覆盖到乡村的农业生产资料电商平台；二是农资到村，建立乡镇物流配送体系，解决了从县、乡镇到农村、到农户的物流配送问题，保证在网上下单购买的农资产品能够真真正正地送到所需的农户手里；三是服务到村，为购买农资的农户提供贴心的农业技术指导服务；四是金融到村，与商业银行、金融机构合作，提供农业在线供应链金融服务，真正解决农户的贷款难问题。通过这一系列创新，能够实现信息流、商流、物流、资金流、服务流的五流合一。

# 第6章

# 金融机构扶贫信贷的数字化创新与减贫效应

## 6.1 金融机构践行精准扶贫的金融职能

### 6.1.1 金融机构参与金融扶贫工作的重要意义

金融资本的特征往往是"锦上添花",而非"雪中送炭",缘由现代金融体系是在比较发达的市场经济条件下诞生的,可以说金融机构参与扶贫事业是个世界性难题。在新时代精准扶贫工作的推进过程中,金融机构作为金融扶贫的主力军,在扶贫工作中起着至关重要的作用。金融机构如何有效承担起社会责任,同时又能实现可持续的商业目标,既是新的困难和挑战,也是新的发展机遇和空间。

(1) 参与金融扶贫是金融机构担当社会责任的重要体现

普惠金融需求群体人数众多,已成为改善民生的重要载体,也是金融服务实体的首要目标和重要方向。发展普惠金融是金融机构的社会责任。做好金融扶贫工作,坚决打赢脱贫攻坚战,是金融机构的重要责任和使命担当,是金融机构服务"三农"的重中之重。金融助力扶贫攻坚是多渠道、多方面的,资金投入是最直接、最有效的举措。金融机构是金融扶贫政策落地的重要载体,尤其是通过扶贫信贷的投放,能够为精准扶贫工作注入持续的血液,帮助贫困农户脱贫,是实现授人以渔的有效途径。事实上,近年来金融机构已经在开展公益扶贫等多个方面赢得了社会赞誉。当前,在普惠金融业务缺口凸显的情况下,金融机构勇挑重担，大力发展普惠金融，有助于社会公众对其给予更好的认知与判定。

在新时期精准扶贫、脱贫攻坚的宏观背景下，中央对金融机构参与精准扶贫工作提出了明确的任务和要求，国务院要求把商业银行开展普惠金融服务情况作为区别监管政策的重要参考，并制定专项监管考核办法，安排专项激励费用，细化尽职免责办法等。一些地方政府也给予财政贴息，出资建立担保公司等，使金融机构在参与精准扶贫工作中，有目标，有责任，有考核，有动力，工作成效明显提高。

（2）参与金融扶贫工作是金融机构赢得政策红利的重要载体

近年来，国家对普惠金融开展较好的商业银行给予了丰厚的政策支持。比如，《大中型商业银行设立普惠金融事业部实施方案》提出以下支持政策：一是提升小微不良贷款容忍度，促进从业尽职免责落地实施。二是完善涉农和中小微企业贷款核销处置政策，对金融机构与小微企业签订的借款合同免征印花税。三是对普惠金融业务达到一定标准的金融机构在存款准备金政策方面给予一定激励。四是在宏观审慎评估（MPA）政策参数方面，对支持"三农"、小微企业等普惠金融工作执行较好的商业银行予以适当倾斜。在此基础上，大力发展普惠金融、积极参与金融扶贫将有利于金融机构充分获取政策红利，促进业务可持续发展。

（3）参与金融扶贫工作是金融机构应用金融科技的重要方向

一直以来，普惠金融业务存在分布广、组织散和风险高等特征，影响了金融机构的发展积极性。通过传统手段发展普惠金融，存在效率低、效果差、效益弱等问题，导致金融机构普惠金融业务不可持续，更制约了金融扶贫工作的推进和深入开展。传统的普惠金融线下服务渠道，特别是面对面的交流沟通、业务办理等受到了限制，普惠金融服务需要进一步通过数字平台进行信息聚合、资源配置、技术支撑和金融支持等。随着技术进步，以大数据、云计算和人工智能为代表的金融科技，能够支撑普惠金融业务的获客渠道创新、营销方式创新、客户服务创新、信用评级创新和风控手段创新，是金融机构规模化发展的有力抓手。当前，金融机构的金融科技研究稳健推进，如何实现落地应用成为下一步的工作重点。事实上，包括蚂蚁金服、腾讯金融和京东金融等在内的金融科技巨头，工行、建行、交行、民生和浙商等在内的大中型商业银行都已借助金融科技实现扶贫助农发展效率提升。大力发展普惠金融、积极参与金融扶贫，已然成为商业银行金融科技落地应用的重要方向。

### 6.1.2 扶贫信贷是金融机构扶贫的有效手段

（1）我国扶贫信贷供给主体体系

扶贫资金的融通是金融支持精准扶贫的根本要求。改革开放以来，在政府的

## 第6章 金融机构扶贫信贷的数字化创新与减贫效应

政策主导下,逐渐形成了中国特色的金融扶贫供给体系(如图6.1所示),该体系主要由中央和地方政府,政策性、商业性、合作性和新型农村金融机构,公益性小额信贷机构(社会企业),互联网金融企业及部分项目组成,中国金融扶贫实践正是这些供给主体的具体参与推动下进行的。目前大部分金融精准扶贫都是以贫困地区当地政府和县域金融机构为主导,通过产业扶持方式进行脱贫的。对于产业扶贫项目中出现的变化,现有的扶贫资金管理模式不能及时做出反应,影响了扶贫资金的合理配置。此外,对于扶贫项目缺少长期的规划,扶贫资金的流向也容易受到地方政府短期目标的干扰。

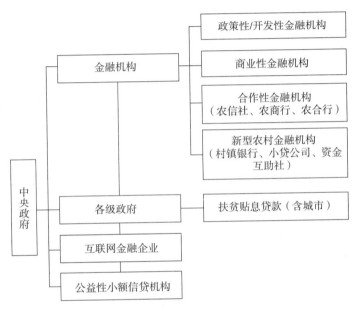

**图 6.1 中国金融扶贫供给体系**①

金融扶贫服务不是简单地发放扶贫贷款,不同的扶贫主体对金融服务的需求是存在差异的,这就要求从供给端做好金融扶贫服务的加减法,拓展金融扶贫服务的渠道,避免"一刀切"式的金融服务供给方式。在金融扶贫工作的开展过程中,针对不同金融机构的特性,中央也提出了不同的定位和要求。政策性金融机构重点做好易地扶贫搬迁、基础设施和新型城镇化建设项目的储备、筛选和融资服务工作,利用低成本、长周期的开发性资金改善贫困地区的外部环境;大型商业金融机构则侧重向贫困地区延伸服务网点,扫除盲区,实现金融服务全覆盖。同时,重点支持这些地区特色优势产业和涉农龙头企业、专业合作社、家庭

---

① 杜晓山,宁爱照. 中国金融扶贫实践、成效及经验分析[J]. 海外投资与出口信贷,2017(5):11-17.

农场、专业大户等新型经营主体，为贫困人口提供就业和创业机会，为当地经济注入活力；农村商业银行、信用社和村镇银行侧重于提供对当地农民和贫困户的小额贷款，使他们能够享有普惠金融服务。当然，这些金融机构的服务对象和业务也会有一定的交叉和竞争，但基本分工界限是清晰的。

（2）金融机构扶贫信贷投放规模不断增加

长期以来，我国金融政策导向之一就是引导金融机构加大对"三农"领域的金融支持。2019年9月中国人民银行发布的《中国农村金融服务报告2018》显示，自2007年创立涉农贷款统计以来，全部金融机构涉农贷款余额累计增长534.4%，11年间平均年增速为16.5%。涉农贷款余额从2007年年末的6.1万亿元增加至2018年年末的32.7万亿元，占各项贷款的比重从22%提高至24%。近年来，中国人民银行推出了一系列的金融扶贫政策，尤其是促进金融机构加大对农业普惠金融领域的信贷支持力度（例如《中国人民银行关于对普惠金融实施定向降准的通知》（银发〔2017〕222号）、《中国人民银行关于调整普惠金融定向降准有关考核标准的通知》（银发〔2018〕351号），为金融业精准扶贫铺平了政策通道，效果逐渐显现。2020年3月，中国人民银行宣布实施普惠金融定向降准，对达到考核标准的银行定向降准0.5~1个百分点，并对符合条件的股份制商业银行再额外定向降准1个百分点，支持发放普惠金融领域贷款。从实际效果来看，金融机构积极推动相关金融产品与服务走入贫困地区与贫困人群，效果明显。根据中国人民银行公布的数据显示，2020年第一季度末，人民币普惠金融领域贷款余额18.33万亿元（如图6.2所示），同比增长17.7%，增速比2019年年末高0.6个百分点，一季度增加1.03万亿元，同比多增3 135亿元①。

针对建档立卡贫困户发展产业增收需求，不少银行向农户发放5万元以下、三年以内、免担保、免抵押的贷款，这类贷款按基准利率放贷，扶贫资金全额贴息。值得关注的是，为了更好地发挥金融支持脱贫攻坚的力量，2018年1月，人民银行、银监会、证监会、保监会联合印发了《关于金融支持深度贫困地区脱贫攻坚的意见》，要求金融部门坚持新增金融资金优先满足深度贫困地区、新增金融服务优先布设深度贫困地区，2020年以前，深度贫困地区贷款增速每年高于所在省（区、市）贷款平均增速，为深度贫困地区打赢脱贫攻坚战提供重要支撑。自2014年年底出台相关政策后，截至2020年第一季度末，金融机构发放的建档立卡贫困人口贷款余额2 150亿元。考虑已脱贫不脱政策的情况，建档立卡

---

① 依据《中国人民银行关于对普惠金融实施定向降准的通知》（银发〔2017〕222号）和《中国人民银行关于调整普惠金融定向降准有关考核标准的通知》（银发〔2018〕351号），普惠金融领域贷款包括单户授信1 000万元以下的小微型企业贷款、个体工商户经营性贷款、小微企业主经营性贷款、农户生产经营贷款、建档立卡贫困人口贷款、创业担保贷款和助学贷款。

# 第 6 章　金融机构扶贫信贷的数字化创新与减贫效应

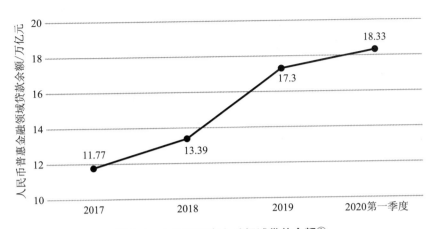

图 6.2　人民币普惠金融领域贷款余额①

贫困人口及已脱贫人口贷款余额 7 281 亿元（如图 6.3 所示）。金融机构不断创新贫困地区金融扶贫产品和服务模式，为参与扶贫项目的贫困户设计专项信贷产品。同时，还探索推出"产业引领＋能人带动＋金融帮扶""金融＋电商""银政合作""智力＋资金"等多种扶贫模式。作为普惠金融的载体，越来越多的金融机构不断推进"下沉服务"，以可负担的成本为农业脱贫攻坚的金融服务需求不断提供适当、有效的金融服务。

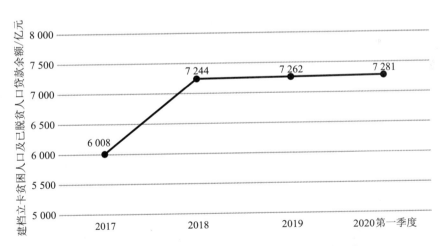

图 6.3　建档立卡贫困人口及已脱贫人口贷款余额②

为引导贫困地区地方法人金融机构扩大贫困地区信贷投放，优先支持带动贫

---

① 根据中国人民银行历次金融机构贷款投向统计报告整理．
② 根据中国人民银行历次金融机构贷款投向统计报告整理．

困户就业发展的企业和建档立卡贫困户,积极推动贫困地区发展特色产业和贫困人口创业就业,促进贫困人口脱贫致富,中国人民银行于2016年3月设立扶贫再贷款[①],对832个国家重点贫困县和省级扶贫开发工作重点县的农村信用社、农村商业银行、农村合作银行和村镇银行设立扶贫再贷款,实行比支农再贷款更优惠的利率。发放对象为国定和省级贫困县区的农村商业银行、农村合作银行、农村信用社和村镇银行等4类地方法人金融机构,期限分为3个月、6个月和1年,目前执行利率分别为1.45%、1.65%和1.75%。自业务开办以来,各地积极用足用好扶贫再贷款,放贷金额持续上升,借款机构不断扩大。截至2019年3月末,全国扶贫再贷款余额1 679亿元,服务贫困人口1 938万人,产业精准扶贫贷款余额1.17万亿元,带动贫困人口797万人次[②]。扶贫再贷款不仅优化了经济结构、有力地支持了脱贫攻坚工作,同时引导各项贷款利率下降,扶贫再贷款"降成本"效果显著。运用扶贫再贷款发放的小额扶贫贷款利率全部为4.35%,运用自有资金发放的小额扶贫贷款利率执行同期同档次贷款基准利率。

## 6.2 传统金融机构的数字化创新与扶贫成效

信息技术的不断进步,为传统金融机构开展普惠金融业务提供了强有力的技术支持。在大数据、高速移动通信网络和智能终端的影响下,传统金融机构普惠金融业务的风险管理水平不断提升,不良贷款率得到了有效控制,使其真正起到了扶贫政策和弱势群体的桥梁作用。数字化创新为传统金融机构普惠金融业务的发展、扶贫责任的践行开拓了广阔的前景。在金融扶贫供给主体中,传统金融机构包括政策性银行、大型商业银行、邮政储蓄银行和农村信用社,本书选取了几个具有代表性的涉农银行机构,包括中国农业发展银行、中国农业银行、中国邮政储蓄银行等做有针对性的分析。

### 6.2.1 中国农业发展银行

中国农业发展银行(以下简称"农发行")是直属国务院领导的中国唯一的一家农业政策性银行,1994年11月挂牌成立。主要职责是按照国家的法律法规和方针政策,以国家信用为基础筹集资金,承担农业政策性金融业务,代理财政支农资金的拨付,为农业和农村经济发展服务。目前已形成以支持国家粮棉购销储业务为主体、以支持农业产业化经营和农业农村基础设施建设为两翼的业务发展格局,初步建立现代银行框架,经营业绩实现重大跨越,在支持"三农"发

---

① 中国人民银行《关于开展扶贫再贷款业务的通知》银发〔2016〕91号.
② 根据中国人民银行2019年第一季度金融机构贷款投向统计报告整理.

展和建设、推进脱贫攻坚过程中发挥了骨干和支柱作用。

(1) 数字化创新

网络是现代经济的桥梁,更是打赢脱贫攻坚战的跳板。经过多年来的快速发展,农发行实现了数据大集中,大幅度提高了全行的经营管理水平,增强了业务创新和竞争能力。2005 年农发行制定的《中国农业发展银行信息化建设"十一五"规划》、2011 年制定的《中国农业发展银行信息化建设"十二五"规划》中,明确提出建立业务操作、经营管理、决策支持三大信息平台,全面实现经营、管理、决策的信息化、智能化和科学化的战略目标。2005 年 7 月,农发行与中国工商银行签署《合作框架协议》及《项目合作意向书》,正式确立了两行的战略合作关系,在 CM2006 系统、网银与信用卡业务等方面进行合作。2010 年 6 月 3 日,农发行的"两地三中心"灾备系统在三中心之间实现数据实时同步。通过在生产中心与同城之间采用数据同步复制技术,农发行达到数据的零丢失,生产中心与异地远程间采用数据异步复制技术,实现数据的少量丢失。同时,在同城和异地之间还建立了一个异步数据复制备用链路,当生产中心发生灾难时,在同城和异地间建立数据保护关系,确保至少有两点容灾保护。

(2) 扶贫措施与成效

近年来,农发行聚焦 839 个贫困县、12.87 万个贫困村和 7 000 多万建档立卡贫困人口的"两不愁、三保障"问题,以易地扶贫搬迁为重点,统筹支持产业扶贫、基础设施扶贫、教育扶贫、生态保护扶贫和转移就业扶贫等。认真贯彻精准扶贫、精准脱贫的基本方略,全力服务中央和地方政府脱贫攻坚规划实施,精准定位扶持对象,精准对接金融需求,精准落实支持措施,精准实现脱贫成效。2018 年,农发行累积发放贷款 1.8 万亿元,贷款余额 5.14 万亿元,增长 9.7%。其中,粮棉油收购贷款 2 457 亿元,精准扶贫贷款 3 893 亿元,农村基础设施贷款 7 874 亿元,农业现代化贷款年末余额超过 2 000 亿元。根据中国农业发展银行公布的数据显示,截至 2020 年第一季度末,累计投放扶贫贷款 1 077.91 亿元。扶贫贷款主要支持深度贫困地区、未摘帽贫困县、产业扶贫等重点领域[①]。

2015 年,中华全国工商联、国务院扶贫办、中国光彩会共同发起"万企帮万村"精准扶贫行动,以民营企业为帮扶方,以建档立卡的贫困村为帮扶对象,以签约结对、村企共建为主要形式,力争用 3~5 年时间,动员全国 1 万家以上民营企业参与,帮助 1 万个以上贫困村加快脱贫进程。作为唯一参与该行动的金融机构,农发行从明确政策、搭建平台、建立机制,到依托项目库,支持重点示范企业,积极探索模式创新,不断加大支持力度,取得了良好的社会成效。截至

---

① http://www.adbc.com.cn/n7/n1039/c38179/content.html.

2019年8月末，纳入项目库企业共1 336家，较2016年增加994家，覆盖31个省级分行；已支持企业966家，较2016年增加765家；贷款余额789.65亿元，较2016年增加510.55亿元；带动及帮扶贫困人口约82.53万人，较2016年增加73.59万人。针对农业实体企业普遍存在分散化、弱质化、抵押担保不足、风险高等特点，农发行不断探索风险防控机制，帮助企业积极整合多方担保资源，增加贷款的可获得性，着力破解贫困地区"融资难"问题。为了给龙头企业提供资金动力，农发行近年来不断创新产业扶贫扶持手段。从支持农村一、二、三产业整合发展及创业致富带头人入手，积极创新业务模式，因地制宜支持产业扶贫。如江西、甘肃等省级分行推动地方政府建立融资担保基金，或与国有担保公司开展合作，形成了银、政、企三方共担贷款风险的产业扶贫支持模式。

近年来，农发行高度重视现代信息网络在扶贫中的作用，积极探索"互联网+政策性金融+精准扶贫"新模式，与国家发改委签订《全面支持网络扶贫框架协议》，与江西、贵州、重庆等省市政府签订网络扶贫的合作协议，聚焦贫困地区网络覆盖、农村电商、网络扶智、信息服务和网络公益等五大工程。

### 6.2.2 中国农业银行

中国农业银行（简称"农行"），前身最早可追溯至1951年成立的农业合作银行，是中华人民共和国成立初期的第一家专业银行，也是中华人民共和国成立的第一家国有商业银行。自1979年以来，农业银行长期坚持"面向三农"的市场定位，在支持国家农业生产、农村经济体制改革、农村经济繁荣和农民生活富裕等方面做出了重要贡献。自1993年起，把发放政策性贷款任务剥离给中国农业发展银行，以及把农村信用合作社的管理权移交给中国人民银行之后，农行推行商业化管理，各项业务发展相对稳健，特别是股改上市后，"服务三农"工作取得了良好成效。

（1）数字化创新

近年来，农行加快普惠金融服务模式转变，围绕普惠金融数字化转型，加快线上普惠金融产品服务创新，提高普惠金融服务的自动化水平，打造数字化产品体系，不断提升客户体验。按照"互联网化、数据化、智能化、开放化"总体思路，制定了普惠金融数字化转型方案，以"构建一套产品品牌体系""建设一个经营管理系统""打造一个客户服务平台"和"搭建一个智能化风控体系"为目标，构建服务有效、成本可控、商业可持续的数字化普惠金融体系。为顺应农业农村移动互联时代发展新趋势，2017年7月农业银行把互联网金融服务"三农"作为全行的"一号工程"，创新推出线上线下一体化"三农"金融服务新模式，着力打造"惠农e通"互联网金融服务"三农"统一平台，构建"惠农e贷""惠农e付""惠农e商"三大模块，创新拓展网络融资、网络支付结算和电商金融三大核心功能。

农行积极创新推进"三农"网络融资服务。不断推进"互联网+"行动，将互联网新思维、新技术与服务"三农"有机结合，通过构建涵盖农村电商、移动金融、电子机具的"三农"互联网金融服务体系，有力推进农村普惠金融发展。其中，"四融"平台是农业银行在甘肃省探索推出的互联网金融服务"三农"新模式。通过借助"金穗融商通"触摸式自助服务终端，为"三农"客户搭建集融资、融通、融智、融商于一体的"四融"平台；"e农管家"是农业银行推出的全功能"三农"电子商务平台，融合惠农通服务与电子商务，实现"三农"电商线上线下便捷支付多元化，支持电脑、手机、平板等多场景应用客户端，广泛连接农户、农家店、县域商家，构建了集电商、金融、缴费、消费于一体的"三农"互联网金融生态圈。2016年，"e农管家"在湖北省首推运用，已进驻省内县域大型批发商800余户，实现了省内69个县域全覆盖，推广下游农家店2万余户，已有5000多个"金穗惠农通"服务点应用"e农管家"进行互联网化升级；为改善农村地区金融服务环境，在四川省试点推出了"手机APP（应用软件）+移动支付盒子（支付机具）"的新型农村移动金融解决方案——银讯通。通过将手机与线下服务点相结合，打造升级版的村级社区银行，使农户足不出村即可享受到小额存取现、转账结算、代缴费等服务，业务范围涵盖新农保（合）、财政资金、财政直补资金及各类涉农补贴等代理，具有设备投入低、应用加载灵活、可持续运营等特点；为了更好地开展涉农贷款服务，农业银行创新推出"数据网贷"。"数据网贷"首先在农行山东、深圳等分行试点，产品着力突出客户"自金融"体验，实现了全程网上操作，业务操作简便、期限灵活、随借随还，客户足不出户即可在农行借款和还款。"数据网贷"的推出为破解涉农企业（农户）融资难题提供了一条新路。

深入改善农村支付结算体系。农行立足县域农村的"惠农通"服务点，区分不同类别、层次、区域，不断做精、做细、做优基础金融服务，提升普惠金融的广度和深度，让农民真真切切地感受到金融科技的便捷、高效、安全。推动由传统终端向"App+惠农终端"转型，实现线下带动线上的服务方式升级。利用惠农终端支持银行卡和各类公共事业类IC卡的特性，开展助农存取款、日常缴费，打造惠农随身银行，并通过"惠农e商"APP的支付功能逐步引导农民从刷卡支付向移动支付升级。同时，将"惠农e商"APP的订单功能与惠农终端相结合，满足"惠农通"服务点的订货及代销代购需求。通过线下带动线上，逐步改善农村地区基础支付环境，培养农民现代支付习惯，牢牢把握住"最后一千米"的入口，使农行成为更懂农户、更专业、更细致、更周到的"三农"金融服务商。同时，以服务点批量带动农户服务提升，实现由单点支撑向区域辐射的营销方式升级。实施"以点带面"的市场开拓策略，通过对"惠农通"服务点的互联网化升级，提升对周边农户的辐射服务能力。利用"惠农通"服务点逐步引导农户使用新型移动支付，提供生产、消费相关商品及信息服务，分享推荐理财保险产品，协助农户申请生产经营贷款，实现建成一个服务点，辐射一片区域，带动一批农户，大幅提升农业银行"三农"获客能力和服务能力。当前，农业银行打造了集各种支付场景、支付渠道和支付方式于一体的"综合收银台"，突出解决"三农"生产经营和生活服务场景下的支付难题。目前，已实现了包含快e付、终端支付、网银支付、银联跨行支付、微信/支付宝支付等在内的近20种支付方式，全面覆盖手机、电脑、终端等线上线下渠道，满足商户赊销、合并支付、授权支付、货到付款等多种供应链上下游企业支付结算服务需要。

（2）扶贫措施与成效

第一，精准投放扶贫小额贷款。产业兴旺可以有效帮助贫困群众增收致富。农行立足贫困地区资源禀赋，将产业扶贫与精准扶贫对接，支持龙头企业、家庭农场和产业园区发挥辐射带动作用，通过龙头企业辐射一批、专业合作社带动一批、家庭农场扶持一批、产业园区受益一批，实现协同脱贫。2017年8月，作为唯一的金融机构参与由商务部开展的"电商扶贫频道"建设，农行倾力打造扶贫商城，积极对接贫困县政府，促进当地企业经营转型和可持续发展，动员社会各界"以购代捐"消费扶贫，走出了一条电商扶贫的特色之路。当前，扶贫商城已经成为农行落实自身定点扶贫工作的有力抓手。2019年6月29日，个人掌银扶贫商城正式上线，帮助广大个人消费者积极参与消费扶贫，助力脱贫攻坚；2019年10月16日，扶贫商城发布会在京举行，标志着农行与中央、地方扶贫单位深化合作共建进入新阶段；2019年12月26日，外交部扶贫合作专区在农业银行扶贫商城正式营业，这是扶贫商城为中央和地方扶贫单位搭建的第100个扶贫合作专区；2019年11月14日，企业网银扶贫商城正式上线，既为企业客户集体采购扶贫商品开辟新渠道，提升扶贫商城的扶贫能力，也助力企业事业单位阳光采购，为完成国家脱贫攻坚任务做出贡献。

截至2019年年底，农行涉农贷款余额3.75万亿元，农业产业化龙头企业贷款余额1 433亿元，农户贷款余额达3 219.7亿元，助推农业转型升级，助建农村富庶繁荣，助力农民增收致富。在精准扶贫领域，农行聚焦贫困地区特色优势产业，着力加大扶贫贷款投放力度，打造精准扶贫新产品、新模式，并通过东西部协作扶贫、消费扶贫等多种举措，助力贫困地区加快发展。在832个国家扶贫重点县，贷款余额突破1万亿元，精准扶贫贷款余额3 941.9亿元。在"三区三州"深度贫困地区，贷款余额1 127.7亿元。累计服务带动了近500万贫困群众①。

---

① 根据《2019年中国农业银行社会责任报告》整理.

第二,在贫困区增设自助银行。贫困地区群众同样需要便捷的金融服务。农行加快"金穗惠农通"工程在贫困地区县域的布局和实施进度,优化物理网点布局,增设自助银行,提升机具效能,深化普惠金融服务能力建设。依托惠农金融服务点,大力推广"e农管家""银讯通""四融"等电商平台,加强银行渠道与涉农企业电商平台的对接,实现信息资金互联互通,帮助贫困农户搭上"互联网+扶贫"的快车。目前农行"金穗惠农通"对具备固话通信条件的行政村已基本覆盖。

### 6.2.3 中国邮政储蓄银行

中国邮政储蓄银行(以下简称"邮储银行")是中国大型零售商业银行,定位于服务社区、服务中小企业、服务"三农",致力于为中国经济转型中最具活力的客户群体提供服务。

(1)数字化转型

在国家创新驱动发展战略的背景下,邮储银行持续加大科技投入,构建科技创新机制,整合全行科技创新资源,优化创新工作流程,加大对金融科技的探索研究,并推进新技术与业务的有机结合与创新应用。

早在2013年,邮储银行就开始布局大数据技术的研究和应用,2015年,邮储银行大数据平台上线。目前,该平台已经接入了邮储银行多个重要业务系统的客户和交易数据,同时还引入了多种行外非结构化数据,使其广泛服务于客户信用风险评级、客户画像、信用卡客户获取、存款保险计算分析、业务报表加工等业务领域。

在云技术的应用上,邮储银行已建成了自己的私有云平台,该平台不仅极大提高了IT资源利用率,还有效缓解了硬件资源紧张的问题。当前,邮储银行已成功将渠道管理平台、消费金融公司核心业务系统、互联网网贷系统、手机银行等关键应用迁移到云平台。目前,通过云平台有效提高应用系统柔性的同时,也节省了信息化投资。

邮储银行基于区块链的资产托管系统目前成效显著。资产托管业务涉及多方参与,并且单笔交易金额大,传统的做法是各参与方依托电话、传真及邮件等方式反复多次进行交易确认。采用区块链解决方案后,实现了托管业务中交易信息在各参与方实时共享和共识达成,将原有业务环节缩短了60%~80%,极大地提升了交易效率。

在人工智能方面,邮储银行积极探索智能客服系统,并加速推动生物识别管理平台、智能投顾等智能化技术应用系统的研发,以此改善用户交互体验、提高业务自动化处理水平。

2019年,邮储银行深化云计算、大数据、人工智能、区块链等新技术的研究应用，以科技创新助力打造智慧型新零售银行，推出自建场景"邮储食堂"，建设开放式缴费平台，以开放、共享、共赢的互联网思维理念深化外部互联网合作，构建"金融+服务"的智慧生态圈，让客户真正感受到无处不在的金融服务。截至 2019 年年末，邮储银行电子银行客户规模达 3.18 亿户，电子银行交易替代率达 92.44%。邮储银行生产系统云平台有效支持了手机银行、网上银行、渠道管理平台、第三方支付等 60 个系统，日均交易量达到 3.78 亿笔，超过全行交易总量的 80%①。

（2）扶贫措施与成效

邮储银行服务乡村振兴、脱贫攻坚是具有天然优势的，也是率先提出并践行普惠金融的国有大型商业银行。从全国范围的网点布局和数量来看，邮储银行拥有营业网点近 4 万个，覆盖了中国除港澳台以外的全部城市和近 99% 的县域地区，并且 70% 以上的网点分布在县域地区，服务个人客户超过 6 亿户，零售银行定位与国家战略，尤其是与乡村振兴战略及新型城镇化战略高度契合。在许多地区，邮储银行是农民、牧民获得正规金融服务的主渠道，服务已经延伸到了"最后一千米"。近年来，邮储银行通过"线上+线下"的金融服务渠道，为广大客户尤其是偏远地区客户，提供便捷、低廉、均等、有效的基础金融服务。为了更好地践行普惠金融，邮储银行于 2016 年开始进行三农金融事业部改革，通过专门机构提供专业服务，专门产品支持农业生产，专门模式破解融资困境，从组织机构设置、服务渠道拓展、体制机制保障、信息科技支撑等方面提供保障。

从邮储银行的多年实践来看，该行通过充分发挥覆盖城乡的网络优势、规模庞大的资金优势，积极探索商业可持续的扶贫道路。2015 年以来，邮储银行在 832 个国家重点贫困县（区）累计投放小额贷款 1 200 多亿元，服务农户 130 多万人次。在 2018 年中国银行业发展论坛暨第六届银行综合评选中，邮储银行获年度"金融扶贫最佳贡献奖"奖项。根据邮储银行公布的《中国邮政储蓄银行 2019 年社会责任报告》② 中的数据显示，2019 年，邮储银行聚焦乡村振兴重点领域和重点服务主体，着力推进"三农"金融"五大行动"，推广服务乡村振兴"十大业务模式"，全面服务乡村振兴战略。截至 2019 年年末，邮储银行涉农贷款余额 1.26 万亿元，较上年年末新增 1 025.32 亿元，增长 8.83%。在助力打赢脱贫攻坚战方面，邮储银行加大金融精准扶贫力度，创新金融扶贫体制机制，全面增强金融扶贫工作的精准性、有效性和可持续性，全力助推打赢脱贫攻坚战。截至 2019 年年末，邮储银行金融精准扶贫贷款（含已脱贫人口贷款、带动服务

---

① 中国邮政储蓄银行《2019 年社会责任（环境、社会、管治）报告》(http://www.chinapost.com.cn/html1/report/200342/5908-1.htm).

② 中国邮政储蓄银行《2019 年社会责任（环境、社会、管治）报告》(http://www.chinapost.com.cn/html1/report/200342/5908-1.htm).

贫困人口的贷款）余额 824.56 亿元，较上年年末增加 212.59 亿元。

### 6.2.4 中国农村信用社

中国农村信用合作社（简称"农信社"）是经中国人民银行批准设立、由社员入股组成、实行民主管理、主要为社员提供金融服务的农村合作金融机构。中国的农村信用社、农业商业银行、农村合作银行在实践与改革的基础上产生了千丝万缕的关系。中国的农村信用合作制度起源于 20 世纪 50 年代初，农信社经历了从社员所有并掌控的独立实体阶段，到中国农业银行行政管理阶段，到清理不良贷款阶段，到恢复其商业性和合作性质，以及脱离农行分支与办事处的行政隶属关系的改革阶段，到重回央行、银保监会管理阶段，再到股份制改革阶段。

2011 年，银监会宣布不再组建新的农信社和农村合作银行，全面取消资格股，逐步将有条件的农信社改组为农村商业银行（简称"农商行"），农村合作银行要全部改组为农商行。在此政策背景下，农商行组建速度和资产增速明显加快，而农信社和农村合作银行数量则逐年下降，根据银保监会披露的银行业金融机构法人名单，截至 2019 年 12 月末，农村商业银行数量已由 2018 年年末银保监会公布的 1 397 家增长至 1 478 家。同时，农信社数量由 2018 年年末的 812 家减少至 722 家，另外，农村资金互助社 44 家、农村合作银行 28 家[①]。

（1）数字化创新

近年来，不少农商行、农信社纷纷开展线上宣传营销，推出自己的业务 APP，尝试开发更多的线上金融产品，创新不同业务场景，引导客户线上办理信贷业务，提高了服务效率，培植了客户资源，为农村金融机构跟上时代趋势、增强自身发展后劲创设了良好条件。

以深圳农商行为例。深圳农商行前身为深圳农村信用合作社，2005 年改制为农村商业银行，是全国首批由副省级城市农村信用社改制组建的股份制农村商业银行，同时也是深圳地区网点数量最多的银行，并且已在广西开设异地支行。目前，深圳农商行基于 mPaaS 移动应用开发平台、金融分布式应用架构 SOFAStack，实现了手机银行 APP 的全新上线，探索线上线下融合发展，除了功能的丰富、老广东特色、社交的支持，以及界面的年轻化，应用架构也实现了从单体到微服务的转变，以敏捷开发模式更好地为业务服务，以数据驱动业务为发展目标不断改进业务模式。

实际上，深圳农商行上一代手机银行 APP 在移动金融电子渠道方面小有成就，手机银行 APP 在农商行领域替代率、月活数、下载量均名列前茅。但是近

---

① 中国银保监会网站（http://www.cbirc.gov.cn/cn/view/pages/ItemDetail.html?docId = 894966&itemId = 863&generaltype = 1）。

年来，新技术的发展使得移动金融进入"平台化、数字化、智能化"赋能业务领域，被移动互联网广泛渗透的用户对手机银行 APP 的特色、性能和体验有了更高的需求，其上一代手机银行 APP 已经无法满足。比如增加用户黏性较强的功能，增加社交属性，强化线上营销能力已成为必然趋势。业务需要更好的技术框架体系支撑来提升客户体验，也需要更为敏捷的管理体系适应快速变化的市场需求。为此，深圳农商行打造新版手机银行 APP，并以线上线下融合、体现社区特色为目标，力图为客户提供全新体验。

（2）扶贫措施与成效

作为服务"三农"的金融主力军农信社来说，做好金融精准扶贫工作是义不容辞的责任。农信社有着点多面广的特点和优势，在加大扶贫攻坚力度、承担历史使命、将金融服务和扶贫开发深度融合、有力助推扶贫攻坚工作目标的实现方面有着不可替代的作用。近年来，农商行准确把握区域市情和乡村发展规律，持续增加涉农贷款投入，完善农村支付体系，填补远郊乡村金融服务空白，充分发挥了服务乡村振兴主力军作用，在金融精准扶贫工作中做出了一定成绩。根据上市公司年报数据显示，国内资产规模排名前两位的重庆农商行和北京农商行，2019 年涉农贷款余额分别达到 1 607.59 亿元和 292.37 亿元，较年初分别增长 3.68% 和 13.39%。上海农商行积极推进三农业务数字转型，推出的"新农直报线上可循环贷款（新农乐贷）"荣获上海市银行同业公会颁发的"2019 年上海银行业普惠金融服务创新奖"。上海农商行积极推进政策性农业信贷担保业务，2019 年实现放贷额 4.60 亿元，占全市放贷额的 62.00%。

## 6.3 新型农村金融机构的数字化创新与扶贫成效

### 6.3.1 村镇银行

村镇银行是经中国银行保险业监督管理委员会（简称"银保监会"）依据有关法律、法规批准，由境内外金融机构、境内非金融机构企业法人、境内自然人出资，在农村地区设立的主要为当地农民、农业和农村经济发展提供金融服务的银行业金融机构。2006 年 12 月 20 日，在银保监会出台的《关于调整放宽农村地区银行业金融机构准入政策，更好支持社会主义新农村建设的若干意见》中提出：在湖北、四川、吉林等 6 个省（区）的农村地区设立村镇银行试点，全国村镇银行试点工作自此启动。但是，由于大中型银行积极性不高，导致在几年内村镇银行进展缓慢。根据中国银保监会网站公布的数据来看，截至 2019 年年末，

## 第6章 金融机构扶贫信贷的数字化创新与减贫效应

全国共有村镇银行1 630家①，县市覆盖率近70%，覆盖了410余个国家级贫困县和连片特困地区县。尽管村镇银行组建数量呈现增长趋势，但从增量来看，2013年以来逐年下降，2017年较2016年的组建数量增长82家，而2018年较2017年、2019年较2018年的增量仅分别为20家和9家（如图6.4所示）。村镇银行拥有独立法人地位，具备管理半径小、决策路径短、服务效率高等特点，能够有效满足县域小微企业和"三农"客户多样化、个性化的金融服务需求。不可否认的是，村镇银行在构建多层次、广覆盖、可持续的农村普惠金融体系，扭转农村"虹吸"效应、建立城市资本回流农村渠道，激活农村信贷市场、弥补商业性金融机构"空位"，增强和改善县域金融服务、实现资源优化配置等方面扮演着重要的角色。村镇银行应肩负起服务"三农"和小微企业、履行金融扶贫使命。

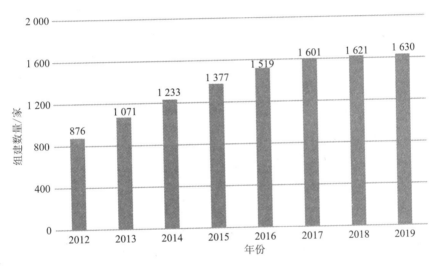

图6.4　我国村镇银行组建数量②

（1）数字化创新

农村金融和小微金融单笔金额普遍较小，业务成本居高不下，解决经营经济性的出路在于科技手段的应用。通信技术与移动互联网的进步，使得村镇银行能够突破传统物理网点和渠道的限制，以低成本的电子渠道去覆盖更广泛的乡村，解决了农村金融服务"最后一千米"的问题。

---

① 中国银保监会网站（http://www.cbirc.gov.cn/cn/view/pages/ItemDetail.html?docId=894966&itemId=863&generaltype=1）。

② 中国银保监会网站（http://www.cbirc.gov.cn/cn/view/pages/ItemList.html?itemPId=923&itemId=863&itemUrl=ItemListRightList.html&itemName=%E7%BB%BC%E5%90%88&itemsubPId=924#1）。

以阳光村镇银行为例。2017年，阳光村镇银行积极与金融科技公司合作，成功打造了"三驾马车""两大后盾驱动""一个链条"，建立起一个集金融和社交一体化的智能金融服务平台，促使银行业务走上了稳健发展的快车道。比如面对商业银行最受关注的智能风控问题，阳光村镇银行有效利用大数据云平台，将人工智能融合到传统金融信贷业务中。通过人脸识别、活体检测、语音识别技术，多源信息交叉校验，精准匹配客户身份；以知识图谱技术，推送场景问答，有针对性地进行智能身份复核；利用微表情技术，实时监控分析贷款客户心理；结合反欺诈系统，综合中国人民银行个人征信、银行卡等多方面信息，快速获取客户位置信息、通信设备、附近环境等相关要素，形成个人行为属性分析数据；大数据智能风控系统整合多源风控数据，快速灵活配置风控方案，实现高效实时审批。

阳光村镇银行开发的"阳光e惠"移动聚合收单系统让经营商户享受到了量身定制的移动收银便利。多店收银、分店管理，可实时查询交易流水、简化对账，并根据交易数据分析店内经营情况，实现优经营、精管理、超智能的无现金收银模式。人工智能系统将"阳光e惠"商户大数据进行智能化整合应用，创新性研发并推出智能信贷产品——"收单贷"，为移动收单商户提供集收银与融资为一体的智能金融服务。

（2）扶贫措施与成效

村镇银行在金融精准扶贫实践方面做了大量的工作。村镇银行不断促进贫困地区的自我发展，通过金融扶贫等方式保障贫困群众的基本生活；通过生态保护补偿绿色发展来帮助贫困人口脱贫致富。研究表明，村镇银行的发展对农村地区的扶贫影响呈现出较强的累积效应，村镇银行数量越多、覆盖面越广，其具有的扶贫效果也会越好，尤其是与主发起行同省（直辖市、自治区）或相邻省（直辖市、自治区）的村镇银行，对农村扶贫的正向积极影响越显著[1]。

以目前全国规模最大、基础设施最完善的村镇银行集团——中银富登村镇银行为例，其针对普惠客群资金需求周期短、见效快、应对市场变化能力弱等特点，根据客户特点场景化、批量化设计授信方案，以科技手段解决信息不对称问题，创新制定适合小微和"三农"客户的金融服务和信贷流程，研发了14大类、60余种小微及涉农贷款产品，不仅将登记抵押房产、过硬担保人作为贷款标准，而且综合考察客户经营发展情况，扩大可抵押范围，予以放贷。同时，为小微和三农等普惠客户群提供灵活还款方式、简便年审流程和差异化定价。中银富登村镇银行共计服务县域、农村客户200万户，累计投放信贷资金超900亿元，超过

---

[1] 张春海. 村镇银行的发展支持农村地区扶贫了吗？——基于2010—2018年省际面板数据的实证分析[J]. 河北金融, 2019 (11): 15-20.

23 万客户通过中银富登村镇银行得到了贷款服务,其中大部分是第一次获得贷款。截至 2018 年年末,中银富登贷款余额超 300 亿元,涉农及小微贷款占全部贷款的 90% 以上,户均贷款约为 21 万元。

作为中国银行精准扶贫的重要抓手,中银富登积极担当社会责任,全面贯彻落实金融精准扶贫工作。一方面,依据实际情况对单一的建档立卡户进行融资帮扶;另一方面,结合当地和自身经营实际情况,探索了订单、代工、代管、项目扶贫、就业扶贫、政府担保扶贫、分散经营等七种"造血式"扶贫模式,并对各地金融扶贫给予免费让利优惠政策。2018 年年末,中银富登村镇银行金融精准扶贫贷款服务客户数超 2 万户,金融精准扶贫贷款余额超 6.5 亿元,成为农村扶贫及县域下岗再就业低收入人群创业的重要资金来源。

### 6.3.2 小额贷款公司

我国新农村建设战略促进了农村金融体制改革。其中,组建小额贷款公司是有效配置金融资源,引导资金流向农村,改善农村金融服务,促进农业、农民和农村经济发展的有效途径。小额贷款公司的出现改善了农村金融的供给环境,具有重大的现实意义。本部分重点分析精准扶贫的典型——中和农信这一案例。

(1) 基本情况

中和农信项目管理有限公司(以下简称"中和农信")是一家扎根农村的小微金融服务机构,其宗旨是为那些不能充分享受传统金融服务的县域中低收入群体定制以小额信贷为主的多元化金融服务产品。中和农信的业务始于 1996 年世界银行贷款在秦巴山区扶贫项目中创设的小额信贷项目试点。2000 年,中国扶贫基金会全面接管该小额信贷项目,并组建小额信贷项目部。2008 年 11 月,中和农信项目管理有限公司成立,小额信贷项目部转制为公司化运营。2010 年以后,红杉资本、世界银行集团国际金融公司(IFC)、蚂蚁金服、天天向上基金、TPG、仁达普惠等机构先后入股中和农信,为其提供资金、人才和技术等方面的支持。截至 2019 年年底,中和农信已成立和获准成立小贷公司共 11 家,分别是重庆、海南、内蒙古、四川、湖南、甘肃、广东、辽宁康平、江西赣州、山东聊城和江苏赣榆公司。在全国 20 个省设立 345 家分支机构,贷款余额 112 亿元,在贷客户 42 万户,户均余额 2.6 万余元;有 20 家分支机构年度放款额超过 1 亿元,比 2018 年多 11 家,增幅 122%,这 20 家分支机构的有效客户达到 5.7 万户[1]。

(2) 数字化创新

近年来,中和农信为了更好地服务"三农",不断探求更加适合用户的产品

---

[1] 《中和农信 2019 年年度报告》(https://www.cdfinance.com.cn/other_detail/4617.html)。

和服务模式来提升小额信贷服务体系助力乡村振兴，积极尝试将金融科技技术应用在信贷产品及流程中，提升金融服务的可获得性、成本可负担性及供需可匹配性。推出的极速贷线上贷款产品，不仅拓宽了金融服务的渠道，为广大客户提供了更加快捷的资金支持，更切实提高了农村地区金融服务的水平。2018年，中和农信推出中和金服APP，线上信贷服务覆盖到了全国300多个县域的1亿农户，标志着中和农信"数字化战略"在需求端取得突破性进展。2019年9月，中和农信推出尽调授信产品，为中和金服APP这一线上贷款产品加入人工尽调环节，同时将贷款额度上限从2万元提升至3万元。截至2019年12月31日，中和金服APP累计注册量达到200万人，申请授信量144万人，成功授信量接近60万人，申请通过率41.4%，贷款平均使用时间为107.42天，方便、灵活地满足了更多农村中低收入群体的资金需求。中和金服APP不但提供了新型的微型金融行业生态及服务模式，也有助于消除弱势群体与先进互联网技术之间的鸿沟。中和金服的快速、良性发展，标志着中和农信"数字化战略"初见成效，使"打通农村金融最后一百米"在数字化道路上加速前进。

2019年，中和农信又一项为农村客户量身打造的创新业务——中和农服农资电商平台正式上线，并率先面向内蒙古地区的23个旗县提供服务。平台依托公司金融业务和中和农信分支机构，为种植户提供金融、农资供应、农技培训、农机撮合、产品销售等服务，通过减少传统农资供应的中间环节，形成链接上游厂商与下游农户的新业务模式。在当前的产品设计中，农户不但能够节省约10%的采购成本，还可以享受半年免息的贷款服务。

中和农信提供了与农民需求相匹配的、成本可负担的数字金融产品，有效满足了农民对金融服务的需求，提高了其资金的周转率及使用效率，更打破了空间和认知的壁垒，让游离在数字技术边缘的人群也享受到了数字红利。

（3）扶贫措施与成效

在金融扶贫中，中和农信兼顾了扶贫效果与财务可持续性，一方面持续进行自身能力建设，另一方面不断深耕农村金融市场，双管齐下，有效地保证了服务的客户定位在县域内中低收入群体。中和农信给自己的定位是做大型金融机构的得力帮手。与大银行相比，长期服务农村市场的他们对贫困群体更为了解，熟悉他们的生产生活特点、信贷需求、生活习惯。中和农信的服务对象是贫困农村地区那些被其他金融机构忽视的中低收入群体，是传统金融机构的有效补充。多年来，中和农信积极与银行、证券和担保机构合作，为这一群体提供了方便、快捷的小额信贷服务，实现了放款、收款上门服务，并深入田间地头走村入户，走通金融服务的最后一千米。贷款额度设置较低，使贫困农户能真正获得并实现100%无抵押贷款。自2008年以来，中和农信小额信贷业务累计放款341.6万笔（571.8亿元），79.68%的贷款客户为农户，超过600多万农村百姓从中受益。

2019 年，中和农信更深入地为农村贫困地区和贫困群体服务，贷款笔均额度下降至 1.8 万元①。

## 6.4 互联网金融企业的助农扶贫与成效

### 6.4.1 互联网金融企业的助农优势

近年来，各大涉足互联网金融领域的公司开始纷纷试水、布局农村市场，掀起了一场以互联网金融为重点的"下乡"热潮。农村互联网金融不断探索、创新，突破了传统的农村金融模式。目前，在电商领域，以阿里巴巴、京东为首的巨头纷纷开启了电商下乡之路，通过构建物流网络和渠道建设来挖掘农村市场的巨大价值。在相关支持政策的助力之下，方兴未艾的互联网金融将在农村大有可为。在"互联网+"战略的影响下，越来越多的互联网企业开始注意并积极投身农村金融市场。互联网金融与"三农"的结合，不但使以往以传统金融为主要依托的农村金融体系迎来了新的发展模式，同时也为加速发展现代农业提供了新的契机。

相比传统金融，互联网金融所具备的一些天然属性使其在扶持"三农"发展方面更具优势：其一是由于农业生产自身的特点，使得农村金融具有"短、小、频、急"的周期性特点，而相比传统金融无法满足农民这种周期性的资金需求，互联网金融却可以根据实际需求设计出针对贷款的周期灵活的金融产品；其二则是通过模式创新降低借贷风险系数。因为由于贷款利息可用待售农产品来抵扣，因此，对于农民来说，除了按期归还本金外，就无须再支付额外的利息及其他费用，这样做不仅解决了农民从事农业生产的燃眉之需，又可以借助互联网的宣传效应，通过扩大销售来实现农民的致富增收。此外，互联网还可以通过融通社会力量，让城市资金回流农村反哺欠发达地区。

基于对发展空间巨大的预期，以及中央不断释放的政策红利，互联网金融企业纷纷涉足农村市场，国内最先涉足农村的互联网金融领域包括爱财狼、翼龙贷、贷帮网等 P2P 平台。以爱财狼为例，自 2015 年 7 月该平台上线以来，通过旗下的子公司惠农助贷做资产端的征信，高效解决农户的需求，占领了发展先机，消化了很大一部分农业贷款需求。随后，苏宁、阿里、京东等大的电商平台也开始在农村布局互联网金融业务。如 2015 年年初，苏宁易购首家自营服务站在江苏省宿迁市洋河镇落户。苏宁易购服务站的定位不仅是卖商品，它还能把苏宁金融的易付宝支付、理财等互联网金融服务提供给农村消费者。2020 年 2 月 5

---

① 《中和农信 2019 年年度报告》(https://www.cdfinance.com.cn/other_detail/4617.html)。

日,中央一号文件发布,高度关注农村金融创新领域,提出了要借助互联网技术来加强金融服务。文件中明确指出,鼓励金融机构积极利用互联网技术,为农业经营主体提供小额存贷款、支付结算和保险等金融服务。大型电商进入农村互联网金融的最大优势是大数据,凭着多年的农村消费者积累,它们拥有农村消费者的消费习惯、购买数据、信用数据等大数据,能够大大提升其在农村金融市场的竞争力。

### 6.4.2 互联网金融企业扶贫的传统模式

(1) 涉农 P2P 网贷模式

涉农 P2P 网贷模式仍然是现阶段互联网金融开展农村金融业务的主要模式,涉农业务包括农业企业贷款、农户借款。通过互联网理财渠道,将城市居民或者其他地区富裕居民的资金筹集起来,转而投向农村地区,借贷资产则都由网络借贷平台通过多种方式在农村地区进行开发。这种模式需要线上线下相结合,包括渠道建设、农户等贫困人群资信情况调查等。

近年来,涉农 P2P 网络借贷平台快速发展。根据网贷之家发布的《2019 年中国网络借贷行业年报》的数据显示,截至 2019 年 12 月底,网贷行业正常运营平台数量下降至 343 家。排名前三位的是北京、广东、上海,数量分别为 94 家、69 家、28 家,浙江紧随其后,正常运营平台数量为 15 家,四地占全国总平台数量的 60.06%[①]。其中,以农村金融为重要业务的网贷平台主要在 2014—2015 年网贷平台高峰期上线。尽管近年来受行业监管趋严影响,竞争力不足平台退出 P2P 网贷市场,涉农 P2P 网贷平台有所减少,但涉农平台数已趋于稳定。根据网贷之家数据库统计显示,截至 2019 年 9 月底,我国 P2P 网贷行业三农业务历史累计成交量达 1 759.84 亿元。其中 2019 年第三季度三农业务总成交量为 53.96 亿元,占 P2P 网贷行业第三季度总成交量的 2.27%;截至 2019 年 9 月底,P2P 网贷行业涉及三农业务的正常运营平台数量有 28 家,占正常运营 P2P 网贷平台总数量的 4%[②]。涉农 P2P 网贷平台主要分布在北上广,另外,西部地区(如重庆、甘肃、新疆和云南)的 P2P 网贷平台参与三农业务积极性也同样较高。

受到农村金融服务覆盖、征信信息、渠道下沉等因素的限制,涉农网络借贷平台主要以线上+线下相结合的模式开展业务。在借贷产业链中,前端获客的数字化程度相对较高,信用评估和风险防控的数字化程度相对较低,仍以传统人工方式为主。因此,涉农网络借贷平台服务差异主要体现在信用评估和风险防控的模式上。

---

① 《2019 年中国网络借贷行业年报》(https://www.wdzj.com/news/yc/5568513.html)。
② 网贷之家(https://www.wdzj.com/news/yc/5212051.html)。

(2) 合作助贷模式

农村金融发展过程中，助贷模式兴起，即互联网金融服务商与金融机构（尤其是城市商业银行等）等多方合作。这一过程中，互联网金融服务商的服务性更强，将更注重于资产开发环节，而资金则来自商业银行。这体现了一种分工合作方式，有可能提升农村金融的效率。在扶贫工作中，已经出现这种方式，互联网金融服务商进行农户/贫困人群的认定、信用评估工作等，商业银行等金融机构提供资金，以此覆盖更多的农户或贫困人群。例如，2016年1月，辽宁省阜新蒙古族自治县（简称阜蒙县）扶贫局扶贫资金互助联社要发放400万国家扶贫资金。为了保障扶贫资金落到实处，阜蒙县扶贫局决定与阜蒙县翼龙贷运营中心合作，共同完成贷前、贷中、贷后等各个环节。2017年，四大互联网公司与四大国有商业银行签署合作协议，在金融科技方面进行深度合作，有力促进了相关业务的发展。随着合作的深入，各大商业银行金融业务的下沉与互联网企业进入传统金融行业，必将推动普惠金融水平的整体上升。在推进扶贫工作这一关键环节，需要以金融科技为依托，各个市场主体也可形成合力。

### 6.4.3 互联网金融企业扶贫模式的创新

(1) 苏宁金融——互联网+智慧农业

苏宁金融自成立之初就定位为一家以普惠金融和廉价金融为目标的O2O创新企业。近年来，苏宁金融在践行普惠金融的道路上不断摸索，为大众提供优质的金融服务，为小微企业及三农企业提供门槛更低的金融服务。2017年推出了电商扶贫实训店的创新型的扶贫模式，通过属地化的公司注册、目标建档立卡、贫困人员定向就业实训、线上线下营销技能培养、服务业务承接等方式，实现就业扶贫、培训扶贫在当地的落地，帮助贫困户掌握脱贫技能，提升农产品品牌经营意识。在全国农村市场共布局了2 000多家苏宁易购直营店，建立的O2O特色馆400多家，并首创了电商扶贫实训店模式。为1 500多万的农民提供了高效优质服务，带动了回乡创业就业青年超过1万人。培养农村电商人数超过10万人次，全渠道实现农产品销售超60亿元，累计惠及200多万农民。

推动智慧零售精准扶贫到村、到户是苏宁参与精准扶贫的目标。近年来，苏宁通过发挥O2O智慧零售模式的独特优势，立足贫困地区实际情况，开创了"互联网+精准扶贫"的新模式，形成了"电商企业+合作社+农户"O2O双线"造血"扶贫路径，让扶贫更加实效、长效，实现真扶贫、扶真贫。合作社向农户提供技术支持和指导，农户负责种植茶叶等农产品，等待农产品成熟后，电商企业会进行收购，三方联动，各自发挥特长，免除农户种植的后顾之忧，从此打通贫困地区农产品上行的通道。为了发挥智慧零售对农业现代化的带动作用，苏宁推出了渠道、物流、技能和金融四位一体的措施，即智慧零售畅通渠道、智慧物流盘活商品、电商学院先富头脑及普惠金融激活生产，全方位助力智慧农业的发展。同时，为积极响应十九大报告提出的注重扶贫与扶志、扶智相结合，苏宁还成立了农村电商学院培养专业人才，已组织了近20万人次的培训。苏宁在农村金融方面做出了一系列动作部署，比如，依托苏宁金融平台，推出惠农贷、农产品众筹等普惠金融服务，下沉到农村市场；规划了10亿元的涉农贷款；累计帮助近千个农产品项目筹集超过1亿元的资金。从根本上说，智慧农业的开展，既要充分利用互联网的优势改造农业，也要符合农业行业本身发展的特征，在农业与互联网的碰撞融合中找到自身的发展逻辑。

（2）京东金融——京农贷扶贫项目

京东金融以产业链农村金融、产品链农村金融为特色，通过金融服务加速建设和优化农村经济生态，焕发农村金融活力，助力农村经济发展，提高农民生活水平。2015年3月，京东集团提出农村电商"3F战略"，即工业品进农村战略（Factory to Country）、生鲜电商战略（Farm to Table）和农村金融战略（Finance to Country）。2015年9月，京东金融发布农村金融战略，紧扣以"农产品进城""工业品下乡"为核心的农村经济闭环，设计和打造具有京东特色的农村金融模式。一方面，在农业生产环节，覆盖农户从农资采购到农产品种植，再到加工、销售的全产业链金融需求；另一方面，聚焦农村消费生活环节，完整地向农民提供信贷、支付、理财、众筹、保险等全产品链金融服务。

渠道优势让京东农村金融战略落到实处。目前，京东乡村推广员达到15万人，服务15万个行政村。京东县级服务中心超过1 100家。京东帮服务店布局超过1 300家。地方特产馆（特产店）已达到600多家。京东农资电商的合作涉农企业已达到200多家。截至2019年年末，京东金融贷款、消费、理财全方位服务累计为近20万农户提供综合金融服务。2020年1月，国务院扶贫开发领导小组就与京东集团签署了《电商精准扶贫战略合作框架协议》，根据协议约定，在"十三五"期间，京东集团在贫困地区加大投资力度，主要用于生鲜冷链宅配体系建设，保证将贫困地区生鲜产品配送到全国主要消费城市；在832个贫困县中选择200个县作为电商扶贫示范县，直接或间接帮助200万建档立卡贫困人口实现稳定脱贫。此外，京东农村金融还成立扶贫基金，联合扶贫办，面向全国832个贫困县，为建档立卡从事种养业的贫困家庭提供无抵押、无担保、低息小额贷款。扶贫基金发放的贷款利率比市场利率有竞争力，并帮助贷款农户提供农产品销售渠道解决方案。

受数据积累和土地权限等问题困扰，农民在信用等级和抵押物等方面常常难以达到农村信贷机构的认可，并且存在放款周期长、人情关系复杂等问题，农民在贷不到款的情况下也易转向借高利贷。融资成本高，利润低，导致农村经济和农民生活很难得到较快的发展。随着互联网的普及，农村城镇化进程的加快，农村融资难的问题又多了解决的方法和渠道。"京农贷"是京东金融集团于2015年年末推出的农村信贷品牌,是农村金融战略的重要落地产品。其无须任何抵押即可申请,并提供惠农贷款专享低息,最快当天就可放款。京东金融深挖农资信贷和农产品信贷两大产品线,围绕农业细分产业链做全产业链农村金融。2019年,"京农贷"品牌涉足种植领域,先后与世界领先的种业公司杜邦先锋及其经销商、四川仁寿福仁缘农业开发有限公司开展合作,首次推出两款信贷产品——"先锋京农贷"和"仁寿京农贷",分别满足了农户在农资购买环节和农产品销售环节的信贷需求,解决农户农资采购难、农产品销售难的问题,产品上线后即取得重大突破,仅在试点区域山东汶上县就实现贷款金额近1 000万元。而"京农贷-养殖贷"的落地,意味着全产业链农村金融能够覆盖更多农户,助力更多农村经济链条融资渠道的完善,从而更好地帮扶农村经济和农民生活水平。

"京农贷-养殖贷"是在种植领域"京农贷"的基础上做出的业务创新。"京农贷-养殖贷"首次在贷款中引入保险机制,农户申请贷款的同时,也会向中华联合财产保险公司申请信用保证保险服务,在贷款中引入了担保机制,保险和担保共同增信,降低风险。一旦农产品养殖过程中发生意外影响还款的时间,保险和担保双重保障都会启动,最大限度降低风险事件带来的损失。"京农贷-养殖贷"具有四大优点:第一,期限灵活,同农户的养殖周期相匹配,同时支持提前还款;第二,有竞争力的利率,京东金融会根据客户的实际需求,进行差异化定价,提供在市场上有竞争力的贷款利率;第三,额度高,最高额度可以达到200万元,满足养殖户的资金需求;第四,贷款申请快速便捷,最快可以当天放款,所有贷款无抵押、无担保。

(3) 蚂蚁金服——数据驱动的金融扶贫

蚂蚁金服多年来致力于为农业产业、农村地区和农民群体提供支付、理财、贷款、保险等多方面的金融产品和服务,探索出了一条数据驱动的金融扶贫之路。目前,蚂蚁金服农村综合金融服务已覆盖全国816个国家级贫困县,占所有国家级贫困县数量的98%,帮助农村用户积累信用,获得信贷、支付、保险等综合金融服务,以发展生产和生计。蚂蚁金服独创的"龙头企业+电商+保险+信贷"的金融扶贫模式,可以增强贫困户自身信用评级和还贷能力,还通过线上化交易,降低了信贷资金的挪用风险,开拓农业企业打开终端产品的电商销售渠道。以养猪户为例,蚂蚁金服提供纯信用贷款给正邦签约的养猪户或合作社,该笔贷款通过农村淘宝的农资平台定向购买正邦指定的饲料。当生猪出栏后,正邦向养殖户进行收购,收购款项将优先偿还蚂蚁金服的贷款。

2016年12月20日,蚂蚁金服正式发布了"谷雨计划"农村金融战略:计划用三年时间,蚂蚁金服将联合100家龙头企业,为大型种养殖户提供金融服务；与合作伙伴一起为 1 000 个县提供综合金融服务，包括支付、信贷、保险等；面向国内所有"三农"用户，拉动合作伙伴及社会力量提供累计 10 000 亿元信贷。农村金融事业部内部已经形成了三大服务平台，服务三类不同的客户群。这三大平台分别是"旺农贷"平台、"旺农保"平台和"旺农付"平台。其中，"旺农贷"是为三农用户提供纯信用（无抵押或担保）贷款，专项用于购买农资农具的信用借款。目前，蚂蚁金服已经在河北清河、湖南平江、内蒙古等地启动了"旺农贷"精准扶贫、供应链金融等业务实践，并最终形成三大业务模式：数据化平台模式、线上+线下熟人信贷模式，以及供应链及产业金融模式。在金融扶贫过程中，蚂蚁金服单独成立了农村金融事业群，并制定农村金融和国际化定位两个重要战略，从 2019 年开始，蚂蚁已经开始布局农村金融，农村淘宝项目已经在全国覆盖 15 000 个村点，目的是让农居民也能体验到互联网带来的便利，农村金融服务的需求从此延伸出来。

蚂蚁金服凭借着自己信息技术的优势处理分析积累的大数据，把握农户的信用状况，提升风险防范机制，搭建完善的信用体系，让"旺农贷"更加快捷、高效地在贫困地区开展，让农村金融更好地为农民和贫困群体服务。以新零售渠道易果生鲜为例，将从农户那里采购的农副产品经过合作社的筛选、加工和包装，然后在天猫超市的生鲜区进行销售，使该产品面向广大的消费者。蚂蚁金服旗下的网商银行，为合作社提供用于生产经营的"旺农贷"低息贷款。同时，为了达到易果生鲜对农产品的品质把控，蚂蚁金服将合作社的采购信息通过互联网发送给易果生鲜平台，并用定向支付工具将"旺农贷"专门用于购买指定的农资农具，进而实现对果品品质的全程掌控。蚂蚁金服保险事业部还引入了保险，确保产品质量安全无忧，与保险公司合作为农药、农资和农具的网上购买提供品质保证保险。在这个过程中，解决了农户所担心农业生产资料的资金问题和农产品的销售问题，农户只要做好中间的生产环节，就能获得稳定的收入。在这个农产品线上供应链（生态链）中，从农业生产资料的购买，到农业生产经营的资金、人力的投入，再到农产品的推广和销售，"电商扶贫+互联网金融"的模式覆盖了整个过程的每一环节。

## 6.5 金融机构扶贫信贷服务的发展路径

### 6.5.1 以数字技术为驱动力重构业务流程和产品体系

从农业银行、邮储银行的案例可以看出，传统金融机构开展农村数字普惠金融往往走的是从线下到线上的发展路径。对于传统金融机构而言，由于缺乏线上流量入口，其仍依靠原有的线下网络获取客户资源，电商和互联网金融平台的搭

## 第6章　金融机构扶贫信贷的数字化创新与减贫效应

建更多是为存量客户提供增值服务，这也是其持续不断对线下服务点进行升级改造的原因。相比互联网公司，传统金融机构的获客渠道有限、获客成本较高，并且客户体验往往不佳，这些劣势并没有因为其采用数字技术而发生显著改变。可以认为，互联网、大数据甚至区块链只是传统金融机构改良农村普惠金融模式的一种技术尝试，需要进一步转变为以数字技术为驱动力、以客户为中心，去重构其业务流程和产品体系。这也为传统金融机构与金融科技公司开展数字普惠金融提供了合作空间。

与城市比较，农村开展数字普惠金融业务有更大难度，因为该地区人群文化水平和收入水平不高、基础设施不完善，使得基于数字通信设备及互联网交易信息的数字普惠金融模式在农村有巨大的推广难度。再加上农村地区人口缺乏信用记录，农民（养殖、种植）缺乏抵押担保能力，以及农业经营中的各类风险，使得传统数字普惠金融在农村地区推广都有一定难度。但在目前各方市场主体的创新推动下，已经形成许多有价值的农村数字普惠金融模式创新。总结以上各方主体的实践探索，可以发现以下特点：

第一，随着农村互联网化程度加深，基于大数据风控的在线普惠金融平台模式将迎来春天。农村数字普惠金融基于大数据平台的技术基础，从贷款申请、审核、发放直至收回的全部流程中，不断实践数据收集、清洗、筛选、建模、决策，进行少人工干预的自动化操作。同时，在大数据基础上实现对借贷者的全程风险脸谱画像。这个做法与非农村地区无本质差异。但是其推进速度受制于互联网交易等沉淀数据，不可能像城市那样快速推进。随着农村数字技术基础建设的发展、农村收入水平提高及农村人口流动，数据积累的一些瓶颈问题会得到解决，农村数字普惠金融也会迎来蓬勃发展。

第二，随着新零售等产业互联网化程度的加深，围绕农业产业链的生态金融模式将是未来农村金融的另一类重要模式。在此方面，蚂蚁金服农村金融模式已实现从田园到餐桌的全产业链金融服务渗透，无论多小的角色主体，都可以在价值链中获取金融服务。通过建立农村（农业）供应链，将数字普惠金融服务融入由核心企业、保险机构、政府、农户（生产合作社）、电商参与的合作平台中，在这个合作联盟中，核心企业帮助数字金融机构筛选客户；保险机构帮助降低信贷风险；政府为农户提供必要的政策保障；电商帮助供应链生产原材料和产出品与市场对接，形成有保证的销售；数字金融服务在提供必要的支付结算、信贷服务的同时，降低了识别和控制风险的成本。以农村供应链为基础的数字普惠金融模式有助于实现多方共赢，更有助于推动现代农业经济发展。

第三，数字普惠金融深度渗透农业经营，金融助力农业实体经济发展。数字普惠金融的信贷环节开始前后纵向发展，触达借款方的经营管理，通过精准监控经营过程，帮助采集经营风险数据，甚至帮助改善经营管理。试图从借款人还款能力的根本原因上提供数字分析和力所能及的帮助。这种渗透式的数据沉淀和分析的另一个效果，是实现资金精准投放，帮助农户有效降低借贷利息成本。在数字金融服务向生产经营的前后纵向环节渗透时，充分发挥生态资源整合优势，引入更多的专业服务机构为农户提供专业技术、管理帮助。这是大数据产生的衍生服务，可发展空间极其广阔。数字普惠金融对农业实体经济的反哺拉动，是我国农村数字普惠金融的一个重要创新。

### 6.5.2　各方市场主体携手合作

未来，各方市场主体携手合作是大势所趋。各方的优势互补与融合将创造更多的创新模式，参与方包括具有线下渠道、资本成本优势的大型商业银行等银行金融机构，触达广泛的农村保险机构、担保机构，具有线上触达及生态优势的蚂蚁金服等互联网背景的综合性金融服务集团。在各方市场主体的全力推进下，我国农村数字普惠金融必将产生更多有价值的创新模式与产品，为我国乃至国际数字普惠金融发展提供丰富的实践经验。

加强部门沟通协作、形成有效工作合力是提升金融扶贫工作效率的重要支撑点。扶贫开发金融服务工作是一个系统工程，不仅需要金融系统自身的努力，也需要加强与各级政府和部门的通力合作，充分发挥各部门的工作合力。一是要积极培育和发展特色优势产业，增强贫困地区对金融资源的承载力，形成经济与金融良性循环、相互促进的机制。二是要切实转变金融发展理念，尊重金融机构的经营自主权，营造良好的金融生态环境；加强地方社会信用体系建设，维护司法公正，严厉打击逃废债行为，保护债权人合法权益；加大力度打击非法集资、非法经营证券业务等违法违规金融活动，维护地方金融秩序。三是要推动建立各类产权流转交易和抵押登记服务平台，完善融资担保和风险补偿机制，有效分散金融机构经营风险。四是要加强金融政策与财政政策的协调配合，有效整合各类财政扶贫资金，落实农户贷款税收优惠、涉农贷款增量奖励、农村金融机构定向费用补贴等政策，降低贫困地区金融机构经营成本，发挥财政政策对金融业务的支持和引导作用。五是要健全与扶贫开发、发展改革、民政等部门的合作机制，加强各方在信息共享、政策制定、创新发展等方面的协调联动，为金融机构扶贫项目和对象的选择及风险管理提供便利条件。

### 6.5.3　线上线下结合，积极推进消费扶贫

随着精准扶贫的不断深入，脱贫攻坚工作任务更加艰巨，因此，大力促进金融机构由外在力量推动扶贫向激发金融机构的内生动力扶贫转变，就显得尤为重要。2018年，国务院办公厅发布了《关于深入开展消费扶贫助力打赢脱贫攻坚

# 第6章 金融机构扶贫信贷的数字化创新与减贫效应

战的指导意见》(国办发〔2018〕129号)①,意在通过实施消费扶贫,动员社会各界扩大贫困地区产品和服务消费,调动贫困人口依靠自身努力实现脱贫致富的积极性,促进贫困人口稳定脱贫和贫困地区产业持续发展。2020年3月,国家发改委印发《消费扶贫助力决战决胜脱贫攻坚2020年行动方案》(发改振兴〔2020〕415号)②,联合27个部门和单位开展30项具体行动,持续释放消费扶贫政策红利。

按照129号文对消费扶贫的定义,所谓消费扶贫,就是社会各界通过消费来自贫困地区和贫困人口的产品与服务,帮助贫困人口增收脱贫的一种扶贫方式,是社会力量参与脱贫攻坚的重要途径。129号文下发后,各相关部门和单位按照指导意见精神,开展了定点扶贫县农产品消费扶贫活动。据发改委发布的数据,2019年,东部沿海地区直接采购与帮助销售贫困地区农产品483亿元,中央和国家机关、中央企业直接采购和帮助销售定点扶贫县农产品154亿元,动员引导其他各类国有企事业单位、民营企业和社会组织直接采购与帮助销售贫困地区农产品超过1 000亿元,消费扶贫取得的效果非常显著。

此次消费扶贫行动方案的实施,对金融机构而言是一个拓展业务范围、调整业务结构、加大扶贫信贷投入的良好机遇。首先,消费扶贫行动方案的实施,可以给金融机构支持农村电商发展带来契机。消费扶贫,渠道是消费,目标是扶贫;消费扶贫行动,就是试图通过购买滞销农畜产品来解决贫困地区农畜产品销路问题。既然是销路,就离不开渠道。互联网背景下,传统农产品销售渠道已经受阻,新的销售渠道必然是伴随着越来越多习惯于线上购物和网络消费人群而兴起的网络直播带货与电子商务渠道。其次,消费扶贫行动方案的实施,可以为金融机构加大提升贫困地区农畜产品质量、完善电商产业链支持力度提供切入点。消费扶贫政策是农村贫困地区做口碑、建品牌、稳客源的难得机遇。一方面,参与消费扶贫的人群,都是消费能力较强的群体,他们或处于经济发达地区,或是企事业单位员工,他们本身就有日常消费需求,这部分消费需求不通过消费扶贫释放,也会通过其他渠道满足,并且这个群体购买力很强;另一方面,这个群体对农畜产品质量和品质有较高要求,而贫困地区青山绿水环境生长出的农畜产品,容易激发追求高品质群体的购买需求。显然,贫困地区群众若能抓住消费扶贫的政策机遇,提高农畜产品质量,打造特色农畜产品品牌,完善电商产业链,让购买体验更好,口碑更佳,很多因消费扶贫而首次接触贫困地区农畜产品的人群,就会在体验产品质量后,从短期消费变成长期喜爱;而要做到这一点,作为本身就肩负扶贫使命的金融机构,应当加大信贷投入,推动贫困地区农畜产品质

---

① http://www.gov.cn/zhengce/content/2019-01/14/content_5357723.htm.
② http://www.gov.cn/zhengce/zhengceku/2020-03/20/content_5493433.htm.

量和品质的提升，助力贫困地区农畜产品品牌的打造。同时，大力支持贫困地区围绕电商而形成的从冷藏、包装到物流等配套产业链上的小微企业和个体工商户，让贫困群众有更多创业机会实现增收脱贫、增收致富。再次，消费扶贫行动方案的实施，可以让金融机构更加专注贫困地区产业的持续发展。脱贫攻坚，产业是根本。贫困地区产业要持续发展，当然离不开金融机构更加专注的支持。以往，金融机构在支持贫困地区种养殖业及休闲旅游、康养产业、农家乐等项目时，都面临一个最大问题，就是谁来消费。现在消费扶贫政策精准对接贫困地区农畜产品和旅游服务，将巨大的消费流量导向贫困地区，这不仅是给了贫困地区群众一颗"定心丸"，也给了金融机构专注贫困地区产业持续发展的巨大信心。金融机构如果能根据农村市场新变化、新潮流、新趋势，创新金融产品，更好地对接特色产业，就能更多获客、更多信贷投放、更好夯实自身在农村的根基。

# 第 7 章

# 数字农业保险扶贫探索与服务优化

## 7.1 数字科技与农业保险扶贫的逻辑关系

### 7.1.1 保险扶贫与我国农业保险的发展

(1) 农业保险的扶贫优势

就保险机制本身来说,保险扶贫有天然优势,一是具有放大效应,保险可以通过市场化机制放大财政补贴资金使用效益;二是具有普惠功能,即通过大数法则覆盖所有贫困人口;三是具有精准特征,能对因灾因病等不同原因致贫返贫的贫困人群开发有针对性的扶贫保险产品。

农业保险是专为农业生产者在从事种植业、林业、畜牧业和渔业生产过程中,对遭受自然灾害、意外事故疫病、疾病等保险事故所造成的经济损失提供保障的一种保险。农业保险作为一种风险补偿,在支持农村经济发展中发挥着十分重要的作用。通过农业保险抵抗农业风险,让农民实现"旱涝保收",获得一份保障性、兜底性的收入,从而进一步坚定发展农业产业的信心。

第一,农业保险有助于稳定农业再生产。对农业生产过程来说,农业风险可能中断农业生产过程,缩小农业生产规模,破坏农业生产活动的连续性。参加农业保险后,农业风险造成的资金运用的中断或停滞,都可以通过保险公司的经济补偿得以恢复。可见,农业保险有助于保障农业生产过程的持续稳定,保护农业资源;对农业消费环节来说,通过农业保险分散农业风险,可以保障农业生产规模的扩大,利用规模经营降低农产品的成本和价格。农业保险对农业风险损失的保险补偿，可以使农民及时恢复因风险损失中断的农业生产，保证农产品的供应，保持农产品供求的平衡，保证社会对农产品的正常消费。

第二，农业保险有助于乡村振兴。中央一号文件对实施乡村振兴战略进行了全面部署，其中多次提及"保险"，这说明作为现代服务业重要组成部分的保险行业，特别是农业保险对于乡村振兴不可或缺，而且作用凸显。保险作为"三农"发展的"压舱石""助推器"作用得到极大彰显。随着农业现代化进程的加速推进，新型农业经营主体对保障有了更高的诉求。为此，农业保险在乡村振兴战略中能发挥特有的优势，规避农业保险发展粗放等诸多问题，助力乡村振兴。

第三，农业保险有助于精准扶贫。农业保险是国家对农业投入的一个重要渠道，是国家扶持农业发展的一种重要方式。由于农业生产面临的灾害风险系数高，导致农业生产经营风险大，对于贫困地区的农户来说，一场突如其来的自然灾害会将其再次推向贫困的边缘。在扶贫工作中，利用和发挥好农业保险的作用，可以为贫困户生产经营兜底。通过保险的介入，为农业产业发展提供保障，降低种植风险，解决贫困农户发展特色产业项目的后顾之忧，提高贫困农户发展农业产业的积极性，加快脱贫致富步伐。

（2）我国农业保险的发展历程

我国农业保险的发展离不开政策推动。1950年，刚刚成立不久的中国人民保险公司将农业保险发展提上了日程。借鉴苏联的模式和经验，与土改、抗美援朝结合在一起，我国农业保险当时以政治任务的形式推进。多年后，人民公社承担起防范风险、分担损失、保障农业生产的职能。1958年12月，政府决定停办国内保险业务，农村保险业务也随之停办。

党的十一届三中全会后，我国开始建立和普遍实行家庭联产承包责任制，最终废除了人民公社制度，同时，农业农村经济制度逐步完善。在经历了24年空白后，1982年，我国农业保险伴随改革开放揭开了新的篇章，农村保障体系逐渐由国家救济转向农业保险。这一年，中国人民保险公司全面恢复试办农业保险，在全国范围内进行了大规模的农业保险试验。2004年，新一轮农业保险试点的全方位推进，为我国农业保险进一步发展提供了契机。在政策的推动下，我国农业保险发展初具规模。

2007年，财政部将农业保险保费补贴列为中央财政预算科目，首次在全国六个省（区）开展政策性农业保险保费补贴试点工作。此后，在政策激励下，我国农业保险发展速度迅猛，农业保费收入迅速增长。2007—2019年的13年间，银保监会公开数据显示，全国农业保险保费收入由51.8亿元增加到680亿元，尤其是2015—2019年间，每年的年增长率都在10%以上；为农户提供风险保障由1 126亿元增加到3.6万亿元，参保农户增长到1.8亿户次；承保粮食作物面积由 2.3 亿亩①增加到 11.12 亿亩。2018 年，普惠型涉农小额贷款保证保险实现保费收入 4.1 亿元，赔付支出 8.3 亿元，帮助 20 万农户撬动"三农"融资贷款 138 亿元。我国农业保险提供风险保障的覆盖面不断扩大。截至 2019 年年末，农业保险承保的主要农作物已超过 270 种，覆盖大部分常见农产品。玉米、水稻、小麦三大口粮作物承保覆盖率已超过 70%。全国建成基层保险服务网点近 4 万个，基层服务人员近 50 万人，涵盖了县级行政区域 95% 以上的乡镇。农业保险开办区域已覆盖全国所有省份，基本覆盖农、林、牧、渔各个领域。2017 年 6 月 2 日，中国保险监督管理委员会、中国保险学会农业保险分会、中国农业科学院农业信息研究所联合课题组发布《中国农业保险保障水平研究报告》，报告显示，目前我国农业保险业务规模仅次于美国，居全球第二，亚洲第一。其中，养殖业保险和森林保险业务规模居世界第一。农业保险在防范化解农业风险、稳定农业生产尤其是粮食生产、促进农业转型升级、保障国家粮食安全和稳定农民收入等方面，发挥了积极作用，成为国家强农惠农安农政策的重要内容、支持保护农业的重要手段和农业现代化发展的重要支柱。

### 7.1.2 农业保险发展的风险因素

（1）农业保险的道德风险

道德风险是指投保人在得到保险保障之后改变日常行为的一种倾向。分为事前道德风险和事后道德风险。保险可能会对被保险人预防损失的动机产生一定的影响，这种影响叫作事前道德风险。举个例子来说，有的保险公司在投保前不事先告知农户赔付范围，例如小麦、玉米等粮食作物赔付标准是减产不保、绝产保，导致农户受灾后因不符合条件得不到赔偿。有的地方为了获取更多中央财政补贴，代替农民投保，虚增保面，农民并不知情；有的保险公司为了多拿补贴、多赚钱，搞假投保、假赔案，国家给农民的补贴没进入农民兜里，农民以往在商业保险经营中的道德风险也随之产生，如此等等。

损失发生后，保险可能会对被保险人减少损失的动机产生一定的影响，这种影响叫作事后道德风险。保险公司的业务员往往在与农民和乡村干部的查勘定损中，面临与农民信息不对称问题，面对死猪、死鸡、死牛、死鱼和大面积自然灾害造成的农业财产损失，保险公司在与农民的博弈中，由于缺乏农业生产经验，只能被农民拖着走，于是高风险、高赔付便成为保险公司商业化经营挥之不去的"阴影"。

农业保险中的道德风险与保险人和被保险人都有关系，存在着地方政府相关部门、保险公司和农民多层面的道德风险同时并发的现象，不利于我国农业保险的发展。分析道德风险产生的原因，主要包括以下三点：

---

① 1 亩 = 666.67 m²。

第一,投保人投保前信息隐匿、灾后不作为。农户具有耕地分散、保额小、涉及面广等特点,为查勘定损增大了难度,极易发生道德风险。比如,有的农户缺乏农业保险知识且诚信度低,投保目的不明确,灾害自救不积极;投保农户在受灾以后谎报灾情、虚报或者夸大灾害损失、串换标的以骗取农业保险赔款的现象也并不鲜见。在不少情况下,有关气象部门或防疫部门甚至协助骗保农民开具灾害天气或者牲畜死亡证明。这类现象无论是在养殖保险还是在种植业保险中,都经常发生,有时候甚至是大规模地发生。与此同时,投保农户不按照正常的耕作制度进行农作,疏于田间管理,或者在受灾以后怠于采取减灾减损措施,以获取保险公司的超额赔款的现象也普遍存在。农户与保险公司之间信息不对称,道德风险逐渐显现。

这种现象产生的根源在于,一部分农户认为保险是一种负担,是一项不必要的开支,所以不会选择投保,而选择投保的农户,在心理上也始终害怕当险情发生后无法获得赔付,或者认为险情若不发生,买保险就等于花了冤枉钱,这样的思想基本上都来自农户错误的保险理念,以及对保险的认知不足,没有真正理解保险的含义和作用,在无法察觉的隐秘状态下,极易滋生道德风险。

第二,对保险人行为的规范和监督存在监管漏洞。对于保险人一方来说,它拥有制定保险合同的专业和技术的优势,合同条款中某些内容及其确切或者真实含意,并不是投保农户能够完全了解的。在现有条件下,保险人也因为拥有较大的甚至完全的定价权,可能不适当加大费率的安全系数,增加安全边际,使投保人支付的保费(包括财政支付的保费补贴)与其风险保障不一致。保险营销人员也会因为监管漏洞,通过非法手段与投保人密谋,签订假保单,骗取财政补贴或者多收保费,甚至将保费据为己有,这样做既损害投保农户的利益,也损害国家的利益。2016年9月,保监会在官网连续公布16张罚单,针对5家公司(人保财险、国寿财险、中华财险、安华农业保险和紫金保险)累计开出达457万元的罚单,主要原因就是在农业保险业务领域相关保险公司通过假保险合同套取财政补贴金额,或者为了吸引农户投保,使出"保费返还"的招数,即答应给投保农户一倍甚至两倍的保费返还。有灾害发生,"返还"能以灾损赔偿甚至通融赔付的方式来"兑现"。如果没有灾害发生,就编造假赔案来给投保农户返还。这些行为属于保险公司内部控制疏于监管,严重影响了农业保险业务的健康发展。

保险公司未投入足够的人力物力保证理赔过程符合监管规范,是违法违规行为产生的主观原因。农作物品种繁多且各品种生长差异较大,各地生产资料直接物化投入水平千差万别,各种自然灾害对农业产生的影响也不尽相同,灾害定损标准难以量化。农业保险条款仅规定了农作物不同生长期的最高赔付比例,保险公司查勘定损是在考虑农业生产技术部门专业鉴定意见的基础上,以经验判断为主。现阶段,农业保险外部监管工作凭借现场查勘照片、查勘记录、气象证明等材料，难以鉴别定损金额准确性与赔案真实性，查实假赔案、虚增赔款等违规问题的难度较大。

第三，地方政府对农业保险的认识不到位。政府有关部门本来只是协助保险机构宣传和组织投保，帮助保险机构定损理赔，便于合理定损以减少纠纷，但一些地方的基层政府部门未能准确理解《农业保险条例》关于"农业保险实行政府引导、市场运作、自主自愿、协同推进的原则"。有的地区制定不切实际的参保率指标，强制或变相强制农户参保，甚至为了帮助有的保险公司获取或扩大市场份额而受贿。有的地区以维稳为由，要求对未受灾农户"无灾返本"或平均赔付、协议赔付。有的基层政府部门未尽管理与监督职责，个别基层政府甚至要求或协同保险公司通过编造虚假气象证明等方式套取赔款或费用，用于返还县级保费补贴或支付工作经费，克扣、截留、挤占、挪用财政补贴资金或者农户农业保险赔偿款等问题时有发生。

(2) 农业保险的巨灾风险

巨灾风险是指因重大自然灾害、疾病传播、恐怖主义袭击或人为事故而造成巨大损失的风险。巨灾风险与一般风险不同，具有特殊性，表现为：发生的频率低，一般性火灾、车祸天天发生，多起发生，破坏性地震、火山爆发、大洪水、风暴潮等巨灾则很少发生，几年、几十年甚至更长时间才发生一次。一次巨灾造成的损失巨大，普通灾害发生频率高，但每一次事故造成的损失小，巨灾发生次数少，一旦发生，则损失巨大，一次火灾烧毁一栋房屋，或造成万级、百万级元损失，然而一次大地震、大洪水可造成数亿、数百亿甚至上千亿元损失。巨灾还会形成长期的不良影响。

农业巨灾风险可以被定义为由于极端气象事件和疫病、虫害大范围流行，导致农林牧渔业生产巨大损失的风险。在农业保险中，讨论巨灾风险，如果仅仅局限于自然灾害给农业生产者带来的损失，是具有一定局限性的。因为对农业保险经营来说，还有自身偿付能力问题，在自己偿付能力限度内的保险风险损失，如果保险经营者可控，就不是巨灾，只有超出保险经营者偿付能力限度，可能会引起公司破产，才是农业巨灾风险。

纵观世界，近年来也不乏农业巨灾事件在全球范围内同期发生，造成全球范围内的巨灾事件。例如，2012年美国主要粮食地区发生大规模干旱事件，使得当年美国全国农业保险赔付率达到150%以上，美国玉米严重歉收，价格飙升，也因此打击了以玉米为饲料的肉类企业；同年，布拉万台风给韩国农业带来重创，当地市场保险赔付率超过350%；同样是在2012年，俄罗斯受到干旱影响，当地农业保险市场赔付率超过150%；当年乌克兰赔付率超过300%。农业巨灾风险在各个国家的保险领域都是一个值得关注的问题。

自然条件复杂、各种灾害频发是我国的客观现实，加之农业抗风险能力差及现阶段农业保险的保障单薄等,使得巨灾对农业的影响尤为突出。例如,2016年内蒙古东部和东北西部地区发生严重干旱,对当地玉米及牧草等作物生长造成严重影响。黑龙江省、内蒙古自治区和吉林省共19市102个县(市、区、旗)共将近1 000万人口受灾,农作物受灾面积达600万公顷,绝收面积80万公顷以上,直接经济损失225亿元。此次事件使得在当地规模经营农业保险的各家保险公司种植险赔付率极大攀升,各省种植业整体赔付率均在100%以上,受灾县市赔付率在300%~500%的也屡见不鲜。

巨灾事件发生后,保险公司会受到大范围的波及,无法在空间上分散风险,也不能实现灾害风险在全国范围内的分散,限制了巨灾风险的分散渠道和范围,并且随着保险条件的调整,保险公司在平常年份很难累积足够的准备金,以在时间上分散低频高强度的风险,农业保险经办机构对政府支持政策的较大依赖性导致其业务经营会因政策变动而体现出较大的波动性。对地方政府来说,巨灾发生后,各级政府一般会积极救助,由此形成社会对政府的极大依赖,成为巨灾损失的主要责任主体。政府分担农业巨灾风险,会给地方财政带来较大的支出困难,这部分额外的、大量的、不可预见的财政支出也给财政预算的稳定性带来挑战。

### 7.1.3 数字科技助力农业保险扶贫的优势

(1) 保险科技的核心技术

保险科技正在深刻影响保险业的传统发展模式并强力驱动保险业数字化转型。在科技创新的推动下,大数据、区块链、人工智能等新科技正在逐步改变着保险行业的生态,深入渗透到保险业务流程与各类场景中,从底层逻辑上重塑保险生态价值链。从互联网保险到保险科技,保险业与大数据、人工智能、云计算、区块链、物联网等技术的融合不断深入。从渠道变革、场景创造,再到科技重构,保险科技改变了传统保险行业的认知,催生了新的保险需求,重塑了保险价值链,孕育了保险生态系统。

第一,人工智能与保险。人工智能是研究、开发用于模拟、延伸和扩展人的智能的理论、方法、技术及应用系统的一门技术科学,其核心技术包括计算机视觉、机器学习、自然语言处理、人机交互,背后的核心技术是大数据和云计算能力。将人工智能引入保险领域,将帮助传统保险公司解决困扰多年的行业痛点。例如,传统模式下投保人购买一份保险,往往需要诸多环节,不仅时间冗长,而且透明度不高,用户难以直接了解自身投保情况。而人工智能的出现,可以很好地解决这一系列问题。人工智能可以为保险营销赋能,提升保险营销体验和效率。一是基于保险消费者过往的投保记录、保障状态、年龄、职业和投保需求等数据,构建用户画像;二是基于保险产品库与用户画像,自动生成满足需求且高性价比的保险方案,为保险购买提供参考;三是基于NLP、多轮对话、知识图谱等能力，构建起智能应答和智能保险顾问体系。通过智能机器人可以全天候实时响应用户，回答用户咨询，了解和挖掘用户需求后生成用户画像，为保险消费者精确推荐，引导下单购买。保险公司可以通过机器人智能推荐来减少对保险中介的依赖，降低销售成本。销售（中介）可以借助系统自动生成专业且性价比高的保险方案，为用户提供专业化和个性化的服务，提升保险销售的专业性。

第二，物联网与保险。物联网是指所有物品通过信息传感设备与互联网连接起来，进行信息交互，即物物相息，以实现智能化识别和管理。利用物联网技术在感知、识别方面将传统分离的物理世界与信息世界联系起来；利用网关技术实现异构网络之间的互联互通，将各类"物体"赋予"通信功能"，成为网络终端。物联网这种将物理事物与网络整合在一起的特性，真正做到了随时随地信息交互，这是单纯的互联网所缺少的，也是传统保险行业在精准定价和保险精算方面颠覆传统的技术依托。比如，在寿险精算时，客户提供年龄、性别、简单病史等内容均是过往信息，通常相同性别及年龄保费是一样的，而大数据、物联网引入后情形将变得不同，比如保险公司可以获取客户投保前连续10天的血压、心跳、作息等信息，并借助上述数据推测客户是否是同年、同性客户中的最优群体，进而为其提供最精准的保费价格。

第三，3S技术与保险。3S技术是遥感技术、地理信息系统和全球定位系统的统称，是空间技术、传感器技术、卫星定位与导航技术和计算机技术、通信技术相结合，多学科高度集成的对空间信息进行采集、处理、管理、分析、表达、传播和应用的现代信息技术。自20世纪发展至今，"3S"（遥感技术RS、地理信息系统GIS、全球定位系统GPS）技术在工业、商业、农业、环保、国防等诸多领域有着十分广泛的应用。在汽车保险里，可以通过GPS导航定位系统来确定投保人驾驶行为习惯，以此确定保费。比如美国的MetroMile公司推出一款低里程、低保费的Telematics保险产品，利用Telematics技术提取并实时传回驾驶数据，准确报告里程数，保险公司还可以利用Telematics识别保险欺诈行为。在农业保险中，地理信息系统（GIS）主要用于信息管理、统计分析、模型分析和决策支持等方面。"3S"技术可以为承保的信息化管理、风险评估和费率厘定提供数据与平台支撑，解决信息不对称问题。在森林保险方面，可以利用装载于无人机、飞机或卫星上的激光扫描雷达对森林进行三维扫描，可获得3D立体模型。这种激光扫描打在树木上，可以获知树木的种类、木材的储量、生长状态等参数，为森林灾难损失作依据。

（2）科技在农业保险领域的应用

在农业保险领域，保险公司的经营管理水平正因为大数据的介入而变得更加合理和高效。应用数据挖掘、云计算等技术对农业、农村多维度数据进行综合分析，众多保险机构利用手机APP、微信等线上工具，自助开展承保宣传、投保信息采集、查勘定损工作，进一步为农业生产提供保障。

在科技推动农业保险走向现代化的进程中，实现精准承保理赔被看作是农业保险新技术应用的起点和关键点。由于保险公司所承保的农业种植面积范围较广，突发性灾害天气给传统的人工勘察造成很大困难，比如工作量巨大、时效性不高，定损存在主观因素不精准等。若借助科技手段，则会使保险理赔变得更高效、精准。在传统农业保险查勘定损时，保险公司需要调集大量人员、车辆对灾害情况进行查勘理赔，此过程通常需要1~2周时间，由于人员临时抽调，业务水平参差不齐，一些人为因素会影响对灾害损失的判断。借助科技手段，许多勘察员只需手持安装APP专业小程序的手机，利用"3S"技术便可助其工作一臂之力（如图7.1所示）。利用卫星遥感技术和无人机设备可大面积确定受灾情况，

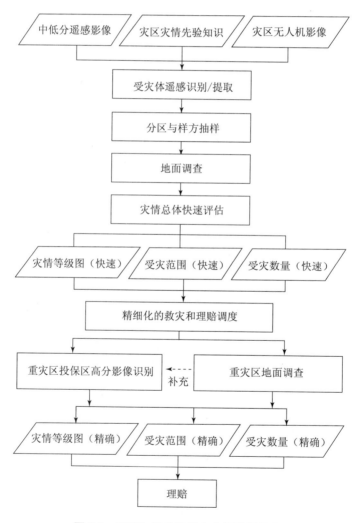

图7.1 "3S"技术应用农业保险的流程

## 第 7 章  数字农业保险扶贫探索与服务优化

通过卫星遥感及无人机航拍,将获取的灾害影像导入电脑,利用航空影像拼接软件及地理信息处理软件对农作物的受灾面积、损失率进行分析计算,航拍、处理及计算通常可在 3 天内完成,效率更高,定损更加准确、客观。

在农业风险预测方面,结合物联网、大数据和人工智能,农业保险科技可以帮助保险公司实现前瞻性的风险预测,不仅可以提高客户防灾减损能力,还可以优化现场服务人员和设备的布局,从而减少风险、降低成本,有效识别农业保险中各种违规问题。利用物联网技术,在农田安装监测土壤温度、湿度、酸碱度甚至各种元素含量的传感器,保险公司可以设计出更能反映作物实际产出的指数化保险,从而通过约定指数化给付条件,将农业保险从损失补偿型转变为条件给付型,彻底免去查勘定损的环节。即便仍然使用损失补偿模式,也可以将经营管理领域的农业保险科技和现场服务及自助服务相结合后,农业专家对各种自助和现场渠道传来的数据进行定损判断,或者人工智能通过对海量数据的学习,逐渐替代农业专家的工作,提高农业保险理赔效率的同时,极大地降低经营管理成本。

从目前的应用来看,农业保险的创新主要体现在技术和产品两个层面。在技术层面,如卫星遥感、无人机航拍等技术已经成熟多年,在国外的农业保险定损过程中也有诸多应用。卫星遥感检测技术用于承保种植面积的提取、作物生长检测、自然灾害比如旱灾水灾对作物影响观测等,为承保提供了很好的依据。无人机作为卫星遥感的辅助手段,航拍分析可以作为抽样数据,与卫星遥感对灾情的整体情况把握相结合,提高定损的精准度。例如,中华联合财产保险股份有限公司与国家农业信息中心共同成立了"农业保险地理信息技术联合实验室",采用卫星遥感、无人机及手持终端设备共同组成"天、空、地"多尺度、一体化的农业保险应用体系。卫星遥感可进行大面积、大范围的宏观查勘监测,无人机在一定范围的重灾区精确采样,手持设备到户精准核损,三者搭配,可以实现对灾情多层次、全覆盖的高效评估。此外,中华联合财产保险股份有限公司与中国农业科学院成立"农业风险管理与农业保险创新联合研究中心",利用移动互联网、"3S"技术、云计算等技术手段,打造养殖险"农业保险通"系统。这个系统现已在河南、河北、新疆等地开始部署。

从产品创新来看,指数类保险颇受欢迎,如天气指数保险、价格指数保险等。举个例子,天气指数通常以一个或几个气候条件(比如风速、降雨量、温度等)的变动为基础,当天气指数达到可保范围时,无论是否对农作物产生影响,农户都可以得到赔偿。例如,一米农业保险就通过连接保险与期货机构,帮助保险机构设计开发价格指数类险种,并为合作社和玉米种植大户提供在线承保、在线理赔服务,成为互联网+农业保险的一种创新模式。一米农业保险是一家第三方农业保险服务商,平台连接保险与期货机构,帮助保险机构设计开发价格指数类险种(玉米、鸡蛋、生猪、天然橡胶、发电等价格指数保险),为保险机构筛选、推荐再保机构,并为合作社和玉米种植大户提供在线承保、在线理赔服务。为农业产业链上下游提供农业保险、信贷和价格风险管理,为产业链中的种植户提供保险和贷款,保障其种植收益,同时为其提供低利率的种植贷款。面向产业链中的收购、加工企业提供期货、期权金融工具和贷款,为其稳定粮源、锁定利润,同时为其提供低利率的经营贷款。数字指数保险的另一个典型就是"平安产险台江模式"的实践。为实现扶贫能够精准到户,平安产险为台江县贫困农户设计了天气指数保险、人身意外险等覆盖建档立卡贫困户人、财、物等各方面的保险产品,目的是在帮助贫困户脱贫致富的同时,最大限度减少返贫的可能。平安产险在新技术应用、新产品开发方面的探索及方向体现了保险扶贫进一步落实的必然趋势。

## 7.2 数字农业保险扶贫的国内经验

### 7.2.1 农业部——大数据平台建设

农业大数据是大数据理念、技术和方法在农业生产领域的实践。农业大数据涉及耕地、播种、施肥、杀虫、收割、存储、育种等各环节,是跨行业、跨专业、跨业务的数据分析与挖掘,以及数据可视化。随着信息化和农业现代化同步推进,农业农村大数据与农业产业全面、深度融合,正成为现代农业新型资源要素。2017年农业部发布《关于推进农业农村大数据发展的实施意见》(以下简称《意见》)①,提出在2018年年底前实现"金农工程"信息系统与中央政府其他相关信息系统通过统一平台进行数据共享和交换。到2020年年底前,逐步实现农业部和省级农业行政主管部门数据集向社会开放,实现农业农村历史资料的数据化、数据采集的自动化、数据使用的智能化、数据共享的便捷化。到2025年,实现农业产业链、价值链、供应链的联通,大幅提升农业生产智能化、经营网络化、管理高效化、服务便捷化的能力和水平,全面建成全球农业数据调查分析系统。

作为第一个农村大数据落地项目,农产品批发市场大数据平台的建设者主要是农业部。该项目通过在农村开展农业农村大数据的建设,形成覆盖全国的农业农村的大数据共享平台,深化农业专项数据建设,促进信息共享共建。该项目从全国4 469多家农产品批发市场选出1 000家商户,再从其中选出10万家商户,然后连接100万新型农业主体,以此来积累生产信息、流通信息、销售信息、市场信息等各方面的信息。大数据平台的建设可以预判农产品的价格走势,从而有效控制市场风险,为农业保险提供支撑。

---

① http://www.moa.gov.cn/nybgb/2016/diyiqi/201711/t20171125_5919523.htm.

## 7.2.2 中国人保财险——"天空地"一体化农业保险服务体系

中国人民财产保险股份有限公司（以下简称"中国人保财险"）作为我国开办农业保险时间最早的"探路者"，在推进农业保险向高质量转型过程中取得了一定成绩。近年来，中国人保财险积极适应粮食安全和乡村振兴需求，构建了以"中央政策性险种为主导，地方政策性险种、商业型险种和创新型险种为补充"的立体式农业保险产品体系，承保250多个品种，农业保险产品数量超过3 200个。

为解决农业保险"面对面服务"问题，中国人保财险在农村地区中心乡镇、普通乡镇及行政村分别设置三农营销服务部7 700个、三农保险服务站2.68万个、三农保险服务点31万个，覆盖了98%的乡镇和54%的行政村，同时组建了一支39万人的农村保险基层服务队伍，累计配置三农保险服务汽车超过6 000辆。目前，中国人保财险的农村保险基层网络体系连接了农村千家万户，力争让农民群众享受到"不出村上保险，不出村办理赔，不出村领赔款"的"三不出村"服务。

近年来，中国人保财险加大保险科技投入，在大数据、人工智能、物联网等技术应用方面持续发力。为解决农业保险经营过程中面临的信息不对称、理赔成本和效率等难题，推动农业保险经营模式转变，中国人保财险积极探索基于新技术创新应用的商业模式，以遥感技术为核心，以地理信息系统为平台，以全球定位系统为辅助，形成了无人机、卫星遥感、地面调查一体化的天空地农业保险服务的新模式，打造"天空地"一体化的保险立体服务体系，实现"按图承保"和"按图理赔"。目前，中国人保财险已建立6.5亿亩耕地图斑库，全面上线了新一代农业保险综合信息平台，实现了农业保险承保理赔的全流程、精准闭环管理。

2018年，中国人保财险江苏分公司在公司微信公众号的基础上设立了农业保险V平台，其是基于微信操作平台、GPS和互联网等技术研发的新型平台，由农业保险工作人员和广大农户协同使用，通过数字化技术手段实现对农业保险承保验标、理赔查勘的实时审核、自动测绘和全流程管控，严把质量关，提高农业保险承保理赔真实性。通过V平台的GPS技术及相关应用软件，中国人保财险的农业保险业务人员可实现在线验标，同步将相关图片和位置等地理信息上传，特别是可对所承保的种植标的所在地块或养殖标的厂房直接绘制平面图并自动计算测绘面积，实现承保面积和位置的精准性，取代过去主要依赖旧的数据账表或手工测绘，降低了由于上传信息与现场拍照不同步的风险。

## 7.2.3 互联网企业+保险公司——农业保险的跨界合作

目前，我国农业保险的供给方可分为三类：专业的农业保险公司、涉足农业保险的保险公司、互联网公司。其中,以农业保险为主营业务的保险公司包括安信农业保险、安华农业保险、国元农业保险、中原农业保险、阳光农业相互保险,而其他涉足农业保险的公司有部分省市和地区的中国人民财产保险公司、中华联合财产保险股份有限公司、中航安盟财产保险有限公司、华农财产保险股份有限公司、众安在线财产保险股份有限公司等。互联网企业则不仅包括蚂蚁金服、京东等互联网企业巨头,还包括一米农业保险类的创业新星,而它们大多是通过与传统险企合作的方式参与农业保险市场的。

2015年8月,农业部信息中心与中航安盟财产保险有限公司(简称"中航安盟")签署战略合作协议,共同实施"互联网+三农"保险行动计划。该计划主要内容包括探索开发农产品价格指数、通过数据互联互通建设保险信息数据库、通过建立新型农业经营主体信息系统、推进"三农"保险信用体系建设等。2016年,安华农业保险内蒙古分公司与内蒙古可意电子商务有限公司签署战略合作协议,在服务渠道、保险产品、在线商城等方面深入合作,"互联网+农业保险"新模式的建立,帮助内蒙古农业重镇实现农业保险全覆盖;中原农业保险与喜买网正式签署战略合作协议,双方将在品牌宣传、客户引流、保险业务、产品销售、信息共享及创新研发六大方面深入合作;太平财产保险有限公司与北京中农金保网络科技有限公司签订战略合作协议,发布"千县千品"计划,旨在推广优质农产品"双保险",在农产品生产过程中,监控产品检测、包装盒标识等关键环节的全程信息系统建设,建立食品质量安全可追溯体系。

近年来,国内互联网企业巨头也纷纷布局农业保险市场。在互联网+农业保险方面,蚂蚁金服将其深层次嵌入农村淘宝战略。推出农资农具品质保证险,促进优质农资下乡;与安信农业保险股份有限公司联合推出风力指数保险,但在购买渠道上结合电商渠道,使农民可直接在淘宝上购买保险;此外,还有农产品品质保证险,用于保障农产品销售。中国人保财险也在尝试借助淘宝天猫平台进行农业保险销售,上线三款农业保险产品分别是水稻种植保险、蛋(种)鸡养殖保险和小麦产值保险。2016年1月,凭借电商优势,京东金融、中华联合财产保险股份有限公司同新希望六和旗下的普惠农牧融资担保有限公司合作,以农业产业链为依托,面向所有新希望六和下游的养殖农户推出"京农贷"——养殖贷,并且引入保险、担保双重增信机制,从而降低农业贷款风险,覆盖更多有融资需求的农户。在农户申请贷款后,如果在农产品种植(或养殖)过程中发生影响还款的风险事件,保险和担保的双重机制就会启动,主要投保种养殖保险、借款人意外险、信用贷款保证保险等。

## 7.3 数字农业保险脱贫攻坚的服务体系构建

### 7.3.1 借力数字技术创新扶贫产品与服务

农业保险扶贫是以满足贫困地区日益增长的多元化保险需求为出发点，以脱贫攻坚重点人群和重点任务为核心。这足以说明农业保险扶贫的产品设计和服务方式与一般保险业务是有区别的。农业保险转型升级，是农村金融供给侧结构性改革的重要任务，打赢脱贫攻坚战、推进农业农村现代化建设是其重要体现。数字化农业保险服务体系是否完善，体现在其能否推进农业保险政策转型升级，扩大农业保险覆盖面，提高农业保险覆盖范围、层次和保障主体；能否推进农业保险产品转型升级，从传统单一农业保险险种，向产量保险、收入保险、价格保险和指数保险转变；能否推进农业保险体制机制转型升级。

目前，我国农业保险规模仅次于美国，居全球第二位、亚洲第一位，但在承保覆盖面和风险保障水平等方面依然有较大提升空间。农业保险扶贫是一场具有挑战性的攻坚战。创新丰富保险扶贫方式，用个性化扶贫来发挥保险在因灾、因病、因市场风险返贫、致贫方面的保障作用，这不仅会给广大贫困地区的人们带来福祉，还将是保险业在全面建成小康社会中做大自身的又一次重要机遇。在农业保险由"低保障、广覆盖"向"扩面、提标、增品"转变的过程中，科技的力量不容忽视，用科技赋能农业保险，使其高质量发展，成为行业的共识。经营农业保险的公司，可以创新开展特色农产品保险，根据农户需求，对特色农产品的成本、价格或者产值提供保险保障，防范生产风险和市场风险。加大农业保险的科技应用力度，通过摇杆卫星、大数据、云计算、机器人、传感器、物联网等为农业保险科技化提供支撑，结合贫困县产业特色，不断创新和完善保险产品，在服务能力、产品预警、财政支持、部门协调、高科技应用和大灾风险分散等方面促进金融资源整合，进行可持续、更完善的农业保险补偿及扶贫机制的有益探索。

### 7.3.2 提升全流程数字化农业保险运行效率

新技术在农业保险领域的广泛应用，解决了大部分过去靠人力完成的简单重复工作和精准识别问题，但对于致损原因、损失程度确定、灾后自愈及灾害延伸，还需要人工识别。这种情况在种植业保险中尤为普遍。例如玉米遭遇早霜冰冻后会快速蜡熟，以减少损失，遇水灾浸泡后，易感染病虫害而加重损失，因此，灾后情况需要人工跟踪观测。农业保险定损是一项系统工程，包括灾害种类、致损原因、灾害辐射范围、灾害边界、损失面积核定、损失程度确定、灾后自愈及灾害延伸等。

在高技术、大数据时代,农业保险短期内仍需要天、地、人协同开展查勘定损。一方面,数字化高科技技术的应用成本较高,一般中小型保险公司在信息技术方面的储备人才有限,自主研发的技术应用成本高、周期长,多数是通过采购第三方服务,但第三方服务合作往往不能充分满足保险机构的需求。另一方面,农业保险未实现标准化、数据化,农业、气象等数据并不公开,保险公司自己采集的成本很高,往往无法应用。因此,在数字化场景下,要想实现精确承保、精确理赔,标的精准识别是重中之重,也就是说,如何获取准确的农民分户土地经营信息,是种植业保险实现全程数字化的"瓶颈"。此外,基层协保员和农户对线上化和数字化的接受程度,以及对以往传统方式的依赖程度,也是制约农业保险全流程"数字化"运行的因素之一。

尽管目前数字化技术在农业保险服务各环节的渗透率仍有不足,但未来从全行业来看,全流程的数字化农业保险运行将是必然趋势,短期内会给传统农业保险模式带来冲击。在可能导致本年度整体农业保险参保率降低的同时,也倒逼各家保险公司加强新技术应用,创新工作方式。如果单一保险公司的科技研发力量不够,可以加大与科技公司的合作,开展精确承保理赔实践,或者在风险管理方面,涉及气象灾害、农业生产、病虫害等多因子影响,可以与更专业的科研机构合作。总之,在科技手段支撑下,线上客户沟通、全流程电子化投保和自助查勘、业务线上闭环成为行业未来的发展趋势。

### 7.3.3 强化银保合作互动机制

银行业和保险业在"三农"领域的合作由来已久,特别是在小农信保贷方面,多年来双方合作帮助了不少农户脱贫。随着金融服务在农村地区覆盖面不断扩大,银行保险合作将越来越紧密。无论是实施乡村振兴战略,还是打赢脱贫攻坚战,商业银行与保险公司都是两支不可或缺的金融力量。如果能进一步创新银保互动机制,推动两个行业深度合作,必然会快速提升金融服务效率,如何提升合作效率很关键。

首先,需要解决意识问题,即商业银行和保险公司在农村金融服务中是利益共同体。只有通过两者的合力,才能建立起多元化、多层次且针对性强的脱贫攻坚金融服务体系,应避免互相排斥或者同质低效服务竞争,又或者一方赚取另一方的高额代销或渠道费用。实际上,良性的银保合作互动机制必然多赢,银行放贷帮助农户脱贫,保险公司分担信贷人风险,既可以解决银行的后顾之忧,也让有了保险保障的农户更有贷款的积极性。

其次,要通过不断创新,建立和完善银保合作互动机制。比如,银行可以探索开发适合贫困农户或贫困地区农村小微企业实际的抵押贷款、质押贷款或信用贷款等，保险机构可以开发针对性强、经济效益和社会效益俱佳的脱贫信贷保险产品，只有建立起银行、保险与农户、农村小微企业之间无缝对接的一体化金融服务格局，才可能实现银保监会提出的"基础金融服务不出村、综合金融服务不出镇"目标。

最后，银保合作互动机制还需建立完善的风控体系，提高金融机构的资金安全运营系数。对银行来说，要在统筹兼顾信贷支持的同时严防风险，就应该认真做好精准扶贫贷款"贷前调查、贷中审查、贷后检查"，加强定期监测分析和形势预判，妥善应对还款高峰期；保险公司需要进一步探索多种风险转嫁方式，包括通过再保险等渠道提高化解风险的能力。此外，银保合作还要积极争取贫困地区政府支持，推动完善扶贫信贷风险分担和补偿机制。

# 第8章

# 数字普惠金融扶贫的风险分析与监管

## 8.1 数字技术对传统普惠金融风险的影响

### 8.1.1 积极影响

（1）数字技术缓解普惠金融信息不对称，降低信用风险

传统普惠金融信用风险难以规避的问题在于信用信息获取成本高。在没有银行等金融媒介的参与下，由于信息不对称，决定是否借贷给没有信用记录的经济主体是一个难题。传统普惠金融供给方主要通过担保、抵押等方式规避信用风险，普惠授信的方式实际上在一定程度上放大了风险，由政府和金融机构承担风险。但这一问题可以通过分析数字普惠金融行为来解决，互联网技术、大数据背景下的个人信用信息的收集与整合，使得借贷变得可能，为用户进入金融服务系统提供了基础。用户甚至可以由移动借贷转而进行银行借贷，获得线下金融服务。例如，蚂蚁金服提供的"蚂蚁借呗"，通过分析支付宝用户支付、转账等交易数据，根据芝麻信用评分，提供几千元到几万元的消费贷款。与传统的征信信息采集、普惠授信等方式相比，数字普惠金融大大降低了信用的获取成本，降低了金融服务的进入门槛。通过对用户历史信息的分析，更能准确掌握用户资金状况，甚至预测未来的消费情况，有效避免违约的发生。

（2）数字技术降低普惠金融对硬件设施的依赖，降低操作风险

数字普惠金融的开展对硬件和人员的要求不高，以低成本、广覆盖的特点迅

# 第 8 章 数字普惠金融扶贫的风险分析与监管

速触及普惠金融目标群体。只要有一部手机并连接上网络就能享受数字技术带来的金融服务，这大大降低了软硬件设施运行维护、人员培训的成本，由这些问题带来的风险也有效减弱。数字技术的运用还在一定程度上降低了人员违规操作的风险。数字技术对用户的历史信息进行真实记录，按照统一的算法进行分析，可以有效防止人为因素的干扰，生成真实、客观的数据。系统自动授信能够确保信用额度充分体现用户的风险状况。

另外，数字技术还顺畅了普惠金融各项政策措施的传导机制。数字技术带来的低成本、高效率的优势，使得所有金融机构都能以可控的成本参与进来。特别是通过数字技术可以有效监测资金流向，确保定向降准、扶贫再贷款等政策有效到达传统受金融排斥的群体中，避免金融机构骗取资金的情况发生。例如，云闪付平台通过手机支付优惠等方式对用户日常生活进行补贴，促进金融资源有效惠民。

(3) 数字技术拓展普惠金融资金来源渠道，降低市场风险

数字技术在为普惠金融服务带来大量未开发客户的同时，拓展了金融机构的资金来源渠道，一定程度上改变了传统普惠金融提供者资金薄弱、抗风险能力弱的情况。传统上，由于信息不对称，导致资金无法有效到达那些既有盈利项目又有资金需求的弱势群体。数字技术可以有效拓展这些市场，通过制定特殊算法分析用户数据，有效筛选出有利可图的投资项目。并且，由于低成本，数字技术可以使普惠金融连续提供短期、小额金融服务，由于缩短了到期期限，使得金融机构和企业可以灵活调整财务策略，有效规避市场风险。

数字金融的初衷就是让那些无法有效获得银行服务的人可以进行一对一的转账，而随着使用的人越来越多，这些人就被纳入了数字普惠金融系统。大量用户参与到数字普惠金融市场中，使普惠金融提供者获得了大量闲置资金作为储备。

这些资金在符合监管要求的条件下可以投入其他金融服务中，扩充资金池，降低流动性风险。例如，余额宝等理财产品使得互联网金融企业获得了巨大的资金来源，通过对大额资金的管理，在为用户提供高收益率的同时，有效扩充了互联网金融企业的投资收益和资金实力。

## 8.1.2 消极影响

数字技术削弱了传统普惠金融存在的一些风险，但不能解决所有风险。并且，数字技术的开放性、传染性等特性也加剧了普惠金融的原有风险。

(1) 数字技术下的网络投资活动加剧普惠金融用户资金风险

数字普惠金融通过转账和支付服务积累了大量沉淀资金。金融机构通过将这些资金重新投入资本市场，通过直接投资、借贷等金融活动获得盈利。互联网金融平台相互之间争夺资金的手段就是不断承诺高收益、高回报，这会促使金融机构为高收益而甘冒高风险。用户资金安全难以得到保障，一旦没有足够的资金来

满足客户的取现和转账需求,就会造成违约等信用风险,甚至造成系统性风险。

(2) 数字技术的信息安全问题加剧普惠金融的信息风险

数字技术对普惠金融服务的推广使得普惠金融有效摆脱了实体金融服务设施的束缚,但对网络和信息的依赖增强。信息数据的获取和处理,以及信息真实性等直接影响到数字普惠金融服务的开展。信用信息系统采集用户信息的效率和质量就成为数字普惠金融的命脉,数据的加密和存储也变得尤为重要。

另外,数字技术带来了互联网安全问题,信用信息数据容易受到黑客入侵、数据丢失等影响。如何提高互联网技术与普惠金融结合的安全性、稳定性是最大的问题。互联网金融企业搜集到的用户信息,比传统普惠金融下的范围更广、更详细,涉及个人方方面面。客户个人信息安全风险也是重要的问题,数据产权纠纷及个人隐私泄露问题将更加严重。

## 8.2 农村数字普惠金融的风险传染分析

### 8.2.1 数字普惠金融风险的一般性分析

随着数字经济的快速发展,数字普惠金融的相关问题引起了国内外学者的关注。从金融本质来看,优化资源配置并降低风险是金融业立足的根本,进而可认为数字普惠金融这一新的金融业态对缓解企业外部融资约束大有裨益,在 Levine (2005)[1]、Kapoor (2013)[2] 的论文中也证实了相关论点。近年来,论证数字经济有助于普惠金融的实现的有关文献陆续出现,国内代表性的文章如焦瑾璞 (2014)[3]、宋晓玲 (2017)[4] 等。然而,任何金融业态的风险防范问题都不容忽视,无论金融机构进行怎样的创新,提供什么样的金融产品与服务,借助于什么样的技术手段,从事的仍然是金融业务,离不开金融这一本质属性。由此使人们不得不对数字普惠金融风险问题加以正确认识。从国外学者对数字普惠金融风险的相关研究来看,Acharya 和 Albert (2004)[5] 等研究发现,在数字金融的冲击

---

[1] Levine R E. Finance and Growth: Theory and Evidence [J]. Handbook of Economic Growth, 2005 (1): 865-934.

[2] Kapoor A. Financial Inclusion and the Future of the Indian Economy [J]. Futures, 2013 (10): 35-42.

[3] 焦瑾璞. 移动支付推动普惠金融发展的应用分析与政策建议 [J]. 中国流通经济, 2014 (7): 7-10.

[4] 宋晓玲. 数字普惠金融缩小城乡收入差距的实证检验 [J]. 财经科学, 2017 (6): 14-25.

[5] Acharya R N, Albert K. Community Banks and Internet commerce [J]. Journal of Internet Commerce, 2004, 3 (1): 23-30.

下,金融主体的风险承担会加剧。从国内研究来看,在关于数字普惠金融风险问题的探讨中,不可否认的是金融科技与数字信息技术可以有效降低传统普惠金融的风险,由此使金融机构开展普惠金融业务的覆盖率有所提高。刘刚(2019)[①]认为,金融机构借助数字化技术能够促进普惠金融业务的信用评级和风控手段的不断创新。漆铭(2019)[②]指出,数字普惠金融的风控优势是基于对日常交易数据流、信息流的分析来判断客户的信用等级与信用水平,从而显著提高风险识别能力和授信审批效率。与此同时,更多的文献表明,随着数字普惠金融的发展与应用,新的风险可能会随之而来,一些领域已经成为风险高发区。黄益平(2017)[③]指出,目前国内近一半的P2P平台都相继出现问题,在支付、众筹和投资管理等领域挪用资金、虚假标的的现象并不鲜见,数字安全存在明显的隐患。卫晓锋(2019)[④]指出,尽管数字技术削弱了传统普惠金融存在的一些风险,但是数字技术的开放性、传染性等特性会加剧用户资金风险和提供者准入风险。陈丹和李华(2019)[⑤]认为,数字普惠金融庞大的客户数据信息的产权问题不够明晰,使信息安全性受到了一定的威胁,加大了金融机构操作风险。王傲君(2019)[⑥]也认为,我国数字普惠金融在用户隐私与安全防护、金融与社会稳定、监管等方面面临着风险与挑战。何宏庆(2020)[⑦]认为,数字普惠金融是数字技术驱动的普惠金融新模式。但数字技术并不会改变金融风险的隐蔽性、突发性和传染性,反而使金融风险、技术风险、网络风险更容易叠加和扩散,由此进一步放大了风险的危害。

尽管数字普惠金融是一种新兴的金融业态,但其不能脱离金融风险属性,甚至因其与网络、科技相伴相生,数据、信息安全等风险反而更为突出。数字技术并未改变金融风险的隐蔽性、突发性、传染性等特征,在开放互动的网络空间,金融、技术、网络等风险更易叠加,使风险传递更快、波及面更广。金融机构拓展数字普惠金融业务,一方面,将数字技术运用到信贷业务中去,有助于提升风险审核效率,优化信贷业务管理流程,降低运营成本,扩展物理渠道难以覆盖的

---

[①] 刘刚. 商业银行发展数字普惠金融探析[J]. 农村金融研究, 2019 (8): 7 - 12.
[②] 漆铭. 商业银行数字普惠金融发展策略研究——基于长尾理论的视角[J]. 金融纵横, 2019 (4): 35 - 41.
[③] 黄益平. 数字普惠金融的机会与风险[J]. 新金融, 2017 (8): 4 - 7.
[④] 卫晓锋. 数字普惠金融的风险与监管[J]. 金融理论与实践, 2019 (6): 49 - 54.
[⑤] 陈丹,李华. 商业银行发展数字普惠金融的机遇与挑战[J]. 南都学坛(人文社会科学学报), 2019 (1): 117 - 124.
[⑥] 王傲君. 数字普惠金融发展存在的风险及对策[J]. 湖北师范大学学报(哲学社会科学版), 2019, 39 (06): 49 - 52.
[⑦] 何宏庆. 数字普惠金融风险:现实表征与化解进路[J]. 兰州学刊, 2020 (01): 68 - 78.

区域和客群，弥补传统金融服务空白，提升经营效率和风险管理水平。另一方面，又不可避免地将自身暴露在数字普惠金融特有的风险之下，其潜在风险和挑战必须关注。数字普惠金融创新依赖于支付清算、信息通信等基础设施的延伸和扩展，但该类设施的建设升级往往需要较多时间和投入。此外，数字普惠金融的快速创新，还对其信用信息体系、数据统计和监测评估体系等基础性工作提出了更高的要求。

本书以商业银行为视角分析其开展数字普惠金融业务过程中所面临的风险种类，主要包括信用风险、技术风险和系统性风险。

（1）信用风险

与传统信贷业务相比，商业银行开展数字信贷业务通过线上渠道识别贷款人身份和信用水平，在实际执行中会面临更高的客户信息伪造和欺诈风险。数字技术为普惠金融的下沉提供动力，使处于供给端的商业银行所推出的金融产品边际成本趋近于零，进而使临界点之后的金融产品供给能力大幅增强，金融产品的可获得性也随之前所未有地提高。数字技术核心价值就是降低成本、提升效率，用规模化、商业可持续化的供给满足海量化、碎片化、多元化的金融服务需求，涵盖了包括基础技术层面移动互联解决的触达问题、大数据解决的信息不匹配的问题、生物识别所解决的远程风险鉴别问题，以及人工智能提升数据处理的效率、扩展技术服务的边界、云计算降低技术的成本和创新的成本、区块链提供数据透明可信且可以追溯的算法等各方面。在数字技术背景下，对信用的评估很少能通过"面对面"交流，因而如果对交易双方信用了解得不透彻的话，会存在一定的信用风险，尤其是普惠金融服务的客户群体本身就是银行惜贷客户，信用风险较高，如果仅仅依靠线上数据进行信用评估，数据的真实性有待考察。如何解决数字普惠金融所带来的金融欺诈潜在威胁，给商业银行信用风险防范提出了新挑战。另外，基于目前已开发的大数据信用模型等风险控制手段尚未经过完整经济周期的检验，其有效性仍有待观察，在竞争日益激烈的背景下，如果信贷审核标准被放松，特别是在经济下行周期中，借款人的整体信用水平下降，可能会增大银行业的整体信用风险。

（2）技术风险

由于商业银行新技术的开发与应用不成熟，因而产生了技术风险。如何提高互联网技术的安全性、稳定性和抗压性是数字技术在普惠金融领域推广所不容忽视的问题。商业银行将数字技术与普惠金融业务融合的过程中，要从供给方的角度考虑金字塔底层客户金融服务需求的特殊性，其自身技术系统的安全性必须满足业务开展要求。以移动支付为例，随着智能手机的广泛应用，金融服务数字化所产生的敏感数据的数量呈指数增长，随之而来的是数据安全性问题，越来越需要防止非法获取这些数据的保障措施被不断更新完善。如果从客户的手机到移动运营商的后台系统安全保障不足，黑客可以窃听账户细节和密码，有可能导致客户资金损失。针对这一可能，商业银行必须对客户所进行的交易及相关数据进行认真而持续的监测，以便尽早排查出异常情况并采取适当干预措施，而这些环节离不开数字技术系统的开发与升级。商业银行对数字技术的应用是一项庞杂的系统工程，不单单是简单的业务线上化、重构组织架构，更是底层的数字架构重塑。尽管目前国内商业银行数字化转型进程不断加速，但整体上数字化成熟程度仍处于形成阶段，尤其是在系统安全、模型安全、资金安全和数据安全等方面存在隐患。即使是在银行系统内部，不同类型商业银行的数字化能力也存在显著差异，国有大型商业银行、股份制商业银行、新型互联网银行数字化能力相对较高，城市商业银行、农村商业银行数字化能力相对较低，而后两者又恰恰是开展普惠金融业务的主力军。因此，在数字普惠金融的推广过程中，商业银行尤其是城市商业银行和农村商业银行开展技术风险的识别与管理是业务顺利推进的安全保证。

（3）系统性风险

数字普惠金融可能给银行体系带来的系统性风险来源于两个方面。一方面，在信息披露和风险揭示不充分或误导销售的情况下，向不具备偿还能力的借款人提供融资，容易造成过度负债、掠夺性放贷，形成系统性风险隐患。另一方面，数字普惠金融的服务对象是金字塔底层的金融需求群体，这个群体的整体金融素质偏低，盲从性强，财力基础相对有限，快速趋利心理预期强，侧重于短线，加之数字金融操作便捷，增大了挤兑发生的可能，所以流动性风险更加突出。同时，第三方平台的金融行为并没有完全纳入传统的金融监管体系中，其可能存在的流动性风险会使系统性风险被低估。目前很多互联网货币基金具有 T+0 交易，挤兑和大规模资金转移风险的可控性较低，数字信息脱离于传统的金融渠道，也会给中央银行对货币流量信息的获取带来困难，削弱了货币供给和信贷规模的可控性，给金融体系带来系统性风险的隐患。

## 8.2.2 农村数字普惠金融风险的特殊性

（1）农业自然风险

因自然灾害导致农业损失必然部分转化为风险，借款人无法及时还贷，导致客观性违约。农业生产和工业生产不同，工业生产主要靠人力和机器设备，受自然因素影响较小，产量和质量可以通过科学有效的管理来控制。而农业生产面临着自然风险制约，产量受自然灾害影响很大。一旦出现自然灾害，农业生产的损失就有可能造成贷款无法按时足额偿还，风险就自然而然地传递给数字普惠金融机构，使农户的贷款很难收回。孟加拉格莱珉银行在严重自然灾害发生的1983年、1991年和1992年也出现了亏损。数字普惠金融机构在遇到自然灾害时，其流动性风险、利率风险和信用风险特别容易被放大。当自然灾害的发生频率升高时，随着受害面积扩大，灾害损失加剧，数字普惠金融面临的自然风险会不断增加。

（2）农产品市场风险

市场风险是指由于金融市场的因素，例如利率、汇率、信贷资产的价格的不利波动而导致信贷资产损失的发生，它包括资产的利率风险、汇率风险和通货膨胀风险等。分析数字普惠金融所面临的市场风险，可以将以上各金融要素综合在一起。大部分农产品生产企业属于家族式管理或者承包经营，资金实力弱、管理人员素质差、市场开发能力不足，加之规模普遍较小，达不到规模经济，因而对销售商和供应商的议价能力较差，对市场信息的获取不灵，在面对市场各要素的剧烈变动时抵御风险的能力不强。同时，大部分以劳动密集型为主，一般处在竞争较为激烈的行业或领域，进入和退出的频率均相对较高。

（3）农业信息不对称与违约风险

违约风险指借款人逾期不还借款而造成贷款的坏账、呆账，导致资金损失。违约是信用风险的最终表现形式，根据导致违约的原因来划分信用风险，可以将信用风险划分为借款人还款能力风险和借款人还款意愿风险。还款能力风险是客观原因导致的，借款人借贷资金的主要用途是投入生产经营，该项生产经营活动产生的收益是第一还款源。当借款人经营失败，则第一还款源就无法保证贷款的偿还，从而导致违约而产生信用风险。还款意愿风险是由于借款人的主观原因形成的，即借款人的品格。借款人的还款意愿风险是一个动态过程，是由借款人的心理因素决定的。它包括了借款人借贷后在经营中缺乏还贷的责任心和主动性，在经营成功后借款人隐瞒了真实的收益，设法逃避偿还的责任。

引起数字普惠金融机构面临信用风险的主要原因是信息不对称。信息不对称是指在市场经济活动中，各类人员对有关信息的了解是有差异的，掌握信息比较充分的人员，往往处于比较有利的地位，而信息贫乏的人员，则处于比较不利的地位。在广大农村和偏远贫困地区，金融客户群体主要是急需贷款支持生产和生活的农民，以及在这些地区进行经营的小微企业。这些客户往往居住分散，信息传递不便，对客户进行贷前调查和信用分析很困难，数字普惠金融机构客户几乎都缺乏金融机构需要的书面信息，如信用记录、财务报告、经营信息等。对客户信用状况的调查往往建立在感性认识而非理性分析的基础之上，信用低者偏好赖账，发展潜力小的借款者为获得更多资金，更倾向于在签约前隐瞒自己的信息，数字普惠金融机构对客户的了解并不充分。信息不对称导致了较高的交易成本，包括搜寻信息费用、谈判决策费用和政策实施费用。在金融机构与客户信息不对称的情况下，金融机构搜寻符合他们贷款条件的农户的成本很高，成功达成融资合约的成本也很高。其发生成本的主要环节是金融机构为缓解借贷双方信息不对称所支付的信息成本和面对众多分散小额客户进行信贷管理的费用。信息不对称导致监督困难，贷款损失多，影响盈利。由于对数字普惠金融需求的主体行为难以监督，使得金融机构监督还款的成本也很高。当金融机构远离农户借款者时，由于信息不对称严重，金融机构的监督很难约束借款者，而通过法律手段对违约者进行起诉的成本高昂，也使金融机构得不偿失。借款者没有动力及时还款，形成坏账，影响数字普惠金融机构收益。

（4）农业政策性风险

资金来源尤其是吸收存款困难也是制约数字普惠金融机构发展的一大难题。小额信贷机构的最大制约条件是信誉积累不够，客户认同度低，有些小额信贷机构不是严格意义上的金融机构，很难通过吸收储蓄持续筹集成本相对低廉的资金，制约了存款总量的增长或者资金的积累，限制了业务的规模。受农业监管和政策影响，小额信贷机构也很难从正规金融机构获得批发资金，增资扩股成为小额信贷机构获取可持续发展的主要来源，对于落后地区投资人来说，毕竟资金实力有限，制约了数字普惠金融机构的发展。

（5）农业信贷操作风险

操作风险指数字普惠金融机构在日常业务开展及处理过程中的损失风险。由于数字普惠金融业务人员从业时间普遍不长，行业积累不多，加上健全的客户信用评价体系并未建立，所以难以准确地评价客户信用程度。在贷前调查不尽职、对客户资料收集不全面、信贷员与客户勾结加大授信、审核流于形式等，都会导致机构的风险暴露加大。以农村信用社的农户小额贷款为例，农村信用社在为农户办理贷款时，需要进行信息调查、确定贷款数量、进行资信评级、核定贷款金额、发放贷款、收回贷款等一系列程序，需要很高的人力成本。实际操作中，普遍存在工作人员较少的限制，因此，在操作过程中，极易发生工作服务不到位的情况。

## 8.2.3 农村数字普惠金融风险的形成原因

（1）数字普惠金融参与主体风险意识不强

风险意识包括金融主体对风险现象所持有的理解与态度，以及对风险现象的理论认识与把握。对于数字普惠金融这一新的金融业态，许多金融主体对其缺乏正确的认识，尤其是对数字普惠金融发展过程中可能产生的问题、带来的潜在风险无法做出正确的认识。在对数字普惠金融的风险认识上，农村居民的金融知识水平、数字技术应用水平及金融风险研判能力是构建普惠金融生态体系的重要一环。目前我国城乡居民在金融知识、信息披露方面的不平衡特征相当明显，农村地区居民普遍存在金融活动参与较少、金融风险敏感度不高的情况。一方面，存在农村地区数字普惠金融主体缺乏忧患意识、责任心不强、对风险危害认识不到位等问题;另一方面,也存在其缺乏系统的金融风险理论学习,对数字金融风险的理论把握不够等现象。因此,较弱的风险意识使其不能正确认识、及时化解金融风险,严重影响了数字普惠金融的健康发展。

(2) 数字普惠金融的风控技术水平不足

近年来,农村金融机构积极加速"互联网+农业"方向下的产品创新,一方面,以农户和农村小微企业等贷款难问题比较突出的客户群体为重点,基于互联网平台提供信贷服务;另一方面,与农民的生产生活"无缝对接",相继推出网上银行、手机银行、自助服务终端等电子支付产品,优化农村地区金融支付环境。但是由于农村金融机构信息化建设起步晚、基础差,导致金融服务层次低、创新不足,产品仍然存在对物理网点的依赖和用户体验不佳等问题,影响了金融支持农业发展的效果。与此同时,农村金融机构面临信息安全上的严峻考验。在移动金融发展加速的背景下,新型的系统攻击、安全隐患、数据风险随之而来,应用故障、客户信息泄露等信息安全事件是农村金融机构必须面对的风险管理现实。农村金融机构需要转变以往以技术防范为主的被动防御模式,改为建立"事前有预防、事中有控制、事后有检查"的主动防御信息安全体系。

(3) 数字普惠金融开放性监管实践有待尝试

社会价值、商业价值的创新都有待后续检验,但创新尝试往往会给现有监管框架带来即时挑战,由此引发金融风险。在封闭性监管的背景下,金融监管部门如果对数字普惠金融领域的创新保持相对保守的态度,则容易导致在数字普惠金融领域主动探索的新兴机构被管住手脚,普惠成效低于理想状态。由此,数字普惠金融的包容性监管思路近年来得到了国内外越来越多的理论认可和实践尝试。数字普惠金融的实践,迫切需要建立一块容错、试错的试验田,在风险种类被清晰认识的前提下,经过检验的创新才能推广应用。金融监管部门遴选出部分金融科技机构,允许这些机构在划定的"安全空间"里,测试其创新的金融产品、服务、商业模式和营销方式,不断调整既有监管框架,探索新的监管边界。开放性监管的理念是美好的,但国内监管实践却对此存在质疑。对于这一弹性试验田的质疑集中在两点:一是金融创新隐蔽的风险无法事先判断;二是监管框架和监管边界随着创新主体而不断进行适应性调整,可能会导致监管俘获的产生。

(4) 数字普惠金融征信系统不完善

农村地区普遍存在金融活动参与程度较低的现象,而我国目前普遍采用的央行征信系统以信贷记录信息为主,因而农户征信信息存在明显空白。同时,除征信信息外,农户其他诸如消费、社交、诚信等可纳入风险评级的信息资源孤立于司法、工商、税务、电信等行业信息数据库,而各个行业间互相缺乏沟通融合,数据资源的"信息孤岛"现象明显,进一步增加农村地区贫困人口信贷风险的管理难度。

### 8.2.4 数字普惠金融风险诱发对农村金融需求主体的技术性排斥

在数字技术的应用过程中，城乡不同地区之间、不同教育程度、不同年龄结构的金融需求主体之间对数字普惠金融的掌握和接受能力的差别将不断扩大，使得不同居民群体实际获得的数字普惠金融服务将有所分化，进而使金融机构依托于大数据而进行的决策分析将倾向于数字普惠金融需求能力更高的群体。在数字化程度较高、相对富裕的地区，数字普惠金融能够进一步提升农村居民的金融效率，使其在财富的生产与分配过程中的优势地位更加巩固，而贫困地区和偏远农村地区居民及一些老年人居住相对集中的地区由于信息资源使用受限，技术性金融排斥在这些人身上更易发生。例如，在一些偏远地区，由于网速不好，网络连接可能在网上银行使用过程中随时中断，使这些用户的网上金融服务体验反而变差。再比如，像农村中老年群体由于多年养成的金融消费习惯，只信任银行网点和银行员工，所以对金融物理网点的依赖程度远比中青年群体高，并且这类人群中很多人对互联网金融这种新生事物接受程度较慢，有的甚至是因为金融知识匮乏而担心网络不安全，从而对手机银行和网上银行主动排斥，结果数字普惠金融的便捷和高效在这类人群身上体现并不明显。

## 8.3 数字普惠金融风险承担的实证分析

### 8.3.1 数字普惠金融系统性风险的 VaR 测度

（1）测度方法与变量选取

要评估数字普惠金融对商业银行的风险溢出效应，首先就要测度数字普惠金融市场本身的系统性风险。从普惠金融的发展脉络来看，人们对其需求已不再局限于借贷这一单一的金融行为，而是延伸到支付、理财、保险等更多金融领域，其中满足大众日益增加理财需求是普惠金融业务开展的重要契机之一。传统的银行理财最低购买门槛一直都是 5 万元，这也意味着将财富水平较低的人群挡在理财大门之外。随着数字技术的发展，0 元起购、随时申购和赎回的互联网宝宝类活期理财产品成长迅速并颇受大众青睐，这种能同时满足流动性和收益性的理财产品是目前互联网货币基金市场的主流，供给主体也从最初以互联网科技公司为主的第三方支付系扩大至银行系、基金系和券商系。2017 年以来，监管部门对货币基金监管不断加强，以货币基金对接的互联网宝宝类理财产品的收益也受到了的影响。根据国泰安经济金融数据库（CSMAR）的统计数据显示（如图 8.1 所示），2010—2018 年，该市场七日年化收益率均值在 2014 年达到峰值（4.82%）后呈下降趋势，变异系数在 2016 年达到最大值 14.58 后下降为 2018

年的 6.84，这反映出国内互联网理财市场从最初爆发式发展转变为在监管趋严、市场流动性宽松背景下市场收益递减、潜在风险增加的事实。作为数字普惠金融典型代表的互联网货币基金理财市场，不仅涵盖了科技公司、商业银行等不同的参与主体，同时也经历了扩张式发展到市场规模萎缩、期望收益率下降的演变过程，充分体现了收益与风险并存的本质特征。本节以互联网宝宝类理财产品为研究对象，通过从局部到整体的研究思路，测度我国互联网宝宝类理财市场的系统性风险，以此探寻数字普惠金融系统性风险的规律。

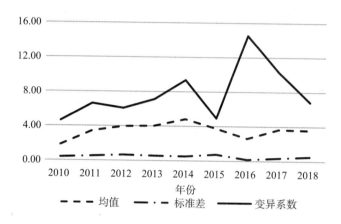

图 8.1 互联网宝宝类理财产品 7 日年化收益率走势图①

本书采用在险价值法（Value at Risk，VaR）作为测度风险的方法。从理论界文献来看，VaR 法在 Jorion（1996）② 的研究中表述为正常市场条件、一段时期和给定置信水平下，金融资产在短期内可能面临的最大损失，该方法被广泛应用于度量金融系统性风险的文献中。考虑到收益序列的特点，本书采用历史模拟法计算研究对象 7 天年化日收益的 VaR 值，即根据历史收益数据模拟未来风险损失的变化。

样本数据来源于国泰安经济金融数据库（CSMAR）（www.gtarsc.com），样本观测期为 2010—2018 年。

（2）结果分析

表 8.1 和表 8.2 分别反映了按年度比较和按品种比较两个角度的互联网宝宝类理财产品收益率的描述性统计及 5%、10% 概率水平下的 VaR 值。从实际收集到的样本数据来看，国内该类理财产品的数量由 2010 年年初的 22 个增加至 2018 年年末的 72 个，考虑到样本的完整性并剔除重复品种，选取样本观测期之初

---

① 国泰安经济金融数据库（CSMAR）（www.gtarsc.com）。

② Jorion P. Risk2：Measuring the Risk in Value at Risk［J］. Financial Analysts Journal，1996，52（6），47 - 56.

（即 2010 年 1 月 3 日）就发行流通的 20 只宝宝类理财产品作为表 8.2 统计指标的计算依据，而表 8.1 则参照每日实际品种数量来计算平均收益率。在表 8.1 中，通过 5%、10% 两个置信度来分别刻画风险事件发生时不同年份该市场的整体在险价值。可以看出，在 2010—2018 年，该类理财产品的收益波动较大，尤其是单一年度统计的变异系数均高于观测期整体的变异系数，不同年份之间收益率的最大值与最小值之间的差异在 2%~3% 区间浮动。从风险测度结果来看，5% 和 10% 概率水平所对应的 VaR 值之间差异有变小趋势，这说明收益率分布厚尾特性不断显现，即风险事件发生时整体风险值在加大。这一实证结果与前文提出数字普惠金融需求群体盲从性、快速趋利心理预期高而提升了系统性风险隐患的结论一致。总之，不同年份之间的 VaR 值，无论是在 5% 还是在 10% 置信水平下，市场整体风险随着预期收益率的增加而增大。

表 8.1  互联网宝宝理财市场 7 天年化收益率描述性统计及 VaR 值        %

| 年份 | 均值 | 标准差 | 变异系数 | 最大值 | 最小值 | 目标观测值 | VaR（5%） | VaR（10%） |
|---|---|---|---|---|---|---|---|---|
| 2010 | 1.84 | 0.40 | 4.63 | 3.01 | 1.05 | 314 | 1.25 | 1.34 |
| 2011 | 3.44 | 0.52 | 6.63 | 4.90 | 2.54 | 317 | 2.71 | 2.83 |
| 2012 | 3.97 | 0.65 | 6.08 | 5.61 | 2.95 | 295 | 3.11 | 3.20 |
| 2013 | 4.04 | 0.57 | 7.13 | 5.84 | 3.08 | 291 | 3.34 | 3.40 |
| 2014 | 4.82 | 0.52 | 9.36 | 6.22 | 3.94 | 298 | 4.18 | 4.36 |
| 2015 | 3.76 | 0.76 | 4.95 | 5.29 | 2.81 | 308 | 2.90 | 2.96 |
| 2016 | 2.63 | 0.18 | 14.54 | 3.12 | 1.21 | 348 | 2.46 | 2.48 |
| 2017 | 3.66 | 0.35 | 10.32 | 4.25 | 1.59 | 356 | 3.02 | 3.11 |
| 2018 | 3.59 | 0.52 | 6.84 | 4.40 | 1.70 | 362 | 2.84 | 2.86 |
| 2010—2018 | 3.51 | 0.95 | 3.70 | 6.22 | 1.05 | 2889 | 1.787 | 2.383 |

表 8.2 列出了 2010—2018 年间 20 只互联网宝宝类理财类产品与市场整体的收益率差异。从结果来看，有 12 只基金平均收益率低于市场整体平均收益率，所有基金收益率变异系数均低于市场平均水平；从整体风险比较来看，5% 概率水平下有 5 只基金的 VaR 值高于市场平均水平，而在 10% 概率水平下则降为 3 只基金，如果结合最大值（最小值）来看，这两个指标个体的观测值几乎均大于（小于）市场平均水平。综合来看，可以得出：一方面，互联网宝宝类理财产品收益整体上呈现出走低的趋势，2018 年年末全部 72 只产品中，只有 2 只收益率超过 4%，44 只在 3%~4% 之间，24 只在 2%~3% 之间，2 只低于 2%，呈现出收益重心下降的趋势。货币基金收益率主要影响因素是市场流动性的宽裕程度，近年来在政策驱动、市场流动性向好的影响下，货币基金收益率也全线下

跌，出现相关理财类产品收益萎缩的现象。另一方面，市场所蕴含的整体风险也在加大。尽管互联网宝宝类理财类产品本质是货币基金，这类产品整体风险较小，流动性较强，但并非毫无风险，尤其是在其规模迅速扩张过后，发行方如何选择好的投资渠道十分重要。货币基金的发行方由于自有资金较少，在风险事件爆发后较难通过自有资金垫付的方式兜底。低门槛的投资特性在提供便利的同时，也使得发行方与投资者之间对信息对称性的追求不高，尤其是品种数量较多的情况下，投资者的逆向选择加之该类产品本身不受存款保险保护，其潜在的违约风险也较大。

表8.2 20只互联网宝宝理财类产品的收益率描述性统计及VaR值　　　　%

| 名称 | 均值 | 标准差 | 变异系数 | 最大值 | 最小值 | 目标观测值 | VaR（5%） | VaR（10%） |
| --- | --- | --- | --- | --- | --- | --- | --- | --- |
| 市场整体 | 3.505 | 0.947 | 3.701 | 6.219 | 1.051 | 2 889 | 1.787 | 2.383 |
| 平安盈（南） | 3.755 | 1.057 | 3.552 | 7.025 | 1.333 | 2 830 | 2.163 | 2.4 |
| 博时现金宝（博） | 3.686 | 0.997 | 3.697 | 9.468 | 0 | 2 859 | 2.015 | 2.46 |
| 华夏活期通 | 3.668 | 1.148 | 3.195 | 10.156 | 1.14 | 2 835 | 1.718 | 2.23 |
| 现金快线 | 3.610 | 1.047 | 3.447 | 7.059 | 0 | 2 835 | 1.683 | 2.251 |
| 好买储蓄罐 | 3.609 | 1.048 | 3.445 | 7.059 | 0 | 2 832 | 1.683 | 2.251 |
| 倍利宝 | 3.531 | 1.402 | 2.518 | 13.288 | 0 | 2 839 | 1.56 | 1.784 |
| 国投瑞银货币 | 3.522 | 1.145 | 3.077 | 8.841 | 0 | 2 832 | 1.84 | 2.091 |
| 宝盈货币 | 3.519 | 1.992 | 1.767 | 25.443 | 0 | 2 834 | 0.835 | 1.509 |
| 增值宝 | 3.448 | 1.149 | 3.000 | 10.258 | 0 | 2 835 | 1.554 | 2.203 |
| 活期盈 | 3.446 | 1.040 | 3.313 | 8.496 | 0 | 2 835 | 1.718 | 2.15 |
| 泰达宏利货币 | 3.443 | 1.347 | 2.556 | 11.910 | 0 | 2 838 | 1.56 | 2.006 |
| 大成钱柜 | 3.425 | 1.074 | 3.188 | 9.508 | 0 | 2 836 | 1.823 | 2.185 |
| 活期乐 | 3.382 | 1.131 | 2.992 | 9.923 | 0.746 | 2 837 | 1.957 | 2.4 |
| 众禄现金宝（银） | 3.338 | 1.050 | 3.180 | 8.725 | 0 | 2 838 | 1.591 | 2.286 |
| 国泰超级钱（国） | 3.331 | 1.046 | 3.185 | 9.127 | 0 | 2 830 | 1.67 | 2.08 |
| 融通现金宝 | 3.323 | 1.271 | 2.615 | 15.330 | 0 | 2 832 | 1.61 | 2.02 |
| 诺安现金宝 | 3.267 | 0.988 | 3.307 | 6.258 | 0 | 2 834 | 1.606 | 2.11 |
| 交银现金宝 | 3.105 | 1.039 | 2.990 | 7.938 | 0 | 2 840 | 1.488 | 1.87 |
| 华泰柏瑞现金 | 3.091 | 1.276 | 2.423 | 8.265 | 0 | 2 832 | 0.892 | 1.243 |
| 长城货币 | 3.034 | 1.142 | 2.656 | 8.769 | 0 | 2 839 | 0.894 | 1.627 |

## 8.3.2 数字普惠金融发展对商业银行风险承担的影响分析

（1）变量选取与说明

本书选择北京大学数字金融研究中心课题组于 2019 年 4 月所公布的 2011—2018 年数字普惠金融指数作为我国数字普惠金融发展的衡量指标①。该指数的设计涵盖覆盖广度、使用深度和数字化程度三个方面，对中国创新性数字金融趋势下数字普惠金融发展程度进行了相对全面而深入的刻画，为相关研究提供了很好的数据支持。其中，在使用深度方面，细分为支付服务、货币基金服务、信贷服务、保险服务、投资服务和信用服务六种金融服务类型；在数字化程度方面，将便利性和成本作为数字普惠金融的影响因素。

本书通过银行业景气指数来刻画国内商业银行的预期风险承担水平。其理由在于，银行业景气指数是中国人民银行和国家统计局在共同向银行家们发放的问卷调查基础上，根据调查结果来判断银行业对未来的经营预期，该指数代表了国内银行业对宏观经济的热度及信心度，以及不确定性的感知程度。在分类指数中，银行盈利指数反映了管理者对当期经营状况及未来盈利利润的预期，即能否在承担可控风险前提下实现利润最大化。通过以上判断，本书使用银行业景气指数和银行盈利指数来刻画商业银行经营能力与风险承担能力，样本数据来源于国泰安经济金融数据库（CSMAR）。

本书的分析是基于我国 2011—2018 年的数据，在时间范围确定上主要是受到数字普惠金融指数数据可得性及各指标完整性的限制。在样本数据的观测频率选择上，采用平滑处理的方式，即所有变量的观测频率为季度，各变量设计与描述性统计见表 8.3。

表 8.3 变量设计与描述性统计

| 变量类型 | 变量名称 | 符号 | 均值 | 标准差 | 中位数 | 最大值 | 最小值 |
|---|---|---|---|---|---|---|---|
| 商业银行 | 银行业景气指数 | YHJQ | 72.059 | 7.879 | 71.200 | 85.400 | 60.500 |
| | 银行盈利指数 | YHYL | 73.688 | 9.588 | 72.600 | 90.400 | 60.400 |
| 数字普惠金融 | 总指数 | SZPU | 187.175 | 82.929 | 199.880 | 300.210 | 40.000 |
| | 覆盖广度 | FGGD | 166.563 | 79.498 | 180.505 | 281.920 | 34.280 |
| | 使用深度 | SYSD | 182.540 | 78.846 | 173.180 | 293.690 | 46.930 |
| | 支付 | ZF | 160.750 | 79.339 | 166.905 | 260.860 | 46.540 |
| | 保险 | BX | 418.523 | 199.785 | 481.330 | 644.110 | 47.120 |
| | 信贷 | XD | 118.693 | 45.239 | 115.320 | 178.380 | 46.900 |
| | 数字化程度 | SZH | 263.663 | 116.658 | 288.980 | 399.640 | 46.320 |

---

① 郭峰，王靖一，王芳，孔涛，张勋，程志云．测度中国数字普惠金融发展：指数编制与空间特征 [R]．北京大学数字金融研究中心工作报告，2019．

（2）检验结果分析

本书采用格兰杰因果关系检验方法，检验了数字普惠金融发展与商业银行风险承担之间的相关性。在采用 ADF 检验对各序列的平稳性进行分析的基础上，通过 AIC 和 BIC 信息准则来判断并选择最优滞后阶数，当二者结果不一致时，在农业保险中，讨论巨灾风险，如果仅仅局限于自然灾害给农业生产者带来的损失，是具有一定局限性的。检验结果见表 8.4。

表 8.4　数字普惠金融对商业银行风险承担的因果关系检验

| 原假设 | 滞后期选择标准 | 滞后期 | $F$ 值 | 概率值 |
|---|---|---|---|---|
| SZPU 不是引起 YHJQ 变化的格兰杰原因 | AIC | 1 | 8.473 | 0.002 |
| YHJQ 不是引起 SZPU 变化的格兰杰原因 | BIC | 2 | 2.078 | 0.146 |
| FGGD 不是引起 YHJQ 变化的格兰杰原因 | BIC | 1 | 5.485 | 0.011 |
| YHJQ 不是引起 FGGD 变化的格兰杰原因 | AIC | 3 | 2.501 | 0.102 |
| SYSD 不是引起 YHJQ 变化的格兰杰原因 | BIC | 2 | 1.945 | 0.164 |
| YHJQ 不是引起 SYSD 变化的格兰杰原因 | AIC | 1 | 2.252 | 0.126 |
| ZF 不是引起 YHJQ 变化的格兰杰原因 | BIC | 1 | 9.483 | 0.001 |
| YHJQ 不是引起 ZF 变化的格兰杰原因 | AIC | 2 | 2.071 | 0.147 |
| BX 不是引起 YHJQ 变化的格兰杰原因 | BIC | 1 | 0.147 | 0.864 |
| YHJQ 不是引起 BX 变化的格兰杰原因 | BIC | 1 | 1.855 | 0.177 |
| XD 不是引起 YHJQ 变化的格兰杰原因 | BIC | 2 | 8.764 | 0.001 |
| YHJQ 不是引起 XD 变化的格兰杰原因 | AIC/BIC | 2 | 1.041 | 0.368 |
| SZH 不是引起 YHJQ 变化的格兰杰原因 | BIC | 1 | 10.933 | 0.000 |
| YHJQ 不是引起 SZH 变化的格兰杰原因 | BIC | 1 | 0.360 | 0.701 |
| SZPU 不是引起 YHYL 变化的格兰杰原因 | AIC | 3 | 0.104 | 0.902 |
| YHYL 不是引起 SZPU 变化的格兰杰原因 | BIC | 1 | 0.118 | 0.890 |
| FGGD 不是引起 YHYL 变化的格兰杰原因 | BIC | 1 | 0.498 | 0.614 |
| YHYL 不是引起 FGGD 变化的格兰杰原因 | AIC/BIC | 1 | 0.188 | 0.830 |
| SYSD 不是引起 YHYL 变化的格兰杰原因 | BIC | 3 | 0.403 | 0.672 |
| YHYL 不是引起 SYSD 变化的格兰杰原因 | AIC | 1 | 1.153 | 0.332 |
| ZF 不是引起 YHYL 变化的格兰杰原因 | AIC | 1 | 0.157 | 0.856 |
| YHYL 不是引起 ZF 变化的格兰杰原因 | BIC | 2 | 0.597 | 0.558 |
| BX 不是引起 YHYL 变化的格兰杰原因 | AIC | 1 | 3.525 | 0.045 |
| YHYL 不是引起 BX 变化的格兰杰原因 | BIC | 2 | 0.778 | 0.470 |

续表

| 原假设 | 滞后期选择标准 | 滞后期 | $F$ 值 | 概率值 |
|---|---|---|---|---|
| XD 不是引起 YHYL 变化的格兰杰原因 | BIC | 2 | 1.404 | 0.264 |
| YHYL 不是引起 XD 变化的格兰杰原因 | BIC | 1 | 0.770 | 0.474 |
| SZH 不是引起 YHYL 变化的格兰杰原因 | BIC | 1 | 4.194 | 0.027 |
| YHYL 不是引起 SZH 变化的格兰杰原因 | BIC | 2 | 0.020 | 0.980 |

对表 8.4 的检验结果进行梳理可得：第一，数字普惠金融发展会影响商业银行的风险承担。对"数字普惠金融指数（SZPU）不是引起银行景气指数（YHJQ）变化的格兰杰原因"的原假设，AIC 给出的最优滞后期是 1 期，对应的 $F$ 统计量的统计值为 8.473，概率值为 0.002，也就是说，在 1% 的显著性水平下拒绝原假设。由此，有一定证据表明数字普惠金融指数的变化会引起银行景气指数的变化。从二者实际变化趋势来看，近年来数字普惠金融指数是不断增加的，而银行业经营环境并没有得到优化改善，这在一定程度反映出数字普惠金融并没有成为商业银行持续的发展动力，在实际中仍存在很多风险问题没有被解决。从影响因素的细分来看，数字普惠金融的覆盖广度（FGGD）、支付领域（ZF）、信贷领域（XD）及数字化程度（SZH）领域均在一定程度上与银行景气指数的因果关系是成立的，这些也是商业银行数字普惠金融重点关注的领域。第二，普惠金融的数字化程度给银行业的盈利性带来影响。在"数字化程度（SZH）不是引起银行盈利指数（YHYL）变化的格兰杰原因"的检验中，BIC 给出的最优滞后期是 1 期，对应的 $F$ 统计量的统计值为 4.194，概率值为 0.027，也就是说，在 5% 的显著性水平下拒绝原假设，而在"数字普惠金融指数（SZPU）不是引起银行盈利指数（YHYL）变化的格兰杰原因"的检验中却无法拒绝原假设。由此说明，随着普惠金融数字化程度的深入，商业银行盈利性受到影响。从目前国内数字普惠金融发展来看，这种影响并不是积极的，尽管一部分银行进行了有效的尝试，但是整体上商业银行开展数字普惠金融业务仍处于发展阶段，业务模式、开展领域、风控手段并没有凸显出优势，在认识不全面并缺乏可持续的经营模式的情况下，商业银行会面临新的风险。

### 8.3.3 结论与启示

数字技术的进步，提高了普惠金融的覆盖面，降低了运营成本和准入门槛，是商业银行推动普惠金融向纵深发展的重要动力。同时，数字普惠金融将增加商业银行的风险承担，这给风险管理提出了新的挑战。从风险类型和传染路径来看，数字普惠金融扩大了信息问题引发的客户资金安全风险、道德风险、技术风险和系统风险。如果没有有效的监管，数字普惠金融风险会向传统金融体系渗透并漫延。本书通过对互联网宝宝类理财市场系统性风险的局部测度，探寻了数字普惠金融风险特征，并通过对数字普惠金融指数与银行业景气指数的因果性检验分析了数字普惠金融对商业银行风险承担的影响。实证结果表明，数字技术的应用并没有凸显出商业银行普惠金融业务的优势，在没有可持续经营模式、有效风控管理体系的前提下，数字普惠金融会增加商业银行的风险承担。商业银行开展数字普惠金融业务的前提是实现风险可控，目前无论是经营模式还是业务水平，都还处于形成期。针对不同风险类型采取有效的风险管理手段、提升数字普惠金融服务的精准度十分必要。由此商业银行应积极应对数字普惠金融风险冲击，把握自身经营优势，不断提升风险管理能力，循序渐进地开展业务和提供金融服务。数字普惠金融是深化我国金融体制改革的有效手段，其本质在于引导大型商业银行服务重心下沉、推动中小银行聚焦主责主业及深化农村金融机构改革，最终使金字塔底端客户群体享受到更好的金融服务。商业银行要正确处理数字普惠金融发展与风险防控的关系，推动数字普惠金融高质量发展。在实际中，应加大对计算机安全性的研发投入，加强对各类信息加密、安全认证协议的技术支撑，不断通过技术本身提升信用风险、技术风险及流动性风险防控水平。

## 8.4 数字普惠金融的风险管理技术与流程

数字普惠金融风险管理的基本流程包括目标设定—事项识别—风险评估和计量—风险应对和处置—控制活动—信息和沟通—监控，如图 8.2 所示。

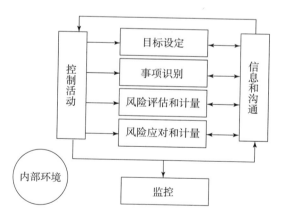

**图 8.2 数字普惠金融风险管理流程图**

### 8.4.1 目标设定

明确的目标确定了影响目标实现的潜在事件。风险管理目标要与数字普惠金融机构的风险偏好一致。营利性数字普惠金融机构与非营利性数字普惠金融机构的经营目标有所不同,非营利性的数字普惠金融机构主要是满足贫困农户的资金需求,对机构的盈利水平要求并不高。但是考虑到非营利机构的长期可持续发展及其资金来源的有限性,能够实现盈亏平衡甚至略有盈余是其经营的最佳选择。而营利性数字普惠金融组织在履行社会责任的基础上,使股东价值最大化应是其主要的经营目标。数字普惠金融风险管理应服从这个大目标,确保数字普惠金融机构经营安全性、盈利性和流动性的有机统一,优化风险资源配置,取得风险与收益的最佳平衡。

结合数字普惠金融实践,主要考虑以下目标:

(1) 战略目标

数字普惠金融机构必须明确其存在的意义,即希望实现什么目标,为数字普惠金融的未来发展提供方向,团结各阶层的员工。战略目标关乎数字普惠金融机构定位及股东管理政策,是相对稳定的。

(2) 相关目标

数字普惠金融机构必须在战略目标的基础上建立一致的、有层次的相关目标,比如经营目标、合规目标和报告目标等。在选择相关目标时,要与机构的关键成功因素相联系,与机构主体的活动相关联,有明确的内涵且可计量。数字普惠金融机构在设定目标时,必须考虑到机构的风险偏好和容忍度。为了对机构的风险承受力做出客观的判断,必须通过对自身整体风险状况及现有资本和可获得资本规模进行审视。并且对于设定的目标,其重要性、优先程度也不同,数字普惠金融机构也应对此予以考虑。

### 8.4.2 事项识别

事项是指内外部的可能影响数字普惠金融机构战略贯彻、目标达成的事故或事件。事项可能会有三方面的影响:正面、负面、正负两面。风险的识别是一个连续和动态的过程。对代表了风险的潜在负面影响事项要进行评价并采取应对措施;而对代表机会的潜在积极事项,管理层要将机会引回到战略和目标设定过程当中。主要考虑以下:

(1) 事项的影响因素

无数的内外部因素影响着数字普惠金融机构战略执行和目标实现。其中,外部因素来自经济、自然环境、政治、社会和技术等方面的影响,内部因素则受到基础结构、员工、流程等方面的作用。

(2) 事项识别的流程

主要包括以下三个部分:

第一,梳理相关事项。根据设定目标,梳理所有影响目标实现的潜在事项。

梳理可以按照事项所在的安全域进行划分，通过计算资产、威胁、脆弱性形成一个可能造成影响的事项列表。

第二，识别是风险还是机会。在梳理形成的事项列表基础上，对风险需要进行管理，分析事项具体影响，形成风险列表。

第三，风险关联分析。事件的存在是相互依赖的。要评价风险事项间的内在关系，分析它们的影响及其相互关系，为进一步的风险评估奠定基础。

（3）事项识别的方法和技术

数字普惠金融机构可以通过多种技术的组合及支持性的工具来识别事项。事项识别的方法和技术主要有：

第一，事项详细目录法。列出所有潜在事件的详细清单，相关的软件产品可以帮助实现。

第二，内部分析法。由一个部门会议或其他利益相关者、外部专家等进行，其为数字普惠金融机构计划循环过程的一项常规内容。

第三，扩大、底线触发器。通过比较当前和设定的标准，警醒机构管理层应关注的潜在领域。一个事件一旦被触发，管理层应对事件进行进一步的评估并立即采取应对措施。

第四，首要事项指标。数字普惠金融机构通过监控与事件相关联的数据，来识别可能引起事件发生的条件是否存在。

第五，损失事项数据法。利用过去单个损失事项的数据，识别事件的发展趋势和根本原因。

第六，风险树搜寻法。以风险树的形式，将数字普惠金融机构的风险逐层分解，找到所承受风险的具体形态和性质。

第七，筛选—监测—诊断法。筛选是对各种风险因素进行分类。监测是指对筛选出来的结果进行观测、记录和分析。诊断是指分析、评价和判断检测的结果。其他的风险识别方法还有很多，例如头脑风暴法、流程图法、德尔菲法、SWOT分析法等，数字普惠金融机构根据自身条件和技术水平灵活选择不同的风险识别方法，也可以结合几种一同使用，从而提高风险识别的准确性。

### 8.4.3 风险评估和计量

风险评估是为了使数字普惠金融机构能够对潜在事项的影响程度和大小有一个准确的判断。数字普惠金融机构在对自己可承受的潜在风险做了性质上的分类之后，就需要根据各层次目标在程度和数量上做出判断。事项评估的主要考虑有：

（1）风险评估的内容

要考虑数字普惠金融机构的规模大小、业务复杂性和业务活动集中控制程度等因素，具体内容为固有风险和剩余风险。固有风险是指数字普惠金融机构管理层在没有对风险采取任何措施的情况下，机构面临的风险。剩余风险采取应对措施之后残余的风险、可能性和影响程度。可能性代表事件发生的概率大小，影响程度则代表事项产生的后果严重程度。对风险可能性和影响程度的估计通常来自过去事项的可观察的数据，这些数据更为客观，反映更少的主观偏见。

（2）风险评估的步骤

主要步骤如下：第一，确定风险发生的可能性，即数字普惠金融机构面临风险的概率大小；第二，确定风险对目标影响程度的大小，有的事项对机构的影响极小，可以忽略不计，有的可能导致机构的崩溃，必须避免发生；第三，综合风险后果影响和发生可能性，确定风险等级，并采取相应的措施。

（3）风险评估的方法

风险评估主要包括定性法和定量法。根据历史数据是否对未来有借鉴意义、数据分析成本的大小等来确定采取定性或者定量的分析方法。

第一，定量评估方法，主要是数学统计方法。即用较小、历史的样本观察值预测较大、未来的未知观察值。测算后得出事件发生的概率和结果范围，从而评估风险的影响。数字普惠金融机构风险估计可以选择以下几种方法：

基准法——采用共同的标准将具体事件的指标和结果进行比较，发现其中的差异。

概率模型——概率模型将事件后果与发生概率联系起来。根据历史数据或模拟结果，对可能性和影响进行评估。概率模型又可以分为以下几种：客观概率法、主观概率法、统计估值法、假设检验法。

非概率模型——在没有量化可能性时，通过主观的假设，根据历史数据及未来假设，估计事件的影响程度。非概率模型的方法很多，例如敏感性测量、情景分析和压力测试。

第二，定性评估方法。指通过运用过往经验及收集意见等方式，对风险事项的性质进行判定，以此来评估其对数字普惠金融机构目标的影响。定性评估理论是建立在不确定性经济学的基础上的，代表性方法是专家判断法、描述性方法和数据尺度法。专家判断法在企业，尤其是金融业中被普遍使用，值得数字普惠金融机构借鉴。以贷款审批为例，依靠信贷专家的专业技能、因素权衡和主观判断，判断违约可能性，并确定是否放贷和放款规模。对数字普惠金融的经营和财务情况不同角度的审视，专家们考虑的潜在因素和方法也是多种多样，这些专家一般是机构总部或其分支机构的信贷审批人员。数据尺度法有杜邦财务体系和沃尔比重分析法等。描述性方法包括风险评估卡等。

（4）基于层次分析法的风险评价模型

层次分析法（AHP）是一种多目标的评价和决策方法，对不易定量处理的变量特别有效,将不定量风险排序后做出判断。层次分析法将复杂问题或者多决策问题按照不同层次和要素分解,然后分别进行分析比较,得到各部分的权重后做出最优决策。层次分析法是定性与定量分析的结合,互补了两者的劣势,也更符合实际需要。数字普惠金融风险的多样性和历史数据的不持续性等特点都决定了对其进行风险评估不能单纯使用一种方法或者思路就可以得到准确的结果,尤其是数字普惠金融风险评价的目标有很多,都要酌情考虑。所以对于数字普惠金融机构风险评估方法选取而言,层次分析法是比较理想的选择。

### 8.4.4 风险应对和处置

风险评估之后,就需要决定如何应对和处置。根据之前确定的数字普惠金融机构的风险偏好及容忍度,在分析风险发生概率和影响程度的基础上,管理层必须选择一种方法或一系列的行动来有效管理风险。主要对策有以下几种:回避、承受、降低和分担。在考虑风险应对措施时,管理层要本着"成本-收益"原则。必须识别可能的机会,从整体层面去认识和处理风险,并确定机构总体的剩余风险是否在其风险容忍度之内。在风险应对和处置过程中,应考虑以下几个方面:

(1)数字普惠金融机构的风险应对措施

风险应对措施可以分为以下几种:

①回避。采取措施退出或者回避引起风险的活动。当其他的所有应对措施所需费用成本较高,并且超过预期可得效益的时候,或者没有其他的应对措施能实现目标的情况下,考虑使用回避这一策略。

②降低。采取措施来减轻风险的可能性或影响,把风险降低到容忍范围内。例如,资产种类的风险降低、客户风险降低(即对单一客户授信定限)等都可以实现数字普惠金融机构的风险降低。

③分担。通过转移或分散风险的措施来减少风险的可能性及影响。分担可以将风险降低到容忍范围以内,措施包括保险、避险交易或者服务业务外包等。

④承受。不采取任何措施。当固有风险已经在风险容忍范围以内时,不需要采取措施来影响可能性或风险。

(2)风险应对步骤

在风险评估的基础上,数字普惠金融机构需要制定明确的风险应对和控制措施。最基本的步骤如下:

第一,评价应对措施的效果。评价效果时,主要考虑两方面:发生概率(可能性)及影响。在评价应对措施时,管理者要考虑到所有的结果和情况,并最终实现机构自身对风险承受度及容忍度的要求。在选择时,也可以搭配使用多种应对措施和方法,或许可以达到更好的效果。

第二,评估成本-收益比。资源不是无限量的,尤其是数字普惠金融机构,其风险管理资源极其有限,所以往往会受到一定的约束,在选择应对措施时,一定要按照"成本-收益"的原则。成本包括所有的直接成本、可计量的间接成本、可计量的机会成本等。但需要注意的是,成本很多时候是无法量化的,比如时间、努力等,所以在实践中要灵活处理。

第三,选定的应对。经过"成本-收益"分析及效果比较之后,就需要从潜在的应对措施中进行选择,可以是一种方法,也可以是一系列措施的协同配合,并且应对措施实行之后,在不同的情况和环境下,其效果也是不一样的,所以剩余风险可能会超过机构的目标风险承受度和容忍度,这就需要数字普惠金融机构的风险管理部门对应对措施进行反复的调整和选择。

### 8.4.5 控制活动

当风险应对和处置措施按照风险管理要求确定以后,对措施的执行就成为关键。控制活动就是指为保证措施的执行而采取的一系列活动,包括发布政策、应对程序等。控制活动发生在机构的各个层面上。主要关注以下几个方面:

(1) 控制活动与风险应对措施配合进行

控制活动通常建立在管理活动中,并且根据风险应对措施的需要选取相应的控制活动,可以是一种控制活动配合一种应对措施,也可以多种控制活动共同配合应对措施。

(2) 控制活动的类型

控制活动根据不同方式划分,主要包括预防、检查、手工、电算化及管理层控制等。通常采用的控制活动如下:

①高层复核。高级管理层对照预算、预测、以前期间和竞争者来复核实际的业绩。

②直接运营管理。职能机构及活动的管理人员审核业绩报告。

③信息处理。实施一系列的控制来检查业务的准确性、完整性及授权情况。

④实物控制。对设备、存货、证券、现金及其他资产进行实物性的保护,并定期清点。

⑤业绩指标。将不同系列的数据(经营的或财务的)相互联系起来,结合相互联系的分析、检查和矫正措施,构成一项控制活动。例如职能单位的员工流失率。

⑥职责分离。分开或隔离不同人员的职责,降低错误及舞弊的风险。

(3) 依靠完善的政策和程序来达成控制目标

控制活动通常包括两要素:建立政策和生效程序。口头政策长期存在并被很好地理解时,非书面化的政策也能有效,必须认真执行。如果机械地执行,没有一个明显的、持续的政策指导文件存在,一个程序可能是无用的。

(4) 控制信息系统的重要性

数字普惠金融机构对信息系统在经营、报告、合规方面都有普遍依赖,所以需要控制其中的重要系统。首先是一般控制,它适用于许多应用系统,确保它们持续、适当地运行;其次是应用控制,在应用软件中包含计算机化的步骤,以便控制处理过程;在必要的时候,将上述两种方式与人工实施的控制相结合,共同起作用,保证信息的完整性、准确性和有效性。

(5) 完善控制活动要考虑数字普惠金融主体的特殊性

由于每个数字普惠金融机构都有其自身的目标和执行方法,在风险应对措施和相关控制活动方面可能会存在不同。相似的目标和决策也可能存在不同的控制活动。每个数字普惠金融机构由不同的人员来管理,他们以各自的判断来使内部控制生效。此外,控制反映了机构运行的环境及组织、发展历史和文化的复杂性。相对于一个有较少不同活动的数字普惠金融机构而言,一个具有多样活动的复杂组织可能要面对更困难的控制事项。影响一个数字普惠金融机构复杂性和控制性质的因素包括地理位置、可扩充性、营业复杂性及信息处理方法等。

### 8.4.6　信息和沟通

相关及时的信息及内外部有效的沟通能够使数字普惠金融机构风险管理体系运转通畅,ERM 流程管理要求数字普惠金融机构建立完善的风险管理信息系统,数据由内部生成和外部事件渠道为主,为机构的风险决策提供信息。相关的信息保证了员工能按规定履行各自职责。有效的沟通包括三大方向的信息流动:向下、平行和向上。员工了解在机构风险管理中的职责,以及个人与他人工作之间的联系,他们从高层得到一个明确的风险管理信息,并且根据自身职责向上沟通重要信息,还要与外部方面保持有效的沟通,例如客户、供应商、监管者和股东等。

有效的信息和沟通主要包括以下几个方面:

(1) 信息

数字普惠金融机构要广泛地识别和获取内外部信息,并根据风险管理职责传递给各层级的员工。

①战略和整合系统。由于市场的开放、监管的同步,数字普惠金融机构已经与客户、合作伙伴及监管者等连成一体,数据处理及管理通常为多个主体的共同责任。数字普惠金融机构的信息系统要与外部整合,并且实现调整的灵活性。

②与经营活动相结合。信息系统往往与经营活动联系在一起。数字普惠金融机构应采集使用历史和当前的数据,对比实际的业绩与目标和期望值,支持有效

的风险管理，管理层能识别关系及趋势，预测未来业绩。历史数据也能保证管理层对潜在事件的预警引起注意。

③信息的深度和及时性。信息来源时间要与采集时间、风险应对等一致。信息的及时性要求信息与数字普惠金融机构周围环境的变化相一致。相应的信息处理设施将原始数据加工处理转变为相关的信息下达到各层级的员工，以帮助他们履行其风险管理职责。

④信息质量。当今社会，数据的可靠性至关重要。数据不准确会导致风险不能被识别或评估不足，管理层出现决策失误。信息质量主要包括内容是否恰当、信息是否及时、信息是否最新、信息是否准确、信息是否可以取得。

（2）沟通

当信息被及时、准确地得到之后，如何使员工适当地得到成为关键。机构通过信息系统向员工提供信息，保证他们履行各自风险管理责任，所以沟通是信息系统的内在要求。沟通主要包括内部沟通和外部沟通等。

①内部沟通。管理层提供关于数字普惠金融机构风险管理清晰的方法申明及明确授权，为员工的行为和责任提供直接的沟通。沟通应有效地传达：重要性、目标、风险偏好和风险承受力、术语、职责。员工之间的活动是相互关联的。要建立正常的和应急的沟通渠道与机制。

②外部沟通。外部沟通渠道可以更加了解客户的需求和建议，为以后的经营提供参考，满足客户偏好。外部监督人员和审计人员为机构的决策提供了重要信息，并且外部的沟通使得机构的日常运营满足了法律和机构的监管要求，规避了机构的法律和政策风险。

③沟通方式。备忘录、电子邮件、网络发布等形式都可以实现沟通。行动高于语言，管理者的行动受到数字普惠金融机构的历史和文化影响。对于诚实经营且其文化被整个机构的员工理解和接受的数字普惠金融机构，信息的沟通几乎没有困难。

### 8.4.7 监控

监控是指对风险管理组成要素的运行进行评价的过程，其通过持续的监控活动和个别评价得以实现。数字普惠金融机构应在日常管理活动中进行监控，而当风险评估和监控程序有效性达不到要求时，或者管理层有相关要求时，要进行个别评价。个别评价的范围和频率也可以根据不同要求进行调整。监控主要应实现以下四个方面：

（1）监控的持续性

持续性监控的执行人员一般包括两部分，即经营管理人员和辅助管理人员，通过对信息的判断，确定是否需要采取矫正或其他措施。

(2) 单独评价

通常评价是由特定单位或职能部门人员以自我评估的形式进行的。评价活动是内部审计人员的常规职责，当高层管理者、董事会、附属公司或分部负责人提出特殊要求时，也可以进行评价活动。还可以聘请外部审计人员对机构风险管理的有效性进行评价。

(3) 报告缺陷

"缺陷"是指在数字普惠金融机构风险管理过程中应引起注意的条件，包括缺点和机会。它可能来自内部的持续监控程序、单独评价及外部集团等。缺陷来自直接参与到数字普惠金融活动中的人员的快速识别和报告。报告的内容包括一切影响机构战略目标执行的缺陷。每一位员工都应该明确自己的风险管理责任和报告义务。

(4) 具体的项目风险监控环节

主要步骤包含以下几方面：建立风险监控体系、确定监控风险、制定并实施监控方案、跟踪监控结果。这四个部分要紧密联系起来，实现有效的衔接。

## 8.5 数字普惠金融的监管思路

### 8.5.1 监管原则

数字普惠金融的长期发展离不开整个金融体系的安全和稳健。监管部门为了实现普惠金融目标，在某些领域会放松监管要求。从国内看，虽然在 P2P 领域已经出台了一系列的管控措施，在其他一些领域，包括互联网支付、数字保险，似乎也有了比较成熟的监管框架，但仍然有一些问题值得思考，长期来看，必须确保有强大的监管框架，使数字普惠金融能长期稳定发展。尤其是在金融科技领域，需要平衡风险与创新之间的关系，为创新提供持续增长的空间，使数字普惠金融的各参与主体能够全面激发潜能，不断建立持续而稳健的新型商业模式和伙伴关系。

要实现数字普惠金融目标，则既要维护好市场诚信，又要做好权衡取舍。这就要求国家监管机构既要建立相关监管机制，又要使各参与主体能够保持足够的灵活性；监管机构还要使新的供给主体能够进入数字普惠金融市场，并为金融产品创新留下空间。鼓励创新的同时引入适当监管是我国监管部门在数字普惠金融发展时期所采取的一种平衡性的政策措施。2015 年，中国人民银行等十部门发布《关于促进互联网金融健康发展的指导意见》（以下简称《指导意见》）[1]，提

---

[1] http://www.pbc.gov.cn/goutongjiaoliu/113456/113469/2813898/index.html.

# 第8章 数字普惠金融扶贫的风险分析与监管

出要遵循"依法监管、适度监管、分类监管、协同监管、创新监管"的原则，科学、合理界定各业态的业务边界及准入条件，落实监管责任，明确风险底线，保护合法经营，坚决打击违法和违规行为。《指导意见》不仅提出"为互联网金融创新留有余地和空间"，还强调了通过鼓励创新和加强监管互相支撑，促进互联网金融健康发展，更好地服务于实体经济。《指导意见》是对金融行业创新相关风险进行管理迈出的关键步伐。必须承认的是，数字普惠金融是相对较新的金融业态，在监管经验上没有可借鉴的成熟经验。尽管目前监管部门对数字普惠金融市场的监管持有相对开放的态度，然而，为确保其有利于金融需求主体的方向可持续发展，对新兴金融业态建立全面、适度的监管框架，并确立明晰的标准，十分有必要。因此，对于监管部门来说，如何建成健全全面的法律和监管框架，以应对数字普惠金融的风险，今后还有很多工作要做。

### 8.5.2 基本思路

数字普惠金融的跨界特征明显，需要完善综合监管和穿透式监管，加强监管的协作和信息共享；在监管资源方面，数字普惠金融模式众多，创新速度快，给监管人员、监管工具提出了更高的要求；在监管能力上，需要注重利用数字技术对现有监管流程和系统进行优化。

第一，建立并健全数字普惠金融法律监管框架。数字普惠金融的法律监管框架可以从基础法律体系、金融法律体系、行业市场政策三个方面进行配套创新。在普惠金融的立法方面，美国已经处于世界成熟行列。美国在推进普惠金融发展过程中始终坚持法治原则，不断修订立法，保护普惠金融市场发展，其中《社会再投资法》《公平信用报告法》《联邦存款保险法》起到推动普惠金融发展的核心作用。我国要构建好数字普惠金融发展的法律框架，必须注意数字技术带来的技术风险和普惠金融本身存在的风险，从而构建支撑数字普惠金融发展的数据库和信息系统，明确区分各金融机构之间的职责和定位，并充分保证普惠金融的商业可持续性。

第二，加强数字普惠金融各参与主体的交流、合作与信息共享。信息安全是风险防范的前提，也是数字普惠金融发展的基石。首先，要利用立体、多维度的认证体系实现线上业务身份认证；其次，可以使用线上身份认证电子签名和基于数字签名技术的无纸化解决方案实现电子合同的签署和应用，并建立合同签署的事后保全服务体系，保证交易的完整性和合法性。另外，要定期检测信息系统安全，建立共享机制，联防联控安全风险。各参与主体之间应互相借鉴风险管理优势，充分把握互联网大数据资源，有针对性地在不同业务领域共享并挖掘分析数据，提升对客户信用风险的评估能力。例如，商业银行开展数字普惠金融业务时，伴随而来的风险也不断下沉，在这一过程中，商业银行借助第三方数据可以有效提升自身征信能力。总之，商业银行应积极与金融科技公司、互联网安全公司合作，针对特定的业务进行安全测试与压力测试，提升对信息安全风险防范的主动性。

第三，建立差别化的数字普惠金融监管标准与要求。数字普惠金融具有特殊的风险表现和客户群体，简单依照传统金融的监管标准对数字普惠金融机构进行监管是不合适的，构建差别化的监管指标和措施实属必要。在资本充足率方面，鉴于数字普惠金融机构存在较高的管理风险和管理成本，并且其股东在需要补充资本时追加资本的能力一般较弱，对数字普惠金融机构的资本充足要求较巴塞尔协议对传统商业银行设置的标准更为严厉；在流动性要求方面，由于获取外部短期流动性支持的渠道一般较为有限，对数字普惠金融机构除规定按存款的一定比例提取准备金等之外，还可要求提留利润来积累准备基金。在贷款风险控制上，宜适当降低数字普惠金融贷款中的抵质押要求，允许保证担保的广泛运用。在贷款损失准备计提与坏账冲销上，考虑到数字普惠金融机构贷款资产质量的高波动性及贷款期限的短周期性，对数字普惠金融机构的损失准备计提和坏账核销规定宜较传统金融机构更为保守。并且，鉴于数字普惠金融的发展变化较快，监管机构还应根据数字普惠金融本身的发展水平及外部市场环境的变化，动态地对相关监管标准与指标做科学调整。

### 8.5.3 我国数字普惠金融监管的演变

（1）发展初期的安全保障阶段（2013年以前）

数字金融兴起之初，主要是第三方支付、网络借贷和理财等新兴业务的扩张与发展。监管政策主要集中在信息安全的保障和风险警示方面。在这个阶段，虽然互联网金融品种多、机构多，但业务量相对较小，并且多元化的业务对应的监管主体也未明晰，缺乏实质性的监管政策和工具。

（2）数字金融监管的初步建设阶段（2013—2016年）

2013年被称作"互联网金融元年"，此后，不同的互联网金融模式框架初步确立，在国家"互联网+"的战略支撑下，互联网金融进入了一个高速发展的阶段，但同时这一阶段问题也层出不穷。监管部门在逐渐了解互联网金融业态发展的基础上，针对该行业进行了一些制度设计和细则监管，逐渐明晰了各业态的监管主体和监管责任，使得互联网金融进入了规范发展的新阶段。2014年4月，银监会与中国人民银行联合发布《关于加强商业银行与第三方支付机构合作业务管理的通知》，对商业银行与第三方支付机构合作业务进行规范，同时，保障客户资金和银行账户安全；2015年7月，中国人民银行等十部委联合印发了《关于促进互联网金融健康发展的指导意见》，代表我国互联网金融顶层设计正式落地；2015年12月，银监会等四部委发布《网络借贷信息中介机构业务活动管理暂行办法（征求意见稿）》，拉开 P2P 网贷行业监管序幕。

（3）数字金融风险专项整治和全面管理阶段（2016 年之后）

如果说之前的监管有着一定的滞后性和未落入专项监管的不明确性，那么，2016 年可以被称为"互联网金融监管元年"，也是互联网金融被写入"十三五规划"之后的开局之年，伴随着互联网行业的快速发展，一系列监管办法相继出台，《互联网金融风险专项整治工作实施方案》的公布开启了对互联网金融风险专项整治工作的全面部署，深入并稳妥地推进金融监管体制改革，构建了以技术为驱动的监管体系新范式。2016 年 4 月，国务院出台《互联网金融风险专项整治工作实施方案》，组织 14 个部委召开电视会议，在全国范围内启动有关互联网金融领域的专项整治；2016 年 8 月，银监会官网正式对外公布《网络借贷信息中介机构业务活动管理暂行办法》，并做出了 12 个月过渡期的安排；2016 年 10 月，中国互联网金融协会发布《互联网金融信息披露个体网络借贷》标准（T/NIFA 1—2016），涉及 96 项指标；2017 年 6 月，中国人民银行等十七部门联合印发《关于进一步做好互联网金融风险专项整治清理整顿工作的通知》，次月互联网金融整治工作领导小组办公室下发《关于对互联网平台与各类交易场所合作从事违法违规业务开展清理整顿的通知》；从 2016 年至今，各省市互联网金融监管政策也先后出台。

### 8.5.4 农村数字普惠金融试验区的监管实践

（1）兰考县——"一平台四体系"全面保障发展与监管

兰考试验区自 2015 年申报、创建，至 2016 年获批、落地，在不断的探索实践过程中，找到了普惠金融落地的有效路径，有效地助力了兰考打赢脱贫攻坚战。兰考试验区探索建立"一平台四体系"，不断优化金融生态环境，取得积极成效，形成了重要的可复制、可推广的经验。在数字普惠金融监管方面，通过建立"四位一体""分段分担"的新型风险分担机制，有效解决了普惠授信过程中的风险分摊难、权责利不对等问题。兰考试验区采用了"银政保担"共担、"分段核算"的普惠授信风控机制，充分调动各方的积极性，促进普惠金融可持续发展，将普惠授信不良率划分为四段：2% 以内的不良损失由银行承担，让银行成为风险承担的首要主体；不良率超过 2% 的部分，银行按区间担责递减，不分担超出 10% 的部分，扫除银行开展普惠授信的后顾之忧。政府风险补偿金担责随不良率上升而递增，压实了地方政府信用环境建设责任；保险、担保机构按固定比例分担风险。目前，财政支持新型农业生产经营主体发展创新融资的风险补偿机制已在兰考建立。

（2）北川县——全国首发县域数字普惠金融指数评价体系

作为全国唯一的羌族自治县和"5·12"地震重灾区，北川在数字普惠金融之路上开始了积极探索。近年来，北川积极探索数字普惠金融与精准脱贫及乡村振兴发展的有机结合，聚焦发展痛点、难点，关注小微企业、农村贫困人口、残疾人产业发展中的融资难、融资贵问题。2019年，四川省北川羌族自治县发布县域数字普惠金融指数，该指数由西南财经大学中国金融研究中心和北川县域普惠金融研究中心共同发布，并在中国人民银行绵阳中心支行、北川县政府等支持下，根据绵阳市5县（市）的数据，对县域数字金融指标体系进行了试算。该指数是我国迄今建立的首套全口径、系统化、可复制、可推广的县域层面数字普惠金融评价体系，旨在反映县域数字普惠金融发展情况，科学有效地监测和评估不同县域数字普惠金融发展水平与成效。北川县整合多种类型的制度资源，整合农村市场关系网络，通过信用公开实现金融办理无抵押、免担保，更多依赖农户信用修复和信用提升的奖惩机制，激活农户信用价值意识，进而优化了农村金融信用的生态环境，创新了农村数字普惠金融服务的机制和方式。

# 第9章

# 数字普惠金融扶贫保障体系的构建

## 9.1 搭建智慧农业与脱贫攻坚的金融桥梁

### 9.1.1 我国智慧农业的发展趋势

中国是一个农业大国,发展高效、安全的现代生态农业是中国农业现代化建设的目标,然而,随着人口快速增长、耕地面积不断减小及城镇化加速推进,农业面临的挑战日趋严峻。近年来,随着我国现代信息技术成果在农业中应用的不断推进,农业可视化远程诊断、远程控制等智能管理已经可以实现,这些应用不仅使农业生产变得更加标准化、精准化,降低成本,也培育出了优质、高产农产品。2017年7月,国务院印发《新一代人工智能发展规划》,提出人工智能下一步发展是与各行业的融合创新,在农业方面,未来将建立和完善天、空、地一体化的智能农业信息遥感监测网络,研制农业智能传感与控制系统、智能化农业装备和农机田间作业自主系统等。智慧农业是数字中国建设的重要内容。加快发展智慧农业,推进农业、农村全方位全过程的数字化、网络化、智能化改造,将有利于促进生产节约、要素优化配置、促进供求交对接、治理精准高效,有利于推动农业农村发展的质量变革、效率变革和动力变革,更好地服务于我国乡村振兴战略和农业农村现代化发展。

信息和知识是智慧农业的核心要素。当前,互联网、物联网、大数据、云计算、人工智能等现代信息技术,正在与农业深度融合,具备农业信息感知、定量决策、智能控制、精准投入、个性化服务的全新农业生产方式已经运用到了实践中。所谓智慧农业,就是将物联网技术运用到传统农业中去,运用传感器和软件通过移动平台或者电脑平台对农业生产进行控制。从广义上讲,智慧农业还包括农业电子商务、食品溯源防伪、农业休闲旅游、农业信息服务等方面内容。智慧农业是农业生产的高级阶段,是集新兴的互联网、移动互联网、云计算和物联网技术为一体,依托部署在农业生产现场的各种传感节点(环境温湿度、土壤水分、二氧化碳、图像等)和无线通信网络实现农业生产环境的智能感知、智能预警、智能决策、智能分析、专家在线指导,为农业生产提供精准化种植、可视化管理、智能化决策。

智慧农业是智慧经济重要的组成部分,也是发展中国家消除贫困、实现后发优势、经济发展后来居上、实现赶超战略的主要途径。近年来,"智慧农业"在全国各地发挥着越来越重要的作用。广东现代农业产业园建设要求三产融合发展,打造生产要素齐备的全产业链;河北省石家庄市大力实施农业物联网示范工程,围绕科学施肥、精准施药、育种与产业结构优化布局等实际生产决策需求,在11个县(市)区建立区域站物联网应用45个;山东省加快推广"互联网+农业科技综合服务"模式,优化农科驿站、微课堂、手机APP、12396直播间、12316农业公益服务体系等服务功能,进一步完善云农业科技服务体系……值得注意的是,近年来,百度、阿里、腾讯、京东等国内互联网巨头纷纷加快了在智慧农业领域的布局。例如,阿里AI养猪项目通过构建AI算法,实现"猪脸识别",从而帮助养殖户随时随地对动物的健康状态进行管理;腾讯人工智能实验室(AILab)在温室种植黄瓜的过程中,浇水、通风、光照和施肥等工作由人工智能传感器收集的环境和生长数据,通过强化学习和计算进行判断,然后驱动温室里的设备元件自动完成。

和许多互联网化产业发展历程一样,智慧农业也经历着各类由人工走向智能的机遇和挑战。我国智慧农业的潜在市场规模巨大,前景十分广阔。然而,目前我国农业多数还停留在传统农业的阶段,大部分地区农业基础设施仍然落后,对于智慧农业的接受程度相对较低,并且较为分散。总体来看,应用智慧农业的技术费用较高,农业风险因素较多,若数据收集不够多,铺设设备的费用和传统农业经营成本相比较并不一定划算。农业物联网技术实际应用方面需要有完整的系统,不同类别的数据需要不同的零件,如果只是进行简单的温湿度监控,意义并不是很大。

智慧农业在国内展现出较好的发展潜力,未来需要进一步利用云计算、物联网、人工智能等领域的新技术、新成果,从多个方面向农业生产经营的各环节延伸,最终促进智慧农业更好地发展。随着物联网、移动互联网等信息技术及智能农业装备在农业生产领域的广泛应用,智慧农业逐渐为人所知。它不仅改变了传统的农业生产方式,也渗透到农产品销售、物流和服务监管的各个环节。当前,我国已经初步具备了实施智慧农业的软硬件环境，未来智慧农业需要向农业资源管理、农作物生产管理、农产品质量管理、农村政务服务管理4个子方向进行延伸，真正和农业的各个环节融合起来。未来实现农业物联网产业化，应着手突破农业物联网核心技术和重大关键技术，探索农业物联网商业模式，加快农业物联网标准体系建设，开展农业物联网补贴，大力开展农业物联网示范工程；同时，加快制定农业物联网发展的产业政策。

### 9.1.2　智慧农业助力脱贫攻坚

通过智慧农业与脱贫攻坚的良性互动，可以帮助贫困农户脱贫增收。从具体途径来看，主要有四种：一是智能化生产提升农民种养业收入。在农产品的生产过程中，随着智慧农业的逐步实现，提高农业产量、销量、销售价格等，可以显著提升产品销售利润，提高农户收入。二是网络化经营增加流通收入。好产品得有好渠道，将产品推送到对应的市场才能够获取到更多的收益。农村要想富，就得先修路，过去是修真实的路，如今是修互联网线上的路，通过与电商的合作，再结合大数据的市场分享，能够让农产品更好地推送出去。通过对贫困村开展电子商务培训等方式，提升贫困农户的电商经营能力，同时，当地电子商务企业要注重销售当地特色产品，通过电子商务帮助贫困户增收。三是高效化行政促进精准扶贫。贫困村相关对接行政部门可以投资建设食品安全溯源平台、农业信息云平台等网络平台，积极探索"互联网＋"模式推广支柱产业。四是依托大数据建立贫困人口的信息化平台。根据大数据对农民数据进行整理，建立贫困人口的信息化平台，从而体现扶贫的精准。当然，根据此平台也能够加强资源更加合理地分配，从而更好地实现精准扶贫。围绕创新为农服务抓好益农信息建设项目，健全科技信息服务体系。相关信息渠道可以积极与农村淘宝合作项目，开展公益、电商、便民和培训等服务试点。总之，通过推进农业系统智能化运营，可以帮助贫困地区进一步提升农业合作生产和建设的能力，从而推进贫困县区农业产业转型升级。

### 9.1.3　智慧农业离不开金融支持

目前，国内一些智慧农业项目的开发尚处于试验示范阶段，尚未得到成熟的商业推广。发展前景受到很多制约。原因之一是金融产品创新滞后，导致对智慧农业的发展缺乏金融支持。对于智慧农业链的上游企业而言，专利等知识产权无疑是可以抵押的最有价值的资产。但是，由于区域范围内缺乏专利、新技术和其他知识产权的专业知识产权评估机构及评估标准，以及知识产权交易市场，因此，很难准确界定知识产权的价值。知识产权不能通过正规渠道进行交易。对于农业经营主体而言，通常缺乏符合银行贷款门槛的固定抵押品。由于资产处置的困难，农业金融机构发放的种植大棚、机械设备等抵押贷款基本上仅限于消化现有贷款，新增的物权抵押贷款很少。农村承包土地经营权的贷款支持机制也不完善，使得难以从银行获得贷款支持，以应用和推广智慧农业。

智慧农业作为农业发展的高端形式，需要经过培育、发展和成熟的过程。通过政策扶持、技术研发推广、金融创新支持等方面，推动智慧农业发展刻不容缓。

在建立智慧农业发展协调机制、加强规划引导的基础上，充分发挥配套政策作用。智慧农业具有一次性投入大、效益广、公益性强的特点。这里可以借鉴国外发达国家发展智慧农业的经验，加强政府部门对智慧农业发展的政策引导和资金支持。加大资金支持力度，重点支持云计算、大数据、移动互联网、物联网等智能产业技术在农业生产经营、农产品市场流通、农产品安全监管等方面的应用。建立金融投资智慧农业贷款激励基金，对智慧农业贷款大幅增长的金融机构给予相应的激励措施，鼓励金融机构加快智慧农业金融产品和服务创新。同时，要完善土地经营权流转的相关配套制度。要尽快建立健全土地流转中心、专业评估机构和抵押登记部门，因地制宜发展农业生产规模化、集约化，为推进智慧农业发展创造条件。还要加强知识产权交易市场配套服务，推进政策法规、融资担保和专业评价体系建设，加快农业科技成果转化。

构建多层次融资平台，促进技术开发和应用。逐步构建风险投资、担保基金、债券市场等多元化融资平台，是解决智慧农业融资难的重要途径。一是建立健全风险投资制度。采取私募与公募相结合的方式，吸引和支持风险投资、私募股权投资、产业股权投资基金参与重点企业和智慧农业项目的投资。二是推进智慧农业产业链建设，拓宽直接融资渠道。积极推动企业采取集合票据、集合债券、短期融资券等直接融资工具，改变过度依赖银行贷款的困境，拓宽融资渠道，降低财务成本。三是积极推进保障体系建设。加快建立包括金融和社会投资在内的多层次风险分担机制。建立智慧农业专项担保基金，完善担保机构注资和风险补偿机制。

商业银行应根据区域农业生产特点和农业经营主体多元化需求，加快金融产品和服务模式创新。一方面，创新融资担保方式。积极探索知识产权质押贷款，推广具有自主知识产权的农业科技创新企业无形资产质押贷款品种，支持智慧农业科技研发，围绕精准农业生产技术、实时监控技术、食品追溯和防伪技术等关键技术，有效解决物联网关键问题感知点上的数据高效传输和功耗问题，降低应用成本；加快以承包土地经营权、种植温室、农机设备为对象的抵押担保方式，制定相关贷款操作规程和风险防范措施，扩大抵押品种范围，切实解决农业经营主体抵押物不足的问题。另一方面，要创新信贷融资产品。结合互联网订单、供应链订单等新型订单农业模式，推进供应链融资、互联网订单质押、仓单质押贷款，优先支持技术先进、优势明显、带动和支撑作用强的智能农业项目，支持物美价廉、简单、实用的 APP 开发，实现数据处理与用户群体个性化需求的有效匹配。此外，要创新金融服务，嵌入式网店，围绕农村电子商务平台，如收货凭证、快递退货、支付宝账户等网络商铺的基础数据和可信度，分析确定信用等级，明确信用额度。嵌入财务结算环节，通过现金银行企业管理平台和云计算等科技创新支付媒体，实现网上销售现金汇款的及时到达和配送，并提供金融、结算等综合金融服务相结合的月度或季度销售数据和企业账户流量。灵活的贷款定价可以为经营规范、资金实力雄厚、风险控制能力强的担保机构承销的优质智慧农业项目提供贷款定价优惠，降低其融资成本。

## 9.2 推进农村数字普惠金融的基础设施建设

### 9.2.1 推进农村信用体系建设

农村信用体系是社会信用体系的重要组成部分，对于数字普惠金融发展、脱贫攻坚具有重要意义。完善农村信用体系建设能够较好地解决农户信用信息不对称问题，对解决农民贷款难、防范商业银行信贷风险、有效增加三农信贷投入、支持三农经济建设起到积极的作用。目前，我国农村地区出现"贷款难"问题，这与农村信用环境建设滞后密不可分。要想尽快解决农村"贷款难"问题，就必须加快征信体系的建设，逐步实现信用的城乡一体化改革。与城市不同，在农村开展信贷业务必须依赖大量"软信息"。由于严重缺乏获取正常信息的渠道，金融机构不能及时掌握农民的信用信息数据，通常为规避信用风险而惜贷。因此，完善农村征信体系建设对于解决农村贷款难这一大问题，对改善农村金融的生态环境具有重要意义。

构建农村信用体系，建立健全信用记录和信用信息是基础。农户信用信息的收集面临居住分散、流动性频繁、经济收入不稳定等挑战。在实际中，应进一步拓展全国统一的企业和个人信用信息基础数据库覆盖面，将涉农信用信息全部纳入征信系统。征信主体应该覆盖农业银行、农业发展银行、邮政储蓄银行、农村信用社等农村金融机构，村镇银行等新型农村金融机构及其他工商、税务、质检、法院、社保、环保、公用事业、教育等有关部门掌握的信息逐步纳入征信系统。确保对个人的信用状况有一个准确的评价保证，加强征信系统数据库采集范围和提供服务领域的不断扩大。《征信管理条例》已明确规定，征信中心可以依法向行政机关、司法机关、金融机构以外的企事业单位收集个人、法人及其他组织相关信用信息，这为采集信息资料创造了有利条件。

建立以市场为导向的多元化、全覆盖征信体系。目前，中国人民银行组织银行业金融机构建成了我国集中统一的企业和个人征信系统,基本覆盖了全国范围内持牌金融机构的放贷业务。但随着我国市场经济发展程度的深化,在持牌金融机构之外,一些准金融活动或类金融活动也形成企业和个人的负债,并对经济金融发展形成重大影响。然而,受信息提供者和信息使用者的核算基础、管理体制、技术能力、队伍素质等众多因素的制约,人民银行征信中心的业务无论是现在还是将来,都难以对持牌金融机构以外的债务人负债信息做到全覆盖。因此,为了防止信用违约风险跨市场、跨行业、跨区域转移,客观上要求在人民银行征信中心之外,再培育一些社会征信机构,构建与市场需求适配的多元化全覆盖的征信体系,逐步建立以市场为导向的多元化、全覆盖征信体系。鼓励有实力的公司进入征信行业;鼓励运用互联网、云计算、大数据和人工智能等新技术,弥补个人信用记录缺乏的短板,让中国征信业从较高起点起步,缩短行业发展周期。

依托农业大数据强化涉农征信数据平台建设。近年来,农业物联网、无线网络传输等技术的蓬勃发展,极大地推动了监测数据的海量爆发,农业跨步迈入大数据时代。现代农业通过技术手段获取、收集、分析数据,有效地解决农业生产和市场流通等问题。互联网技术驱动农业生产向智慧型转变,对于我国现代农业的转型升级具有重要意义。2018年,我国成功发射了首颗农业高分卫星,大幅提高农业对地监测能力,加速推进天空地数字农业管理系统和数字农业农村建设,为乡村振兴、精准扶贫战略的实施提供精准的数据支撑。有效结合并利用农业大数据,依托执行机构的信用黑名单、中国人民银行个人征信信息平台、加入民间征信结构的市场力量,不断增加用信场景,打破农村信用信息的孤岛局面,从采信、评信到用信,以数据驱动构建农村征信体系的闭环。借助商业金融机构与大数据平台(如百融云创)的信用评价体系,对融资者做贷前审核、贷中预警、押品评估等模型化分析,将整个融资流程做全程风控,在使用借款人、担保人信用数据的同时,不断驱动新的信用数据记录。

推进贫困地区诚信意识和诚信文化建设。征信体系具有一定的公共性和网络效应,其价值随着所覆盖用户数的增加而增加。目前,我国农村居民的金融知识相对缺乏,信用意识还比较薄弱,对自身的征信记录关注度不够,因此,加强农村地区,尤其是贫困地区诚信意识和诚信文化建设十分必要。随着农村金融服务和数字普惠金融的拓展,广大农村地区的居民已享受到了一定程度上的"数字红利",但也同样要求农村消费者具备一定的金融知识技能。应进一步加强金融知识普及教育,提升农村金融消费者和其他普惠金融服务群体的金融知识水平和金融素养,从而将更多经济主体纳入金融服务体系,享受数字普惠金融发展的"红利"。

加强农业信息数据保护。互联网金融时代给普惠金融用户带来了更加便捷的金融服务,但与此同时,互联网技术降低了欺诈和犯罪的成本。近几年,各类金融欺诈事件，如盗用账号、身份冒用、恶意骗贷等行为持续发生，普惠金融用户成为最大的受害者。农业信息保护和利用要相结合，无视市场需求的所谓保护不是解决办法，合法利用才是最佳的保护方式。从目前的征信市场看，多场景的信用信息供不应求。应该推行征信业供给侧改革，鼓励支持运用新技术的征信机构企业进入征信体系，使供给侧改革和需求侧管理相辅相成。要促进信用信息的合理利用和流转，并建立采信、评信、用信等环节的合理利益分配机制，以助推信用产业链的建立和整个信用市场的繁荣与有序发展，加快信用意识在全社会的有效普及。

### 9.2.2 加快农村信息化基础设施建设

"互联网+农业"的现代农业发展模式蕴藏着推动脱贫攻坚的强大力量，数字普惠金融对脱贫攻坚、精准扶贫的助力效用发挥，离不开以信息化保障的基础设施建设。乡村信息化，是通信技术和计算机技术在农村生产、生活和社会管理中实现普遍应用和推广的过程，是落实网络强国战略的具体体现。当前，在我国部分偏远落后的地区，信息化的基础条件匮乏，可以说与城市（特别是发达地区）形成了一道"数字鸿沟"。这道鸿沟的存在无论是在经济发展上还是在乡村政务上，都会带来阻力与问题。而一系列的信息化技术，能够有效地弥补这道鸿沟。信息化建设离不开基础设施的完善，尤其是与互联网有关的新基础设施建设。2019年中央一号文件就明确提出了一系列乡村信息化、数字化的要求，补齐农村基础设施这个短板，重点抓好包括"乡村物流、宽带网络"等基础建设，逐步建立全域覆盖、普惠共享、城乡一体的基础设施服务网络。2020年中央一号文件提出，基本实现行政村光纤网络和第四代移动通信网络普遍覆盖。推动数字普惠金融持续发展，需要进一步加强农村宽带、通信等信息化基础设施建设力度，扩大农村互联网建设规模、提高农村互联网传输效率；加快物联网、智能设备等现代信息技术和农村生产生活的深度融合，推广适合农村、方便农民的信息化产品。完善农村信息服务体系，加大信息进村入户工程实施力度。积极引导电信运营商、电商、金融机构等共同推进信息进村入户，健全市场化运营机制，推动组建信息能实现进村入户的全国或省级运营实体。大力发展生产性和生活性信息服务，提升农村社会管理信息化水平，加快推进农业农村信息服务普及。

### 9.2.3 推进农村支付结算体系建设

（1）规范并引导第三方支付健康发展

长期以来，农村金融机构网点少、支付渠道服务不健全、贷款难、取款难、结算难等农村金融环境问题在某种程度上制约着农村经济的发展。一个覆盖广泛的支付结算体系是推进普惠金融的基本条件，而第三方支付的发展是推动这一结算体系的主力。随着第三方支付在农村地区深度发展,形成了多层次、广覆盖的农村金融服务体系,促进了农村普惠金融发展。

为规范第三方支付行业发展秩序,2010年6月,中国人民银行正式对外公布《非金融机构支付服务管理办法》,要求包括第三方支付在内的非金融机构须在2011年9月1日前申领《支付业务许可证》,逾期未能取得许可证者将被禁止继续从事支付业务,我国第三方支付行业正式进入牌照监管时代。2016年8月,中国人民银行明确宣布,坚持"总量控制"原则,"一段时期内原则上不再批设新机构",并注销长期未实质开展支付业务的支付机构牌照。央行从2011年开始对第三方支付公司发放牌照,2011年5月18日首批第三方支付机构27家单位获批;截至2019年5月,中国第三方支付牌照的发放一直处于"停滞"阶段,现存第三方支付牌照共238张。

第三方支付市场从其出现就迅速迎来了爆发式增长。更快的交易流程,更低的交易成本,第三方支付机构很快赢得了B端企业和C端用户的青睐。这些第三方支付机构持续推进着支付体系的改革,越来越多的金融产品也逐渐选择与第三方支付合作。与此同时,银行支付机构也在不断谋求变革,很多支付通道都逐渐向第三方支付开放,两者的合作共同促成了良好的支付结算体系,为数字普惠金融的发展奠定了交易环境。

(2)多方联动提升农村地区支付服务工作效率

积极引导涉农银行机构和第三方支付机构,围绕"发展普惠金融、惠及更多百姓"的目标,立足农村和农民支付服务需求,创新支付产品,大力推广适合农村的支付结算服务品种,扩大农民支付工具使用范围。同时,相关部门要发挥职能作用,彼此间构建联动机制,加大对农村支付服务工作推进力度,加速实现农村支付环境建设工作目标。

(3)优化农村地区银行机构布局

积极引导农村信用社和邮储银行在农村铺设网点,改善农村金融服务不足的现状,在确保经济效益的前提下鼓励国有商业银行增设网点,发挥国有商业银行在支付系统建设方面的优势。力争形成覆盖地域广泛、服务种类多样、服务质量优良的农村金融服务体系。鼓励在大型农村集市或交易市场增设网点或布放ATM、POS机等支付机具,以配套的金融服务来架构与农村经济社会持续发展相适应的物流、商流、资金流、信息流体系。这些将为农村支付服务市场的发展提供新的机遇,将推动普惠制金融的创新和发展。

(4)积极推动现代化大小额支付系统向乡村延伸

畅通农村地区的支付清算渠道,大力加强农村金融基础设施建设,为金融机构参与农村支付服务市场提供基础条件。吸收符合条件的农村银行机构网点加入大小额支付系统、支票影像系统、账户管理系统和同城清算系统,增强农村地区的金融服务功能，畅通农村地区的支付清算渠道。

（5）合理发展金融服务点

逐步将服务点打造成惠农服务站。发展金融服务站时，要对发展对象进行严格审核，可以利用人民银行征信系统对拟发展对象进行信用测评，要选择讲诚信、素质强、测评度高的农户作为发展对象。在站点建立以后，让本村村民对服务点的工作人员进行评价，以此来确定是否由其继续经营服务点，并定期对服务点工作人员进行业务培训。待条件成熟后，将金融服务点打造成集办理支付服务、咨询金融业务、开展金融知识普及和宣传为一体的综合惠农服务站，为广大农村居民提供金融服务。

（6）建设良好的支付清算环境

加大对农村地区的支付结算知识的宣传力度，培养农民使用非现金支付工具。通过减免手续费或降低收费标准等措施，来鼓励农民和农村企业应用现代化的支付工具。要及时清理金融机构收费项目，取消不合理收费，使农民真正体验到银行卡的便捷和好处，提高对非现金结算的认识。以涉农银行机构为依托，充分利用各种媒体，开展能让农村群众看得懂、记得住、会使用的支付知识宣传，增强其对支付系统的了解和对非现金支付手段的认识，以此引导农村消费者改变旧的支付观念，推广使用现代支付方式。

## 9.3　推动数字化农业产业链融资的纵深发展

### 9.3.1　农业产业链融资需求

农业产业链是产业链在农业领域的具体应用，农产品从原料、加工、生产到销售等各个环节的关联，包括农业产前、产中、产后的各部门、组织机构及关联公司以价值链、信息链、物流链、组织链缔结的有机整体。虽然在市场拉动和政策支持的共同作用下，我国传统的农业产业链正迈入快速发展的新阶段，但是存在着问题阻碍其发展，导致产业链竞争力总体不强。一方面，产业链一体化程度低，市场规范性乱。生产主体总体较为分散，农牧业生产主要以一家一户为单位，生产规模小，组织化程度低，供应链设施落后，产业链管理水平不高，使得部分个体贪便宜图省事，大量使用毒性高的农药，甚至违反农业种植规范。更有大量假冒伪劣的农业投入品（农药、种子、化肥等），给农民造成了严重损失，严重危害农产品安全。另一方面，政策支持和要素支撑体系不健全。农业科技部门全产业链技术服务能力不足，规划、设计、管理、成本核算等专业技术人员缺乏。标准化生产是产业链发展的基础，但目前产业链在不同区域、不同部门间的标准不一致、不协调，不同产业链之间的信息平台数据标准不统一，难以互联互通，制约了供应链和电子商务的发展。产业链各环节物流设施和物流技术落后，流通成本居高不下。

产业链融资本质上是基于自偿性贸易融资的一种模式，主要是根据产业链集群中核心企业和上下游客户间的真实贸易背景与资信实力，以企业销售收入或者产业链贸易所衍生的确定的未来现金流量为直接还款来源的融资业务。与传统融资相比，这种融资不强调借款人的资产状况和信用等级，而更注重该项融资活动的自偿性及融资产品的结构化设计模式，非常适合三农等缺乏抵押担保物的客户群体。

### 9.3.2 数字化农业产业链融资的特点

随着国家"互联网+"战略的提出，特别是以物联网、计算机和移动通信技术为代表的新兴互联网技术在农业领域的广泛应用，使得原本分散的手工粗放式生产和线下销售模式向规模精细化的智能生产和在线销售转型，科技、信息和网络正融入农业的产、供、销等各个环节，全面带动农业产业链全面升级。同样，创新利用数字化技术手段、新的信息传递和采集方式、分析和判断手段，借助"互联网+"开展在线产业链金融服务，在降低或有效控制成本投入的基础上，大幅度提升金融服务效率，减少涉农金融的信息不对称，降低交易成本，已成为三农金融服务的新兴热点。

数字化农业产业链融资，就是依托农业产业链的发展特点，利用大数据技术，通过对农业产业链上的核心企业与其上下游农户、中小农业企业，以及农产品产（销）地平台上积累的上下游客户之间的历史交易记录、信用情况、资金情况等进行综合分析，用数字化操作方式为农业产业链上各环节提供融资的金融服务。

与传统的线下业务相比，农业产业链数字化融资业务具有如下特点。第一，评级方式的数据决策。传统的评级方式主要是进行主体评级，即对单一企业的现金流量、资产负债状况、盈利能力、偿债能力等特征进行评价；在数字化农业产业链金融模式下，评级模式更注重从整个农业产业链的角度考虑，利用大数据，多维分析融资业务的盈利能力，与融资活动相关的龙头企业及农户、农业中小企业的经营状况和信用评级，以及与产业链有其他合作关系的企业等，是一种基于数据分析的主体评级+债项评级模式，相比传统模式更加科学。第二，授信资金的系统封闭。农业产业链金融模式下的授信活动主要是在相关联的农户、农业中小企业与龙头企业之间进行的，商业银行对农户、农业中小企业投入的贷款资金，主要用于弥补上游农业生产资料供应商对于龙头企业的应收账款和下游农产品经销商对于龙头企业的应付账款的资金缺口。不同于传统线下操作的资金风险，数字化农业产业链融资通过互联网方式，监控相关接口，可以实现专款专用，避免资金挪用风险。第三，授信活动高效、便捷。在授信环节，传统模式下，需要客户到网点提交纸质贸易单据、发票等要素，经客户经理调查审核通过后，再到柜面进行放款等操作，流程长、环节多、效率低。而在数字化线上产业链融资模式中，金融机构可以直接以与核心企业及专业市场的 ERP 数据相关的真实贸易订单为依据，在授信额度内实现网络便捷授信，全流程电子化，效率大大提升。

### 9.3.3 农业产业链融资扶贫路径

农业产业扶贫是打赢脱贫攻坚战的核心内容，也是实现乡村振兴的关键所在。贫困人口依托特色产业发展实现稳定就业和持续增收，才能从根本上保证有效脱贫。在实践中，立足产业扶贫重点，依托数字金融手段，探索创新农业产业链扶贫模式。第一，优先扶持发展特色产业，由"输血"救济到"造血"自救，是脱贫的依托，是乡村振兴的物质基础。特色产业的选择，要以贫困人口可实施、能融入、有增收为前提，以建档立卡贫困户稳定、长期受益作为产业帮扶的出发点和落脚点。把现代农业发展与产业精准扶贫通盘考虑，创造条件让贫困户通过各种形式参与到地方特色产业发展中来，并共享产业发展带来的收益。推动深度贫困村建成持续稳定增收的主导产业基地，提高产业带贫能力。把提高产业整体效益作为促进农民增收的主要举措，在推动第一产业实现规模养殖、精深加工、综合利用的同时，积极发展休闲旅游等产业融合发展路径，构建一、二、三产业交叉融合的现代产业体系。做到村村有产业基地、户户有脱贫产业，不断夯实精准扶贫产业基础。第二，依托数字金融手段对接消费需求，节约流通成本。农村电商在迅猛发展的同时，也需应对因缺乏规模化、标准化生产而导致的上行不畅，物流成本问题仍未有效破题，仍存在金融服务滞后和人才匮乏等方面的掣肘因素。而如何打通从生产到销售的链路，就成为乡村振兴、产业扶贫的关键一步。2020 年中央一号文件提出，扩大电子商务进农村覆盖面，支持供销社、邮政快递企业等延伸乡村物流服务网络，加强村级电商服务站点建设，推动农产品进城、工业品下乡双向流通。第三，建立核心企业与贫困农户的长期合作关系。基于各方协作共同规划设计的精准扶贫产业项目，构建兼具扶贫与产业发展的农业产业链，并根据产业特征，在政府、金融机构、农业科研机构等共同协调参与下，以产业链中的龙头企业为核心，与农村贫困户建立长期稳定的产、供、销合作关系。这一合作关系也可以农业合作社为主体而建立，由农业合作社作为中介，组织协调贫困农户的生产经营，并成为与核心企业、金融机构合作的主体，从而降低核心企业、金融机构的交易成本。第四，金融机构探索发展农业产业链金融模式，为农村精准扶贫提供金融支持。商业银行等金融机构以农村扶贫产业链为基础，在掌握核心企业现金流信息的条件下，以产业链为单位向其提供多种形式的流动资金支持,包括农产品加工、运输、仓储、销售等环节的产业链融资方案。这也是整个多方联动农业产业链金融体系的核心。核心企业作为金融资源注入的对象或资金流管理的核心,以产业链金融的形式,解决农村贫困户产品采购的流动资金需求,尽可能采取农户联合统一集中产业链采购的形式,银行提供承兑汇票等统一的结算形式,使得融资的现金流始终在金融机构掌握的产业链之中闭环流动,避免零星现金形式贷款所产生的信用风险,并通过规模化降低交易成本。

## 9.4 优化农村数字普惠金融发展环境

### 9.4.1 加大农村金融服务机构的财政支持力度

近年来,为缓解农业融资难、融资贵难题,实现财政金融协同支农的机制创新,财政部推动构建多层次、多样化、广覆盖的政府性融资担保体系。如大力推进全国农业信贷担保体系建设,成立国家农业信贷担保联盟有限责任公司,推动各地完成省级农业信贷担保公司组建;财政部联合有意愿的金融机构共同出资设立国家融资担保基金,带动各方资金扶持"三农"、小微企业和创业创新。同时,财政部设立普惠金融发展专项资金,遵循惠民生、保基本、有重点、可持续的原则,重点推动农村金融机构回归本源,把更多金融资源配置到农村经济社会发展的重点领域和重点人群。但长期以来,对农村金融服务机构的财政支持主要局限于传统金融机构,尤其是银行业金融机构。从行为监管和功能角度来看,新兴金融科技企业运用科技手段和业务模式创新,推进农村普惠金融服务,与传统金融机构在功能和行为上没有本质差别。目前来看,金融科技机构的农村金融业务应用仍属初级阶段,业务模式尚未完成,业务规模也尚未形成。政策一致性将为这些企业提供公平的发展土壤,有助于形成我国农村金融发展的多元化局面。在风险可控的前提下,构建相互竞争又相互配合的农村金融服务体系,引导各涉农金融机构积极回归本源,找准服务乡村振兴、精准扶贫战略的着力点和出发点。

充分发挥财政对农村数字普惠金融发展的基础引导作用。构建财政与政策性金融在实施乡村振兴战略中的互动融合机制,加大普惠金融业务开展的奖励和补贴力度。加快"数字乡村"建设,为数字普惠金融发展提供完善的硬件条件;协同金融机构及金融科技企业等主体,推进乡村信用体系建设,为数字普惠金融发展提供良好的软件环境。支持包括政府各部门在内的各相关主体建立涉农基础数据平台,在确保数据安全与隐私保护的前提下,促进基础数据共享,降低各类农村普惠金融供给主体的数据获取难度和成本。

## 9.4.2 建立健全覆盖农村地区的金融消费者权益保护机制

农村金融消费者权益保护是农村金融领域的重点,也是需要突破的难点。众所周知,农村金融消费者属于较为特殊的群体。这个群体总体上知识水平不高,自身权利的保护能力有限,这就决定了其在金融消费者权益保护方面先天的弱势地位,尤其是在当前数字技术运用于金融行业之后。一方面,金融服务正在转向"以客户为中心"、多渠道供给方式同时存在;另一方面,农村金融消费者面临更大挑战,换言之,本身就处于弱势地位的农村人群,在短期内更容易成为恶意侵犯的目标。因此,对农村金融消费者权益的保护要从其自身"责权"的自知入手,赋予其自知、自省、自主的能力。

在实际中,引导普惠金融机构扎实做好农村消费者权益保护工作,加强对农村金融消费权益保护知识的宣传。防范和打击农村金融犯罪,保护农村金融消费者权益不受侵害,实现农村金融市场环境的持续、健康、有序发展。培养一支综合素质强、专业化程度高的宣传队伍,以服务好农村客户群体,做好公众金融知识宣传普及与员工金融消费者权益保护教育培训,携手相关职能部门形成合力;多措并举做好互动协防,主动为公安、司法部门提供金融犯罪的线索和信息,积极配合公安、司法部门开展各类案件的查办工作,积极协助监管部门做好监督检查,并按照政府金融服务中心相关部门的职责要求,结合自身实际,创新性地开展好、落实好、执行好金融消费者权益保护的各类宣传活动。

营造良好的农村金融消费权益保护外部环境。一是发展各类规范化中介组织,切实降低涉及农村居民的确权、过户、登记等中介服务成本,满足农村居民的信贷需求。改善农村金融机构硬件环境,通过推进社区银行建设、增设服务窗口、引进电子化服务工具、改善农村支付结算服务体系、在农村地区金融机构普及征信体系等措施,提升服务质量和效率,切实维护农村居民的金融消费权益。二是加强对农村金融机构的考核力度。金融监管部门将农村地区金融机构的金融消费权益保护工作作为金融工作评估评价的一项重要指标,明确要求金融机构加大服务项目的信息披露,明确各项服务内容、收费标准和设立专职部门或配备专职人员具体负责金融消费权益保护投诉的受理、调查、处理等各环节的工作。

## 9.4.3 优化包容有效的农村数字普惠金融监管思路

数字普惠金融是普惠金融可持续发展的重要出路,以数字化手段破解普惠金融发展难题一直是监管期许的。然而监管在推动中国金融市场更加包容开放的过程中也面临着诸多挑战,推动数字普惠金融健康发展,需要在保护创新和防范风险之间寻找有效平衡,建立适度、合理的监管政策。2016年4月,国务院办公厅印发的《互联网金融风险专项整治工作实施方案》(简称"整治方案")明确指出,着眼长远,以专项整治为契机,及时总结提炼经验,形成制度规则,建立健全互联网金融监管长效机制。

作为对于数字普惠金融的包容性监管思路,"监管沙盒"最近几年得到了国内外越来越多的理论认可和实践尝试。这一思路与"大禹治水"的故事中"堵不如疏"的理念高度契合。数字普惠金融的实践,迫切需要建立一块容错、试错的试验田,在风险被研究透的前提下,经过检验的创新才能推广应用,"监管沙盒"正是这样试错的"安全空间"。监管部门遴选出部分金融科技机构,允许这些机构在划定的"安全空间"里测试其创新的金融产品、服务、商业模式和营销方式,不断调整既有监管框架,探索新的监管边界。各类金融科技企业是金融科技创新、投入和发展的先行军。一些金融科技企业借助宽松的监管环境,通过云计算、区块链、大数据及人工智能深度挖掘通过电商、社交、搜索获取的巨量数据,突破了困扰普惠金融发展的障碍,实现了降低人工和交易成本的"双降"及工作效率和风控能力的"双升",加速了我国数字普惠金融发展的进程。因此,在管控金融风险的同时,对金融科技企业到农村发展普惠金融应坚持包容审慎监管原则,大力支持金融科技企业开展业务及产品创新,并与具有网点和资金优势的农村信用社和邮储银行等金融机构优势互补开展合作,共同拓展农村普惠金融市场。

在基于"监管沙盒"理念,鼓励创新的同时,监管机构应当严守金融风险的底线。对于备案试点的有效落地,需要做的是:第一,首批纳入备案试点平台的,必须坚持公平、公正、公开的原则,由各地金融监管部门推荐,鼓励社会各方面的监督;第二,要对纳入备案试点的机构实行动态跟踪观察,及时清退不符合条件的平台;第三,监管机构对于纳入备案试点的平台的跟踪观察,要有助于在此过程中形成行业监管落地后切合现实的监管框架,不断优化监管思路。

# 参 考 文 献

[1] Acharya R N, Albert K. Community Banks and Internet commerce [J]. Journal of Internet Commerce, 2004, 3 (1): 23 – 30.

[2] Ahmed Humeida Ahmed, Dale W Adams. Transactions Costs in Sudan's Rural Financial Markets [J]. African Review of Money Finance and Banking, 1987 (1).

[3] Angadi V B. Financial Infrastructure and Economic Development: Theory, Evidence and Experience [J]. Reserve Bank of India Occasional Papers, 2003, 24 (Nos 1/2): 191 – 223.

[4] Arya P K, Mishra H, Upadhyay A. Prospects and Problems of Financial Inclusion in India [J]. International Journal of Research in Commerce, IT&Management, 2015, 5 (2): 83 – 86.

[5] Bayar Yilmaz. Financial Development and Poverty Reduction in Emerging Market Economies [J]. Panoeconomicus, 2017, 64 (5).

[6] Burgess R, Pande R. Do Rural Banks Matter? Evidence from the Indian Social Banking Experiment [J]. The Centre for Market and Public Organ – ization 04/104, Department of Economics, University of Bristol, UK, 2004.

[7] Cazzuffi Chiara. Small Scale Farmers in the Market and the Role of Processing and Marketing Cooperatives: a Case Study of Italian Dairy Farmers [J]. University of Sussex, 2013.

[8] Colin Kirkpatrick, Ismail Sirageldin, Khalid Aftab. Financial Development, Economic Growth, and Poverty Reduction with Comments [J]. The Pakistan Development Review, 2000, 39 (4).

[9] Dev S M. Financial Inclusion: Issues and Challenges [J]. Economic and Political Weekly, 2006, 41 (41): 4310 – 4313.

[10] Diamond D, Dybvig P. Bank Runs, Deposit Insurance, and Liquidity [J].

Journal of Political Economy, 1983, 91 (3): 401 – 419.

[11] Dollar D, Kraay A. Growth is Good for the Poor [J]. Journal of Economic Growth, 2002 (4): 195 – 225.

[12] Ficawoyi Donou – Adonsou, Kevin Sylwester. Financial Development and Poverty Reduction in Developing Countries: New Evidence from Banks and Microfinance Institutions [J]. Review of Development Finance, 2016, 6 (1).

[13] Fulford S L. The Effects of Financial Development in the Short and Long Run: Theory and Evidence from India [J]. Journal of development Economics, 2013 (104): 56 – 72.

[14] Gazi Salah Uddin, Muhammad Shahbaz, Mohamed Arouri, Frédéric Teulon. Financial Development and Poverty Reduction Nexus: a Cointegration and Causality Analysis in Bangladesh [J]. Economic Modelling, 2014 (36).

[15] Geda A, Shimeles A, Zerfu D. Finance and poverty in Ethiopia [R]. United Nations University Research Paper, 2006, (51): 32 – 38.

[16] Goodwin B K, Mish Raa K. Are "Decoupled" Farm Program Payments Really Decoupled? An Empirical Evaluation [J]. American Journal of Agricultural Economics, 2006, 88 (1): 73 – 89.

[17] Greenwood J, Jovanovic B. Financial Development Growth and Distribution of Income [J]. Journal of Political Economy, 1990, 98 (5): 1076 – 1107.

[18] Hossein Jalilian, Colin Kirkpatrick. Does Financial Development Contribute to Poverty Reduction? [J]. Journal of Development Studies, 2005, 41 (4).

[19] Huston S J. Measuring Financial Literacy [J]. Journal of Consumer Affairs, 2010, 44 (2): 296 – 316.

[20] Huston S J. The Concept and Measurement of Financial Literacy: Preliminary Results from a New Survey on Financial Literacy Assessment [R]. Conference Presentation, Academy of Financial Services Annual Conference, Anaheim, CA, 2009.

[21] Jamel Boukhatem. Assessing the Direct Effect of Financial Development on Poverty Reduction in a Panel of Low – and Middle – income Countries [J]. Research in International Business and Finance, 2016 (37).

[22] Jeanneney S G, Kpodar K. Financial Development and Poverty Reduction: Can There Be a Benefit without a Cost? [J]. The Journal of Development Studies, 2011 (1): 143 – 163.

[23] Johan Rewilak. The Role of Financial Development in Poverty Reduction [J]. Review of Development Finance, 2017, 7 (2).

[24] Jorion P. Risk2: Measuring the Risk in Value at Risk [J]. Financial Analysts Journal, 1996, 52 (6), 47 – 56.

[25] Kapoor A. Financial Inclusion and the Future of the Indian Economy [J]. Futures, 2013 (10): 35 – 42.

[26] Kirwan B E. The Incidence of US Agricultural Subsidies on Farmland Rental Rates [J]. Journal of Political Economy, 2009, 117 (1): 138 – 164.

[27] Lal T. Impact of Financial Inclusion on Poverty Alleviation Through Cooperative Banks [J]. International Journal of Social Economics, 2018, 45 (5): 808 – 828.

[28] Leila Chemli. The Nexus among Financial Development and Poberty Reduction: an Application of Ardl Approach from the Mena Region [J]. Journal of Life Economics, 2014, 1 (2).

[29] Levine R E. Finance and Growth: Theory and Evidence [J]. Handbook of Economic Growth, 2005 (1): 865 – 934.

[30] M Shabri Abd Majid, Sovia Dewi, Aliasuddin, Salina H Kassim. Does Financial Development Reduce Poverty? Empirical Evidence from Indonesia [J]. Journal of the Knowledge Economy, 2019, 10 (3).

[31] Machlup F. The Production and Distribution of Knowledge in the United States [M]. New Jersey: Princeton University Press, 1962: 35 – 39.

[32] Meyer R, Nagarajan G. Rural Financial Markets in Asia: Policies Paradigms, and Performance [M]. London: Oxford University Press, 2001.

[33] Nasreddine Kaidi, Sami Mensi, Mehdi Ben Amor. Financial Development, Institutional Quality and Poverty Reduction: Worldwide Evidence [J]. Social Indicators Research, 2019, 141 (1).

[34] Noctor M, Stoney S, Stradling R. Financial Literacy [R]. A Report Prepared for the National Westminster Bank, 1992.

[35] Osborne T K. Imperfect Competition in Agricultural Markets: Evidence from Ethiopia [J]. Journal of Development Economics, 2005, 76 (2): 405 – 428.

[36] Richard J Sexton. Imperfect Competition in Agricultural Markets and the Role of Cooperatives: A Spatial Analysis [J]. American Journal of Agricultural Economics, 1990, 72 (3).

[37] Robe Rtsm J, Kirwan B, Hopkins J. The Incidence of Government Program Pyments on Agricultural Land Rents: The Challenges of Identification [J]. American Journal of Agricultural Economics, 2003, 85 (3): 762 – 769.

[38] Roet, Somwaru A, Diao X. Do Direct Payments Have Intertemporal Effects on

US Agriculture?[R]. International Food Policy Research Institute, Working Paper, 2002.

[39] Unal Seven, Yener Coskun. Does Financial Development Reduce Income Inequality and Poverty? Evidence from Emerging Countries[J]. Emerging Markets Review, 2016, 26(3): 34-63.

[40] 北京大学数字金融研究中心课题组. 数字普惠金融的中国实践[M]. 北京: 中国人民大学出版社, 2017.

[41] 曹恺燕, 周一飞. 数字普惠金融对产业结构升级的影响[J]. 现代商业, 2019(31): 81-84.

[42] 曾燕, 黄晓迪, 杨波. 中国数字普惠金融热点问题评述(2018—2019)[M]. 北京: 中国社会科学出版社, 2019.

[43] 陈丹, 李华. 商业银行发展数字普惠金融的机遇与挑战[J]. 南都学坛(人文社会科学学报), 2019(1): 117-124.

[44] 陈银娥, 师文明. 中国农村金融发展与贫困减少的经验研究[J]. 中国地质大学学报(社会科学版), 2010, 10(6): 100-105.

[45] 崔艳娟, 孙刚. 金融发展是贫困减缓的原因吗?——来自中国的证据[J]. 金融研究, 2012(11): 116-127.

[46] 丁志国, 谭伶俐, 赵晶. 农村金融对减少贫困的作用研究[J]. 农业经济问题, 2011, 32(11): 72-77+112.

[47] 杜晓山, 宁爱照. 中国金融扶贫实践、成效及经验分析[J]. 海外投资与出口信贷, 2017(5): 11-17.

[48] 杜晓山. 小额信贷的发展与普惠性金融体系框架[J]. 中国农村经济, 2006(8): 70-73+78.

[49] 杜兴洋, 杨起城, 邵泓璐. 金融精准扶贫的绩效研究——基于湖南省9个城市农村贫困减缓的实证分析[J]. 农业技术经济, 2019(4): 84-94.

[50] 范雪纯, 夏咏, 郝依梅. 我国普惠金融发展对产业结构升级的影响效应研究[J]. 浙江金融, 2017(5): 23-30.

[51] 傅秋子, 黄益平. 数字金融对农村金融需求的异质性影响——来自中国家庭金融调查与北京大学数字普惠金融指数的证据[J]. 金融研究, 2018(11): 68-84.

[52] 高旭. 西南地区贫困农村居民家庭经济收入及投资理财现状分析——以新团乡为例[J]. 现代经济信息, 2018(11): 466.

[53] 戈德史密斯. 金融结构与金融发展(中译本)[M]. 上海: 上海三联书店, 1990.

[54] 郭峰, 王靖一, 王芳, 孔涛, 张勋, 程志云. 测度中国数字普惠金融发展:

指数编制与空间特征［R］. 北京大学数字金融研究中心工作报告，2019.

［55］韩超，刘德弟. 农村居民理财意愿研究——以临安农村地区为例［J］. 中国集体经济，2019（13）：80-81.

［56］何宏庆. 数字普惠金融风险：现实表征与化解进路［J］. 兰州学刊，2020（1）：68-78.

［57］何雄浪，杨盈盈. 金融发展与贫困减缓的非线性关系研究——基于省级面板数据的门限回归分析［J］. 西南民族大学学报（人文社科版），2017，38（4）：127-133.

［58］洪培原，罗荷花. 农户金融能力建设促进精准扶贫的思路探析［J］. 农业展望，2019，15（9）：18-21.

［59］胡滨. 数字普惠金融的价值［J］. 中国金融，2016（22）：58-59.

［60］黄益平. 数字普惠金融的机会与风险［J］. 新金融，2017（8）：4-7.

［61］焦瑾璞. 移动支付推动普惠金融发展的应用分析与政策建议［J］. 中国流通经济，2014（7）：7-10.

［62］靳淑平，王济民. 规模农户信贷资金需求现状及影响因素分析［J］. 农业经济问题，2017，38（8）：52-58+111.

［63］琚丽娟. 农村反贫困中金融扶贫有效性及其影响因素研究［D］. 重庆：西南大学，2014.

［64］李强. 金融发展与我国产业升级：全球价值链攀升的视角［J］. 商业经济与管理，2015（6）：86-96.

［65］李涛，徐翔，孙硕. 普惠金融与经济增长［J］. 金融研究，2016（4）：1-16.

［66］梁双陆，刘培培. 数字普惠金融与城乡收入差距［J］. 首都经济贸易大学学报，2019，21（1）：33-41.

［67］林春，孙英杰，康宽. 普惠金融对中国产业就业的影响效应——基于总量和结构视角［J］. 证券市场导报，2019（6）：13-19.

［68］刘刚. 商业银行发展数字普惠金融探析［J］. 农村金融研究，2019（8）：7-12.

［69］刘金全，毕振豫. 普惠金融发展及其收入分配效应——基于经济增长与贫困减缓双重视角的研究［J］. 经济与管理研究，2019，40（4）：37-46.

［70］刘自强，樊俊颖. 金融素养影响农户正规信贷获得的内在机制研究——基于需求角度的分析［J］. 农业现代化研究，2019，40（4）：664-673.

［71］楼继伟，周小川，孙天琦，等. 二十国集团数字普惠金融高级原则［R］. 浙江：G20普惠金融合作伙伴（GPFI），2016.

［72］吕家进. 发展数字普惠金融的实践与思考［J］. 清华金融评论，2016

(12): 22-25.

[73] 吕勇斌, 赵培培. 我国农村金融发展与反贫困绩效: 基于2003—2010年的经验证据 [J]. 农业经济问题, 2014, 35 (1): 54-60+111.

[74] 孟凡征, 余峰, 罗晓磊, 胡小文. 农村普惠金融发展及其福利效应研究——基于安徽省975户农村经营户的实证分析 [J]. 金融发展评论, 2014 (11): 107-117.

[75] 潘锡泉. 数字普惠金融助力精准扶贫的创新机制 [J]. 当代经济管理, 2018, 40 (10): 93-97.

[76] 彭显琪, 朱小梅. 消费者金融素养研究进展 [J]. 经济学动态, 2018 (2): 99-116.

[77] 彭一扬, 王秭悦, 罗光强. 贫困农户对正规金融机构融资需求的影响因素分析——基于湖南省4县355户贫困农户家庭的调查 [J]. 河北金融, 2018 (9): 59-64.

[78] 漆铭. 商业银行数字普惠金融发展策略研究——基于长尾理论的视角 [J]. 金融纵横, 2019 (4): 35-41.

[79] 钱鹏岁, 孙姝. 数字普惠金融发展与贫困减缓——基于空间杜宾模型的实证研究 [J]. 武汉金融, 2019 (6): 39-46.

[80] 宋晓玲. 数字普惠金融缩小城乡收入差距的实证检验 [J]. 财经科学, 2017 (6): 14-25.

[81] 苏畅, 苏细福. 金融精准扶贫难点及对策研究 [J]. 西南金融, 2016 (4): 23-27.

[82] 王傲君. 数字普惠金融发展存在的风险及对策 [J]. 湖北师范大学学报 (哲学社会科学版), 2019, 39 (6): 49-52.

[83] 王立国, 赵婉妤. 我国金融发展与产业结构升级研究 [J]. 财经问题研究, 2015 (1): 22-29.

[84] 王元. 农村金融不完全竞争市场理论与国外经验借鉴 [J]. 华北金融, 2008 (11): 25-27.

[85] 卫晓锋. 数字普惠金融的风险与监管 [J]. 金融理论与实践, 2019 (6): 49-54.

[86] 夏平凡, 何启志. 互联网普及、数字普惠金融与经济增长 [J]. 合肥工业大学学报 (社会科学版), 2019 (2): 11-19.

[87] 邢大伟, 管志豪. 金融素养、家庭资产与农户借贷行为——基于CHFS 2015年数据的实证 [J]. 农村金融研究, 2019 (10): 32-39.

[88] 徐松, 孙常林, 鲍奕晓. 精准扶贫视角下贫困农户金融服务需求情况调查 [J]. 金融纵横, 2016 (11): 76-82.

[89] 杨俊,王燕,张宗益. 中国金融发展与贫困减少的经验分析[J]. 世界经济,2008(8):62-76.

[90] 杨琳,李建伟. 金融结构转变与实体经济结构升级[J]. 财贸经济,2002(2):9-13.

[91] 杨穗,冯毅. 中国金融扶贫的发展与启示[J]. 重庆社会科学,2018(6):58-67.

[92] 杨竹清. 数字普惠金融的扶贫效率及其影响因素分析——基于31省市的经验证据[J]. 浙江金融,2019(7):66-74.

[93] 尹应凯,侯蕤. 数字普惠金融的发展逻辑、国际经验与中国贡献[J]. 学术探索,2017(3):104-111.

[94] 张春海. 村镇银行的发展支持农村地区扶贫了吗?——基于2010—2018年省际面板数据的实证分析[J]. 河北金融,2019(11):15-20.

[95] 张欢欢,熊学萍. 农村居民金融素养测评与影响因素研究——基于湖北、河南两省的调查数据[J]. 中国农村观察,2017(3):131-144.

[96] 张立军,湛泳. 金融发展与降低贫困——基于中国1994—2004年小额信贷的分析[J]. 当代经济科学,2006(6):36-42+123.

[97] 张明丽,陈曼. 提升农户金融素养、促进金融扶贫效应[J]. 经济研究参考,2018(55):43-50.

[98] 张伟,胡霞. 我国扶贫贴息贷款20年运行效率述评[J]. 云南财经大学学报,2011,27(1):92-97.

[99] 张晓燕. 我国普惠金融发展与产业结构升级——基于共享金融视角[J]. 农村金融研究,2016(5):19-25.

[100] 赵丙奇,冯兴元. 基于局部知识范式的中国农村金融市场机制创新[J]. 社会科学战线,2011(1):34-45.

[101] 朱若然,陈贵富. 金融发展能降低家庭贫困率吗[J]. 宏观经济研究,2019(6):152-163.

[102] 邹帆,李明贤. 农村金融学[M]. 北京:中国农业出版社,2005.